茶の湯空間の近代

世界を見据えた和風建築

桐浴邦夫
Kunio Kirisako

思文閣出版

茶の湯空間の近代——世界を見据えた和風建築

はじめに

近代における茶の湯空間に関しての研究は、現在発展途上といえる。建築史の分野における近代については、これまで多くの研究がなされてきたが、いわゆる近代和風建築については必ずしも多くはなかった。このことは、時代を変えてきた新しい物や動きに対しては注目度が高くなる傾向があるが、伝統の展開については軽んじられてきたことを意味する。一方、これらの建築は、世界から、あるいは近代的な視点から大いに注目されていた。昭和前期には桂離宮は「世界の傑作」と呼ばれ、ギリシアのパルテノン神殿と並び称されることもあった。数寄屋建築を含む茶の湯空間への注目度が非常に大きくなり、多様な多くの作品が創作された。しかし昭和中期以降、それらの言説や作品は漸減されるようになり、場合によっては批判的な見方さえ生じてきた。皮肉なことに、その頃から建築史においても近代についての研究が活況を呈するようになった。

一方、近年においては、近代和風建築の全国的調査が行われ、また伝統建築の保存や活用に対する専門家や市民からの注目度が増大しつつある。それらの遺構や文献の研究により、今後さまざまな角度から同分野の研究が進むと考えられる。さらに現代、世界各地の多様な文化情報が発信されるなか、日本の文化も世界において注目されている。オリジナリティ豊かな和風建築、とりわけその高い技術とたぐいまれな意匠をもつ茶の湯空間への注目度は高まりつつある。これは近代に限定されたものではないが、より正確に世界へ発信するためには、中世・近世・近代を通じての多面的な情報が提供されなければならない。

ところで、近代建築についての書籍はどれくらいあるのだろうか。国立国会図書館の蔵書検索で、タイトルに「近代」「建築」を含む同館所蔵の文献を検索したところ、二四四一件（二〇一七年五月三十日現在、NDL-OPAC詳細検索による。以下同）ある。これには建築分野以外のものも含まれているが、一方で「近代」「建築」を含まない近代建築の文献はかなりの数にのぼると想像されるものであるが、それらは省かれている。この検索結果に対し、「茶の湯」「空間」「近代」で検索すると、わずか四件。そのうちの一件は、筆者が二〇〇四年に著した『近代の茶室と数寄屋：茶の湯空間の伝承と展開』（淡交社）、そしてやはり拙稿「刊行物にみる茶室近代化の黎明」を含んだ『建築史論聚』（中村昌生先生喜寿記念刊行会編、二〇〇四）がみられる。キーワードを換え、「近代」「和風」「建築」で検索しても一〇一件。この内の多くは、都道府県ごとに行われ、ほぼ終了に近づいた近代和風建築総合調査報告書である。そして「近代」「茶室」で検索すると三十三件で、ここには拙稿「近代の茶の湯復興における茶室の安土桃山イメージ」を含んだ『近代京都研究』（丸山宏、伊従勉、高木博志編、二〇〇八）や拙稿「近代・茶室の伝承と展開」（二〇〇三年『淡交』十二ヶ月連載）がみられる。また、「近代」「数寄屋」では二十二件抽出されるのみで、筆者の博士論文『近代数寄屋建築の黎明：公に設置された明治期の数寄屋建築』がみられる。もちろん組みあわせを替えたり、他のキーワードを使うと違った結果になるが、いずれも少数であることには違いない。

近代建築についてなにがしかの知識がある人でも、近代の茶の湯空間、すなわち茶室や数寄屋建築についての知識がある人は極めて少数だと思われる。また茶の湯についての知識がある人においても、近代の茶の湯空間については同じことがいえると思われる。本書における第一章は、近世までの茶の湯空間についての略説、そしてその近代についての総論として概要を示すものであり、諸先学の研究に筆者の研究の概要を加えたものとなっている。これは、最初に基本的な流れを示しておくことによって、以後の章の内容や位置づけがより明瞭になり、理解が深まると考えるからである。第二章以降は各論として、日本建築学会や茶の湯文化学会、意匠学会などにおいて発表した論文をその後の知見によって書き改め、また新たに書き下ろした部分を大幅に加え、まとめ上げたものである。

なお、本書の書名『茶の湯空間の近代』について少し説明しておこう。まず、ここでいう「茶の湯空間」は、茶の湯のために造られた茶室、そして茶室あるいは茶の湯の考え方の影響を受けた数寄屋建築をさす。数寄屋建築に対する捉え方には、時代によって、あるいはそれを使用する人によって若干の違いがあるが、ここではあまり深入りせず、少し曖昧なものをのこしたまま使用している。研究としては厳密に定義することが肝要であることは承知しているが、数寄屋建築のもつさまざまな「ゆらぎ」のようなものが、厳密な定義によって減じる恐れがあるのではないかとの考えからである。ここでは、数寄屋、数寄屋造、数寄屋普請など、言葉の使用についても状況に応じて対応している。

また、その「茶の湯空間」の「近代」としたタイトルであるが、必ずしも近代の茶の湯空間の多くの具体的事例について、それを俎上に載せ考察するという手法はとっていない。具体的に示しているのは最終章の松殿山荘《しょうでんさんそう》のみである。第二章の紅葉館や星岡茶寮《ほしがおかちゃりょう》については、茶の湯を含む日本の伝統文化が、近代化に伴って凋落してきたと考えられる時期において、いかにして復興をなしえたのかという視点で、その建設経緯を中心に考察したものである。

そして第三章から第五章にかけては、建築を中心とした近代の文献においてどのような視点で茶の湯空間が扱われているのか、それが近代の歴史の中でどのような意味をもつのか、ということなどについて考察している。ここでは、近代の建築家たちが、近代の空間をみる視点で、伝統的な茶の湯空間をどのように考えるか、という観点を重視している。歴史を伝えてきた茶の湯空間と、歴史を否定してきた近代、この両者の関係を読み解いていきたいと考えるものである。「茶の湯空間」が「近代」にどのように理解されてきたのか。この部分がとりわけ本書の核ともいえる部分である。

ここで、本書における研究の手法について簡単に記しておきたい。第二章では、明治期の公文書を中心に、第三章から第六章にかけては、当時の建築の雑誌や図書を中心に、いずれも文献からの直接証拠によって考察を進めていくものである。一方、最終章においては、現代までにその文献がほとんど発掘されていない松殿山荘を扱っているが、ここでは現存する建物を中心に、僅かな文献資料を加え、状況証拠を積みあげ、考察を行うものである。

近代における茶の湯空間についての研究は、発展途上にあると先に述べた。その全貌は、今後研究が進んで、大いに書き換えられることになるかと思う。筆者自身、今後の研究によって、書き加え、書き改めていきたいと考えており、また、これからの多くの研究者たちによって大きく書き改められることがあろうかと思う。筆者はこの分野の研究が飛躍的に進むことを切に望むものである。本書はそのたたき台になればさいわいである。

第一章　茶の湯空間の近代、その概要

第一節　世界の視点・近代の視点からの茶の湯空間

日本の伝統文化のひとつである茶の湯。ここで示す茶の湯空間とは、茶の湯のための建築である茶室、そしてその茶の湯や茶室の考え方や形態を応用した数寄屋建築のことである。この極めて日本的な茶の湯空間が、世界的、近代的に大きな意味をもつという。まずはこのことについて少し触れておきたい。

江戸時代の最終局面、ペリーの浦賀来航によって、二百年あまりにわたる鎖国政策が解かれ、このときを境に日本の文物が急激に西洋に流れるようになった。もちろん鎖国されていた時代においても長崎のオランダ商館を通じて若干の陶磁器などが伝えられてはいたが、ここでは開国によって急激に広まった、ということが肝要である。一方、ヨーロッパでは、大航海時代以降、文化における新たな刺激を世界から吸収しようとしていた。たとえば、十七世紀半ばから十八世紀にかけては、シノワズリと呼ばれる中国趣味が一世を風靡した。当時のロココ様式の邸宅には中国趣味の部屋が設けられ、あるいは中国製の陶磁器などをインテリアとして設えていた。

十八世紀の産業革命以降、鉄・ガラス・コンクリートの大量生産が行われるようになると、西洋人たちはその新しい材料を使った新しい表現方法を世界中から求めるようになった。建築材料として、新しい使用法を検討されていた鉄材は、それまで西洋において主流として使用されてきた石材とはその性質を全く異にし、一方で木材とはかなり近しい性質を持っていた。ちょうどその時、彼らの目にとまったのが、「木の国」日本であった。開国によって急激に増大した日本からの物品や情報は、彼らが近代化を進めようとしていたまさにその時、大きく注目されたものであった。建築の立場からは、数寄屋建築など、日本のとりわけ細い木材を巧みに扱った建築が注目され、また柱梁の構造によって生じる自然との深い関わりに、彼らの視線が集まった。

産業革命は市民の生活を豊かにしていった。イギリスなどでは、茶を飲む習慣が一部の貴族から多くの市民に広がりをみせ、茶の消費量が増大し、茶の輸入がインド周辺から中国へと広がっていった。そして更なる産地を物色しようとしていたまさにその時、国を開いたのが、「茶の国」日本であった。日本の茶の輸出は一六一〇年、オランダの東インド会社が平戸より輸出したのが始まりである。しかし鎖国によってその経路は断たれた。幕末に至り長崎の出島からヨーロッパやアメリカに輸出されるようになったが、本格的な輸出は各国との間で締結された修好通商条約以降である。これ以降急激に茶の貿易が拡大した。木の建築と茶、ここに近代の茶の湯空間の成立に至る役者が揃ったのである。

西洋人たちは日本への注目度を増大させていった。昭和八年（一九三三）に日本にやってくるブルーノ・タウトの言葉によると、後に「モダンデザインの父」とも呼ばれるウィリアム・モリスの時代（十九世紀末）からイギリス人たちは日本についての知識を多くもっていたとされ、少年時代のタウトは当時のイギリス人たちに尊敬の念をいだいていたという。

一方、フランスの美術界においては浮世絵や琳派の絵画などの日本趣味が注目され、モネやゴッホにも影響を与えたことはよく知られている。ジャポニズム（japonisme）という言葉は、一八七六年にはフランスの辞書に収載されていた。(1) また十九世紀末、ベルギーやフランスを中心に流行した建築を含む新しい芸術、アール・ヌーヴォー（Art Nouveau）は、日本美術を扱うサミュエル・ビングのパリの店の名（Maison de l'Art Nouveau）からとられ、この新しい芸術運動のことをさす言葉として一般化されてきたものである。

建築界においては、日本贔屓で浮世絵のコレクターとしても知られているフランク・ロイド・ライトが、建築と庭園あるいは自然との深い関わりについて日本建築から学び、ル・コルビュジエにおいても、住宅の室の構成など少なからぬ暗示を日本建築から得ていると考えられていた。

もちろんこれらの、「西洋近代の建築家が日本建築を注目していた」という知見の一部は日本人の建築家、あるいは日本贔屓の人物の目を通しての二次的な資料である。もっとも近代の建築家の作品には常に新しさが求められ、彼らの言説から直接的に何かを参考にしたなどということを聞くことは稀であり、日本の影響がどの程度あったかということが簡単にわかるものではない。したがって今後、西洋の建築雑誌や各種文献における日本に関する記事など、間接的な要因を丹念に調べる研究をまたねばならないが、当時の日本人建築家たちにはこのような情報がもたらされていた、あるいは彼らがそのような視点をもっていたということは注目に値するもので、今、ここに記録しておく必要がある(2)。

一方、日本においては明治時代、建築家武田五一《ごいち》によって帝国大学の卒業論文で茶室建築が扱われた。ここに武田は、茶室空間のもつ、装飾を省き空間を縮小させた簡素な表現、あるいは左右非相称などの形態に新しい時代の建築造形を感じていた。しかし茶の湯および茶室建築はその当時、従来のものを継承することに終始しているものとみられ、武田自身は同時代のものには魅力を感じず、積極的に茶室設計に関わってはいなかった。茶の湯空間に対する共感と反感。それは大正時代から昭和前期においても、建築家の言説にもあらわれるが、徐々に共感部分が大きくなる。昭和の建築家は茶の湯空間を近代建築の視点から評価するようになり、堀口捨己《すてみ》ら昭和の建築家たちは積極的に茶の湯空間を創作していった。そして堀口はその著作で次のように述べる。「今ここに現代建築の立場で、利休の茶室をとり上げる(3)」。

第二節　近代以前の茶の湯空間とその影響

本書の核心部分である近代の茶の湯空間に関する文献、とりわけ建築の雑誌の特集号などでは、茶室の歴史、あるいは茶の湯の歴史が紐解かれていることが多い。それについては後述するが、茶室の存在が単なる歴史の一コマという認識ではなく、過去から連綿として繋がっているという認識をそこに表現したかったのではないかと思われる。本書もそれに倣い、近代以前より書き始めたいと思う。

茶は遣唐使によってわが国にもたらされ、平安時代初期には飲茶の記録が残される。しかし平安時代を通じてみれば、茶が盛んに飲まれていたとはいいがたい。鎌倉時代には宋にわたった栄西が再び茶を日本に持ち帰る。その後、寺院から民衆へ飲茶の風習は大きく広がりをみせ、やがて茶の湯という文化が誕生する。

貿易によって繁栄を謳歌した堺では、武将たちとの取引も盛んで、納屋衆と呼ばれる豪商たちの活躍がみられた。その一人に武野紹鷗《じょうおう》がいた。紹鷗は上京して三条西実隆らとの交流を重ね、連歌や茶の湯を学んだ。紹鷗の茶室は四畳半を基本とした侘び座敷であった。紹鷗はやがて堺に戻り、経済都市堺における茶の湯文化発展に大きな役割を果たすことになる。今井宗久、津田宗及、そして千利休らが彼の元で茶の湯を学び、それは織田信長による茶の湯御政道と相まって、空前の茶の湯ブームを引き起こすことになった。

織田信長が本能寺に倒れたあと、豊臣秀吉が天下を治めると、千利休はその茶頭として仕えた。利休ははじめ、紹鷗の形式を受け継いだ四畳半において茶の湯をおこなっていた。やがて侘びの手法をさらに先鋭化し、茶室に応用する。その極致に達した草体（崩したもの、略したもの）化のエネルギーは、二畳という極小空間を生み出した。のちに妙喜庵《みょうきあん》に移築された待庵《たいあん》である。入口は躙口《にじりぐち》と呼ばれる体を小さくしなければ入れない極小の寸法、低く抑えられた天井、そこには客のために用意された畳一枚と亭主のために用意された畳一枚が敷かれ、湯を沸かすための炉が切られる。壁面は土壁で、かつて貴人の座する場所としての意味があったとみられる床の間も土塗で、洞穴のような形態へと変化した。ここにそれまでに全く存在しなかった茶の湯空間、草庵茶室が誕生したのであった。

　草庵茶室は、それまでの建築に比較して、特異な形態が随所にみられるものである。先に挙げたもの以外に、掛込天井《かけこみてんじょう》など複雑な天井を組むこと、アーチ状の出入り口（火灯口《かとうぐち》）を設けることがあること、両面が白い紙で貼られた襖（太鼓襖《たいこぶすま》）を立てること、突上窓《つきあげまど》や下地窓《したじまど》などによって採光のコントロールをおこなうこと、下地窓に添えられた力竹《ちからだけ》によって視覚的補強をおこなうこと、塗回しや楊枝柱《ようじばしら》などの大壁の手法が用いられることなどが特筆される。この形態が生みだされた経緯について、これまでさまざまな説が唱えられてきた。有力な説として、当時の民家からの影響によるものが大きいと考えられる。利休が淀川の川漁師の家の小さな出入り口から躙口を着想したと伝えられており、また壁を塗り残すことによって造られた下地窓は当時の民家に備わるもので、それを洗練させたものが茶室の下地窓だと考えられている。さらには西洋人からもたらされた情報が茶人達への刺激となって、間接的な影響があった可能性も指摘される。もちろん他にも諸説あり、現時点において厳密に論証された説はない。

　安土桃山時代に突如現れた草庵茶室の造形は、その後の建築に大きく影響を及ぼしており、書院造の展開とも無縁ではなかった。完成した書院造から数寄屋風書院造が生まれる。このはじまりに位置づけられるものとして、千利休の聚楽屋敷にあった色付九間《いろつけここのま》書院がある。その後このような建築のあり方は広がりをみせ、江戸時代のはじめ、寛永の頃を中心として大きく花開く。桂離宮や修学院離宮、聴秋閣《ちょうしゅうかく》、伏見稲荷御茶屋《おちゃや》など、多くの数寄屋風書院造が現れた。草庵茶室における意匠や技術が熟成され、それが完成された書院造の造形に新たな展開を促したのである。

一方、草庵茶室はその後、武士や貴族においては時代に応じた茶室が好まれるようになる。つまり極小の空間ではなく、客にくつろぎを与える空間として、あるいは安定した身分制度の下、社会秩序を意識した空間である。ここに茶室の形態は大きな展開をみせる。利休の発案した諸要素をさらに洗練させ、現在我々が知る茶室へと展開させたのが、安土桃山から江戸初期に活躍した古田織部《ふるたおりべ》や細川三斎《さんさい》、織田有楽《うらく》、小堀遠州らであった。また利休の侘びを追求したのが、孫である千宗旦や彼の弟子達であった。のちの茶室へと続くスタンダードが生まれた時代と位置づけることができる。

茶の湯全般についてみると、激動の安土桃山期に対して江戸期においては穏やかな展開を示すようになってきた。一方この安定したものは易きに流れる傾向も含んでおり、それに対し、ときに警鐘が鳴らされることがあった。利休的なものへの回帰である。『南方録』は利休の言葉を伝えたものであるが、福岡藩の家老立花実山により編纂され、成立は元禄三年（一六九〇）以降とみられ、この元禄の頃の遊芸的な茶の湯に対しての批判も含まれていることが特徴である。松平不昧《ふまい》は利休の座敷と伝わる独楽庵《どくらくあん》を入手し、江戸下屋敷の大崎園に移築する。利休忌に関連しての千家における利休堂の創作やその修築は、遊芸的傾向になりがちな茶の湯において、その厳しさを伝える大きな役割を果たすことになった。

じつは本書には千利休がたびたび登場する。近代において、利休を象徴する空間としての利休堂が造られることがあり、また利休について記した『南方録』は近代の著作や記事の中で頻繁に引用されるのである。「近代」について記述した本書において「近世」とその前の事象から書き始めたのは、そうした理由も大きい。

第三節　西洋文化の受容と茶室

（1）近代の夜明け

慶応元年（一八六五）、薩摩藩は十五人の留学生と四人の外交使節をイギリスに送った。文久三年（一八六三）の薩英戦争によって、画然たる力の差をみせつけられた薩摩藩は、選りすぐりの藩士たちを、藩の近代化のために留学させたのである。当時のイギリスは、産業革命によって工業が発展し、市民の生活水準も上がったことで、茶を飲む習慣が拡大・定着し、茶の消費量が増大していた時期であった。この頃のイギリスの茶は、インドのアッサム地方でのプランテーションと中国からの輸入によるものであった。そして茶の産地としての日本に対する注目も高まりつつあった。留学生たちはロンドンにおいて、彼の地の優れた技術を目の当たりにし、同時に、彼ら自身にとって身近であった茶に対する注目も肌で感じるのであった。

慶応三年（一八六七）、パリにおいて万国博覧会が開かれた。日本からは、江戸幕府と薩摩藩、鍋島藩が出展していた。このときの万国博覧会は日本が初参加したものであった。ここで大きく注目を浴びたものに茶があった。江戸幕府は茶店を開いていた。それは、六畳の座敷に土間がついた檜造の小屋で、周囲には日本庭園が設けられ、緋毛氈が敷かれた縁台が設置されたものであった。座敷では、和服姿の芸妓による湯茶や酒などのサービスが行われ、パリ市民たちに人気を博したという。

一方、日本国内においては、嘉永六年（一八五三）のペリー来航以来、西洋からの文物が流入し、人々の関心は西洋的なものへと移っていった。日本の伝統文化の多くは衰えをみせたが、それは茶の湯においても例外ではなかった。また茶の湯を支えていた寺院や武士の立場の変化もあった。慶応四年（一八六八）の神仏分離令に端を発する廃仏毀釈の動きによって寺院が勢力を失い、多くの建造物が廃棄された。さらに明治二年（一八六九）

の版籍奉還によって大名やその支配下の武士たちも没落し、茶の湯は危機的な状況に陥っていった。この時期、多くの茶室は荒れるにまかされ、一部の人手に渡ったものはまだ幸運であったが、打ち壊されたものも少なくなかったと考えられる。

茶の湯における近代の始まりは、国内においては危機的状況におかれ、それとは対照的に、西洋においては茶そして日本という国に対して注目が増す状況にあった。まさに茶の湯にとって真逆の事態が起きていたのであった。

（2）新しい展開

明治五年（一八七二）、本願寺・建仁寺・知恩院を会場として、京都における二回目の博覧会が行われた。これは、このとき発足した官民共同で設立された京都博覧会会社による初めてのものであったことから、これを第一回京都博覧会という。その後、京都博覧会は毎年のように開催されている。

この博覧会は、規模こそ違うものの、当時欧米で行われていた万国博覧会を模したもので、まさに文明開化の象徴であり、産業や文化など新しいものや珍しいものを展示し、庶民を啓蒙することが大きな目的であった。ここで注目したいことに、日本伝統の茶の湯文化へのかかわりがある。おそらく日常的ともいえる茶の湯が博覧会にかかわることは、よく考えると不思議な光景である。第一回京都博覧会では、知恩院三門上に煎茶席が設けられ、建仁寺正伝院には抹茶席が設けられた。このとき、立礼式の茶が行われたという。その後、明治九年には御所内に抹茶席が設けられ、明治十三年からは仙洞御所の醒花亭において茶会が行われた記録も残る。やがて京都御苑内に茶室が設置されるなど、博覧会と茶とのかかわりが緊密なものとして、人々の意識の中に刷り込まれていくのである。

おそらく博覧会における茶のサービスは、パリ博にみられるように欧米での茶の展示とデモンストレーションに端を発するものだと思われる。そして近代になって没落の憂き目にあった茶の湯の関係者は、その復興のため、博覧会における茶のサービスに起死回生を願ったのであろう。博覧会はひとつのメディアであり、そこから多くの情報を民衆に発信していた。茶の湯の情報もそのひとつとなって発信されたものであろう。その後、各地の博覧会で茶室が移築され、あるいは新築されるようになった。

明治五年、近代日本における最初の大がかりな文化財調査として知られる壬申《じんしん》検査が行われる。このとき、先に英国への留学を果たした町田久成も加わっており、京都や奈良を中心に関西一円の調査を行った。町田はのちに初代の博物館長（のちの東京国立博物館）となるが、彼の目にとまったもののひとつに、茶室六窓庵があった。奈良興福寺にあったものだが、件の廃仏毀釈によって寺院が苦境にたたされ、茶室の維持ができなくなり、荒れた状態になっていたものであった。のちに町田率いる博物館は六窓庵の東京への移築を行う。茶室は金森宗和の好みと伝えられ、茅葺で入母屋《いりもや》造《づくり》の外観、内部は三畳大目下座床《さんじょうだいめげざどこ》の平面である。特色は六つの窓で、点前座《てまえざ》勝《かっ》手付《てつき》の連子窓と下地窓の構成は、通常色紙窓《しきしまど》となるところであるが、上部の連子窓がかなり高い位置にあるなど、珍しい組み立てとなる。

明治十年、上野公園で第一回内国勧業博覧会が開催される。このとき太平洋を船で運び、移築されたばかりの六窓庵も出品された。それまでにも京都をはじめ各地の博覧会では茶の湯とかかわりを持っており、茶室の移築も盛んに行われていたのであるが、ここでは国家がそれを推し進めた、ということに大きな意義が認められるのである。[4]

その後各地で博覧会が行われるが、その多くの場合、茶室が移築されたり新築されたりしていた。この博覧会会場内における茶の湯の施設は、世俗に対して大きな影響をもった。例えば愛知県博覧会においては、猿面茶室《さるめんちゃしつ》が移築され茶が振る舞われたが、同時にその由緒についても大きく喧伝された。じつはその内容には誤りがあったのだが、織田信長や豊臣秀吉が登場する内容の物語は、沈滞化していた茶の湯が拡大するひとつのきっかけとなったものである。近世までの茶室は、寺院や屋敷の中の奥まった所に位置することが多かったが、この博覧会における茶室のように、多くの人びとが目にし、また不特定多数のものがその中で茶を喫するということは、これまでにあまり無かった茶の湯空間のあり方で、茶室が私的な場所から公の場所へその場所を転換したものである。これはメディアとしての意味ももち、広く茶の湯が再認識されるきっかけとなり、衰退していた茶の湯が復興する大きな要因となったと考えられる。(5) 同様に茶の湯の拡大に与る媒体として考えられるものは、寺社への献茶や公園における茶の湯施設などがある。

（3） 公園と庭園と数寄屋

近代の公園が制度として発足するのは、明治六年（一八七三）の太政官布達による。東京では上野公園や芝公園などが設けられ、全国各地にも公園が設置されるようになった。このときの公園は、もとの寺院の境内地や大名庭園がそれにあてられていた。国策として、欧米に倣った都市づくりの一環であった。

兼六園は、寛永九年（一六三二）に三代藩主前田利常の命により築かれた辰巳用水を利用した大名庭園で、明治以後公園となる。用水は犀川《さいがわ》より水を引き、トンネルをつくり、金沢城へと水を引き込むものであった。その水を利用して、代々の藩主たちは庭園と池畔の建築を整備した。成巽閣《せいそんかく》は、ペリーが浦賀に来航して十年経過した文久三年（一八六三）、第十三代藩主前田斉泰《まえだなりやす》が母真龍院《しんりゅういん》のために建てた隠居所で、もとは巽殿と呼ばれていた。二階建ての建物で、一階は公式の対面所である謁見の間、御寝所の亀の間、納戸の間、御居間の蝶の間、松の間など、本格的な書院造りとやや数寄的な表情の諸座敷からなり、二階にはマリンブルーを顔料とした壁が特色の群青の間、紫の壁の群青書見の間、障子にギヤマンを嵌め込んだ網代の間、三角形の網代張り天井の越中の間など、鮮やかな色彩や斬新な技巧を組み込んだ多彩な数寄座敷を展開している。そして一階北側には、茶室の清香軒《せいこうけん》と清香書院《せいこうしょいん》がとりついている。

清香軒は大きな土間《どま》庇《びさし》が特色である。矩折《かねおれ》に廻され、そこに辰巳用水から引き入れた遣水が流れ込み、また珍しい自然石や延段が配され、内露地が形成されている。そして外部境には雨戸が建て込まれ、使用状況により自由に開放または閉鎖することができるようになっている。雪の日などは雨戸が建てられ、謁見の間側の榑縁《くれえん》から土縁《どえん》におりての席入りが可能となる。夕顔亭の土縁の構成をさらに進めた形式である。

小座敷の清香軒内部は、三畳大目で向切の炉が切られた平面で、床の間は大目の大きさに地板が敷かれ、その角の少し内側に柱を立てている、いわゆる原叟床《げんそうどこ》の形式である。土縁に面した二方に、躙口と貴人口が設けられている。一方清香書院は、八畳敷きで中央に一間の床の間を配し、その左脇に地袋と天袋で構成された棚、右脇には地板を敷き込んでおり、七事式にかなう花月座敷の形式である。

明治維新はこの兼六園にも大きな変化をもたらした。それまでこの庭園は前田家の所有するものであった。しかし版籍奉還によって、金沢城とともに兼六園は政府の所管となり、のちに一般に対して開かれた施設へと変貌を遂げる。明治五年には、新築されて十年もたたない巽殿（成巽閣）を会場に、博覧会が開かれることになる。その後不定期ではあるが、博覧会が開かれ、それはやがて常設の勧業博物館となった。そしてこの場所でたびたび茶会が催されている。清香軒を使用しての茶会は、清香軒の優れた造形を一般に知らしめることになったであろう。

また新政府は新しい国づくりの一環として公園の設置を進めたが、明治七年、兼六園はその公園として新しく出発することになった。この事態は兼六園や成巽閣の性格を大きく転換させるものであり、公の存在として衆目を集めることになった。また同じく大名庭園から公園となった水戸の偕楽園、岡山の後楽園とともに「日本三名園」と呼ばれるようになるのは、明治二十年前後のことだと考えられる。

江戸期の大名庭園は、明治に入って公園となって一般に開放され、あるいはその場所が博覧会の会場になったりした。注目したいのはそこに茶室が存在していたことである。やがて、その関係は然るべき姿として理解されるようになった。ここで茶室のおかれる場所が大きく変化した。つまりそれまで屋敷の奥向きに位置していた茶室が、大勢の人々が訪れる表側に現れるようになったことである。

明治期は、国が近代化を進める意味で設けた公園と茶室が、非常に近しい関係にあった。明治という時代の到来によって、茶の湯を支える人々の断絶があったが、このような環境が一因となって、明治半ば以降の新しい支持者たちの茶の湯へと、受け継がれることになったと考えられる。

このようにみていくと、成巽閣清香軒の手法や意匠は、その後の近代において、たびたび引用されていることに気づかされる。用水より水を引き込み、苑池を築き、またその流れを建築に取り込む姿は、琵琶湖疏水を利用した京都における邸宅群と非常に似たものである。また原叟床《げんそうどこ》の構成は、その斬新な意匠より、近代の建築家たちが取り組んだ手法である。その意味から、近代における茶室の伝承として成巽閣清香軒の置かれていた立場は、重要であったといわねばならない(6)。

明治十七年、東京麴町公園には星岡茶寮が設置された。残念ながら建物は戦禍で焼失してしまうが、昭和前期には北大路魯山人の料理店としても世に知られた存在であった。しかしこの施設は料理店として建てられたものではなく、もとは茶の湯を中心とした社交施設で、日本の伝統文化を楽しむための施設であった。麴町公園は日枝神社の境内地をもとにしており、明治になって東京府によって整備されたものである。公の場所にこのような施設を設けることは、公園の近代化の視点からすると前近代的で閉鎖的なものとの見方がある。しかし茶の湯空間としてみた場合、誰でも会員になり得る会員制で、一般に対して見学を許可するなど、公の場所に設置されたものであり、それまでの茶室が奥向きに設けられていることに対して、むしろ表向きの施設であり、茶室の近代化という側面からは大きな意味を持った。

星岡茶寮は、茶の湯を中心とした社交施設として運営されていく。二階建ての建物には複数の茶室が設けられるが、そのひとつに利休堂があった。利休のイメージは求道的な精神性の高いもので、特に江戸期から明治初期に茶の湯に対して印象づけられていた遊芸的イメージを払拭し、明治という時代の精神に呼応するという意味が大きいと考えられる。社交施設として、日本伝統のものとしての茶の湯、そしてそこに宿る精神性をみえる形で表現し、それをこの施設から発信しようとしたのではないかと考えられるのである。ちなみに、明治十四年、東京芝公園に開設された紅葉館においても、開館後まもなく増築が行われ、利休堂が設置されている。やはり和風の社交施設であった。利休堂の存在は、遊芸的ともみられていた明治前期の茶の湯に、利休時代の厳しさを印象づけることにおいて大きな意味を持った(7)。

そしてこれらの施設に集まったのは明治中期以後、力をつけた政界財界の要人たちであった。あるいはその後頭角を現す若き日の数寄者たちは、公園を逍遥し、そして施設の見学を行ったことであろう。明治後期以降における茶の湯の隆盛をみると、この試みは少なからず功を奏したものと考えられるのである。

(4)　立礼《りゅうれい》

立礼(8)の始まりは、明治五年（一八七二）に行われた第一回京都博覧会のときであった。先に示したように建仁寺正伝院に「椅子点」の席が設けられ、椅子に腰掛けての点前が行われていた。おそらくここでは外国人を意識し、茶の湯を新時代へ対応させるべく工夫したものであろう。これは当時、博覧会を企画した一人であった裏千家玄々斎《げんげんさい》の発案であり、自ら点茶卓や客用の卓・椅子のスケッチを描き、数寄屋大工木村清兵衛《せいべえ》に制作を依頼したという。台子を点茶卓に利用したもので、天板に風炉釜を据え、皆具を飾っていた。また堀内家では、明治六年に「タワフル」と呼ばれる点茶卓を制作している。「タワフル」はテーブルのことである。中央に丸炉《がんろ》を組み込み、両脚には夕顔の蒔絵が施されたもので、同家の無着軒《むちゃくけん》において、椅子式による茶事を行うための装置として考案されたものである。当時、中国からの訪問者や京都の旦那衆を招いての茶会が行われている。

これらの発展したものとして、西行庵の土間席がある。それまで点茶卓としての問題であったのだが、それを含む空間造形として形作られたものである。この西行庵は、洛北紫竹にあった旧真珠庵門下の浄妙庵の建物を購入し、それをもとに工夫したものであった。小文《こぶん》法師は、京都府知事に願って土地を借り、富岡鉄斎の勧進文によって工事費を集めた。大工は数寄屋大工の平井竹次郎に頼み、明治二十六年に庵は完成した。茅葺の寄棟造《よせむねづくり》の屋根に、瓦の庇を深く葺きおろした外観である。内部には畳敷きの茶室、そして床面を瓦の四半敷とした土間席が設けられた。この土間の一隅には、売茶《ばいさ》の担《にな》いをふたつあわせた形態の点茶卓が据えられ、ここが立礼席であることを示している。土間は道に面しており、東と北に戸が立てられ、玄関としての用途も併せもつ。大きさはおよそ四畳半で、西と南に小縁がつく。西側は一種の壁床形式となっており、小さな棚も組まれている。南側には、小縁の上に二畳大目の入り口となる躙口と下地窓がみえ、景として面白い構成である。二畳大目席を使用するときは、ここが待合いにもなる。

この土間席は、空間としての立礼の比較的早い実例として注目されている。立礼の空間はその後大きなブームになることはなかったが、大正から昭和にかけて人々の生活様式の変化とともに工夫されてきた。建築家たちにとっては西洋からの系譜ではない和風での椅子席をつくること、また椅子席と座敷を組み合わせることがひとつのテーマであった。藤井厚二や吉田五十八《いそや》らがそれを試みた。また数寄者では小林一三《いちぞう》が座敷と椅子席を組み合わせた茶室を創作した。

第四節　ジェントルマン・アーキテクト(9)とプロフェッショナル・アーキテクト

(1)　茶の湯空間を作った人々

明治から大正、昭和前期にかけての大工技術は、非常に高いものであった。江戸時代の鎖国の元にあって、日本の大工たちは技術に磨きをかけていたため、明治維新を迎えて新しく伝えられた建築にも、彼らなりの対応ではあったが十分に応えることができたのである。明治以後も、たゆまざる努力によって高い水準を維持してきた。また外部からの刺激もあった。数寄屋大工に大きな影響を与えたのは、もちろん数寄者、つまり政治や経済の中枢にいたクライアントたちであった。

かつて千利休や古田織部、小堀遠州ら茶人たちは、建築に対してもかなり深い部分にまで関与し、大工ら職人と共に茶室を作り上げていた。近代においてもその流れは続いていた。さらに近代では、茶人である数寄者、数寄屋建築家、大工棟梁、そしてモダニズムの建築家たちもが、それぞれの立場で、またお互いに深くかかわりをもって、数寄屋建築を高めていったのである。

数寄者高橋箒庵《たかはしそうあん》は自ら具体的に図面を引いていた。自分の家のみならず他人の家の図面をも引いたといい、生涯の仕事とまでいい切っている。もちろん箒庵は三井の大番頭とも呼ばれた実業家であった。建築を得意とした数寄者には、益田鈍翁《ますだどんのう》の弟、益田克徳《かつのり》がいる。知名度は鈍翁ほどではないが、非黙と号し早くから数寄者として頭角を現し、また具体的な設計も行っていた。渋沢栄一邸の茶室、兄鈍翁の茶室など数多くの作品を手がけたという。

明治期にその能力を発揮した数寄者として伊集院兼常《かねつね》がいる。伊集院は作庭家小川治兵衛《じへえ》をして「名人」といわしめ、小堀遠州に例えられるほど、建築や庭園に造詣の深い人物であった。建設業の社長を務め、鹿鳴館の建築にもかかわるなど、趣味の世界だけではなくプロフェッショナルな側面も併せ持っていた。

このように数寄者であり、職業人としての側面をもつものも少なからずいた。柏木探古《たんこ》は江戸幕府の普請方で維新以後建築請負業を営んだ数寄者である。古美術の鑑識にも長じていた人物で、利休や織部、遠州らの意匠を探り新しい住宅建築に応用すると述べていた。東京飛鳥山の渋沢邸や星岡茶寮の利休堂などを手がけたという。茶家に生まれ、数寄屋建築を生業としたものもいた。木津宗詮《そうせん》は初代が松平不昧の知遇を得て、のちに官休庵の門弟となった茶人であるが、その三代は明治に宮内省内匠寮の木子清敬《きよよし》より建築を学び、青山御所の茶室や大阪岸和田の五風荘など数寄屋建築を数多く手がけた人物である。

厳密に分類することは難しいが、先の柏木や木津はのちに数寄屋建築家などとも呼ばれている。仰木魯堂《おうぎろどう》もその一人で、近代における数寄者たちをサポートした建築家である。彼自身も茶人であり、その立場で数寄者たちとの交流もあった。とりわけ魯堂は田舎家を得意とした。箱根に益田鈍翁の別荘白雲洞《はくうんどう》を設計するが、それは箱根近郊の民家を再生した数寄屋であった。炉は囲炉裏そのままで、床の間はなく、壁に軸を掛けている。

建築家たちの作品も、それに対応できる大工の棟梁がいなければ、生み出されることはなかった。近代数寄屋として注目度の高い吉田五十八の建築を支えた一人に、大工棟梁岡村仁三《にぞう》がいた。岡村は吉田の意図したところを読み解き、また大工の立場から吉田の設計をサポートしていた。吉田やモダニズムの建築家たちの斬新な意匠の影には、それに柔軟に対応しうる技術をもった優れた大工がいたのである。

近代の京都において活躍した数寄屋大工は、枚挙にいとまがない。野村得庵《とくあん》の別荘碧雲荘や北村勤次郎の四君子苑《しくんしえん》を手がけた棟梁は北村捨次郎である。工匠は上坂浅次郎について南禅寺近郊の清流亭を手がける。ここで古典からの技術と、建築と自然とが一如となった空間構成を身につけたのであろう。のちの作品に水の流れや池を巧みに建物に融合させた数寄屋を組み立てた。日本のオーソドックスな手法を守ると共に、世界の建築動向を見事に感じ取っていたのである。

近代はプロフェッショナル・アーキテクトとしての建築家や数寄屋建築家、あるいは大工棟梁、そしてジェントルマン・アーキテクトとしての数寄者たちが深くかかわり合っていた時代であった。そして彼らの飽くなき探究心が近代の数寄屋を生みだしたといえよう。とりわけ数寄屋大工は、伝統の技を伝えると共に、数寄者や建築家たちの新しい発想を技術的側面からサポートしていた。そして彼ら自身も新しい時代に大きく目を見開いていたことを、特記しておかなければならない。

（2）ジェントルマン・アーキテクトの系譜

鹿鳴館は、井上馨が外務卿時代に舞踏会を行うために設置した建築であった。それは不平等条約の改正を見据えた、欧化政策の一環であった。明治十六年（一八八三）にコンドルの設計より東京内幸町に建てられたもので、欧米の社交文化を日本に根付かせようとした施設であった。この井上は一方で数寄者としても知られており、日本の美術品のコレクターとして、そして日本伝統の社交としての茶の湯にも造詣が深い。

明治二十年、東京鳥居坂の井上の本邸で茶室八窓庵の席開きが行われた。この席開きは、通常のものとは異なり、天皇の行幸を迎える計画をもったものであり、それは大きなイベントとしての性格が強く打ち出されたものであった。[10]

この茶室はもと東大寺の四聖坊にあったものである。明治になって取り払いとなり、風呂の焚き付けにでもなろうとしていたとき、稲尾某が買い取ったと伝えられ、井上馨が入手し、東京鳥居坂の本邸に移築したものである。その後も移築を繰り返すが、残念ながら戦災で焼失することになる。

八窓庵は、その窓の数より名付けられたものであるが、東京国立博物館に移築された六窓庵、奈良国立博物館に移築された八窓庵とあわせ、「大和三茶室」としても知られる存在であった。建物内には四畳半と四畳大目、それに三畳が二室と水屋、台所、玄関があった。当時八窓庵と呼ばれていたのは四畳大目席である。土間形式の内坪が備わっており、特殊な形態であった。下座床で大目切の炉を持つ。またこの茶室、当時は間違った理解をされていた。つまりのちの研究によって三斎好みであることが明らかになったが、当時は珠光《しゅこう》好みとされていたのであった。珠光の影響と考えられるものは隣の四畳半であった。四畳半席は一間床を備え、縁側を付設しており、利休以前の古い形式を伝えるものである。

ここで注目したいことは、この時期の茶室の置かれたふたつの状況が、この八窓庵の席開きに象徴されているということである。ひとつは、茶室が古美術の保存と同じような扱いであったということである。もうひとつはその社会への発信、という側面も持っていたことである。いずれも明治維新以降、各地の博物館や博覧会場に茶室が移築あるいは新築されたことと同様である。つまり博物館として古美術品と同じような扱いとして、茶室を移築し保存しようとする傾向、また博覧会における茶室のように、そこから新たな情報を世間に対して発信しようとする傾向がみられたということである。特に古美術の保存と同じ考え方は、当時の数寄者に影響を与え、のちには原三溪により、茶室を含む建築を各地から移築した三溪園にも繋がっていく。

鹿鳴館と八窓庵、全く別のふたつの建築であるが、井上にとってみればその底流には同じものがあったのかも知れない。欧化政策のためにつくられた鹿鳴館は、その結果はともあれ、日本の近代化への象徴としてあり、その情報を発信しようとしたものであった。一方、八窓庵は、茶の湯という国際的に知られるようになった日本文化の、国内への啓発という意味を持っている。その当時、国内においては、茶の湯は維新から続く冬の時代がまだ続いていた頃であった。しかし博覧会では茶室が設置され、日本のアイデンティティを発信していた。イベントとしての八窓庵の席開きは、博覧会における茶室と同様で、それは鹿鳴館とともに欧米を意識して設置されたものと見ることができよう。

京都では明治の半ば頃より、京都南禅寺周辺に別荘群が形成され始めた。きっかけは琵琶湖疏水の開削《かいさく》であった。明治二十三年に第一期工事が完成し、水力発電が行われ、それは京都市電の開通に繋がった。そしてこの水を使って周辺に有力者の別荘群が築かれるのであった。

近代の京都において水と建物が深くかかわりあう建物は、高瀬川の水を引き入れた伊集院兼常が一之船入（高瀬川に作られた船入）に設けた別荘がそのはしりとみられる。現在は廣誠院と呼ばれているこの建物は、水の流れの上に茶室をつくり、流れと建物を有機的に組み合わせた茶苑である。広間や書院、茶室などからなり、茶の湯が行われる空間としては八畳の広間と三畳の小座敷がある。八畳は袋床を変形した珍しい形式の床の間を持ち、その脇には二段の戸棚が設けられている。小座敷は三畳中板で上大目切、下座床の席で、縁に対して躙口を設け、客座側に円窓を開けている。点前座風炉先《ふろさき》に中柱を伴った袖壁を設けるが、下部を吹き放ち、上部に下地窓を開けている。また客座側の壁をカーブさせ、化粧屋根裏天井が通常のものより少し長く造られているなど、変化に富んだ技巧的な構成となっている。そして大きな特徴は、床下を遣水が流れることである。

疏水の水を使っての築庭は、先に挙げた辰巳用水を使用した金沢の兼六園にみられる。利水のための用水を使って庭園や邸宅が築かれたさまは、京都における別荘群開発のお手本ともみることができる。南禅寺近郊では山県有朋が明治二十八年に開いた別荘無鄰庵《むりんあん》が早い事例である。

そして伊集院兼常もこの地に目をつけ、のちに對龍山荘と名付けられる建物を比較的早い時期に築いている。その山荘を清水吉次郎の所有を経て市田弥一郎が入手したのは、明治三十五年ことである。東京の大工島田藤吉を棟梁として増改築を行った。代表的な座敷として、池に張り出した書院の対龍台がある。小さな流れが座敷の下で滝を造り池に注いでいる。

野村得庵が南禅寺近郊に邸宅を築き始めたのは大正五年（一九一六）頃であった。東山を借景にした園地には広大な池が広がり、その南岸には船屋形の茶室廬葉舟《ろようしゅう》が繋留されている。藪内家の雲脚席《うんきゃくせき》と同様の三畳大目の構えである。また苑内には能舞台が付属した大書院の他、八畳の花泛亭《かへんてい》と三畳大目の又織《ゆうしき》を備えた一宇《いちう》などがある。

水と建物の関係は日本建築の得意とするところで、寝殿造を持ち出すまでもなく、古代より続けられてきた住宅建築の手法であった。その意味では伝統の系譜のものとしてこれら邸宅は位置づけられる。しかし一方、近代建築の視点でみると、西洋においては、彼らの伝統である建物の内外を明快に区切る手法から、外部環境と建物内部を有機的に結びつけようとする転換があった。ちょうど彼らが自然と建築を結びつけようとする考えを持ったまさにそのとき、これらの邸宅群が築かれたのは偶然であったかも知れないが、興味深い事実である。

明治の半ば頃より、小田原電気鉄道によって箱根強羅地区の開発がはじまった。その開発には益田鈍翁の貢献が大きかったといわれ、それにより、鈍翁は強羅の景勝の地を提供され、ここに茶苑を開いたのである。

近代建築の潮流においては、工業の発達によって都市部に人口が集中すると、鉄道網の発達もあり、都市郊外に住宅を求める動きも盛んになる。のちに元のものとは違った解釈となったが、イギリスのハワードが提唱した田園都市の構想もそのひとつである。また都市郊外に田舎家風の建物を造ることも流行り、オランダではアムステルダム派の建築家たちが、煉瓦の壁に茅葺の屋根をのせた新しい住宅を造っていた。鈍翁が欧州の新しい建築の潮流をどの程度理解していたかは不明であるが、社会の流れとして、然るべきものとみることができる。その後茅葺の茶室は、数寄者たちの間に大きなブームを呼んだ。もちろん茅葺の田舎家は、江戸期には茶室をはじめとして別荘建築などにおいてたびたび応用されていた建築の形態であることにも注目したい(11)。

鈍翁の茶苑は、大正三年から築造がはじめられ、茅葺の白雲洞、不染庵と、奇岩を利用した浴室である白鹿湯が設けられた。のちの大正十一年、鈍翁はかねてより親交のあった原三溪にこの茶苑を譲った。その三溪は三つ目の茶室、対字斎《たいじさい》を新築した。三溪の没後、昭和十五年には遺族の申し出により、この茶苑は松永耳庵《じあん》に譲られた。三溪は鈍翁の遺構を丁寧に温存し維持していたというが、耳庵はむしろ自由にこの茶苑に改築を施したようである。ただ具体的にどのように手が加えられたのかは、今のところ明らかにはなっていない。この白雲洞は茅葺の民家を茶室に改めたものである。箱根近辺の農家の古材を組み合わせて造ったものであった。主室は七畳の間と四畳の次の間、一畳の仏間、二畳の水屋からなる。座敷の周りに濡縁《ぬれえん》を廻し、茅葺の外観を小さくまとめ上げている。しかし内部は豪壮で質朴な造形をみせている。七畳の間には、農家の囲炉裏を応用した大炉が切られている。床の間はあえて設けず、壁床の形式で畳は縁のない、いわゆる坊主畳を使用している。重厚な小屋組をみせ、天井は竹垂木を残し土で塗り込められた屋根裏をみせたものである。

「市中の山居」といわれるように、茶室は田舎のわび住まいをそのひとつの理想としたものであり、数多くの茅葺の茶室が造られてきた。いうまでもないことだが茅葺の茶室は決して珍しいものではなかった。しかし大正時代頃から新たな動きとして茅葺の民家を利用した茶室あるいは茶室を含んだ数寄屋建築がひとつのブームを迎える。それまでの茅葺の茶室として新築されたものや、それを移築したものとは違って、民家という本来違う目的で建てられた建築を、茶室として再生しようとするものである。移築あるいは改築、もしくはその部材、すなわち古材を利用して新しい茶室を造ろうとするこれらの試みは、「市中の山居」の本質を、さらに極めたものとして理解されよう。

民家を基本とした建築を造るもので、より先鋭化した運動として、民藝があった。民藝は民衆的工芸を略した言葉として、大正十四年、柳宗悦《やなぎむねよし》、河井寛次郎《かわいかんじろう》、浜田庄司らによって生み出された造語であった。民藝はその民衆がつくる生活に根ざした工芸で、意図的に巧んだものではなく、自然に生まれてくる美の概念であり、そして無心な美の表現であった。ただし民藝という言葉は厳密に定義されるものではなく、使う人によって広がりがみられるものである。特に柳宗悦に関しては、明治維新以来、日本の方針としてその中心にあった西洋的価値観に対して、東洋的な価値観、美意識というものを注視していたということに着目しなければならない。

鷹峯光悦寺の近郊に民藝の邸宅、土橋邸はある。道具商土橋嘉兵衛《かへえ》が河井寛次郎に相談し、柳宗悦ら民藝運動のメンバーの協力を得て、昭和九年に完成した建築である。大工は内藤源七であった。土橋邸には玄庵《げんあん》と呼ぶ茶室がある。七畳で向切《むこうぎり》の炉が設けられた茶室で、土橋自身の好みによるという。この茶室は非常に端正なつくりである。決して草庵風のそれではない。しかしさらによく観察すると、通常の書院風の茶室の趣とも、また違った構成である。薄味で決して強く主張することはないが、そこには東アジアの気品が漂っている。火灯型や水墨画、そして籐《とう》の利用、それらは確かに日本の意匠ともいえるが、しかし東アジアに共通するデザインでもある。そしてそれらは意図的に巧むことなく、自然にあるかのごとく組み立てられている。中に収まる人や道具を主体として考えられたものである。柳宗悦や河井寛次郎の理想が、ここにさりげなく組み込まれていたのである。

宇治の木幡に松殿山荘《しょうでんさんそう》と呼ばれる一大茶室群がある。広座敷と小座敷を併せて十七の茶室があり、作者は高谷宗範《そうはん》である。宗範は茶人であり、建築についても造詣が深い人物で、大正七年に入手した木幡の地に、自らの設計で次々と茶室を建築していった。また茶友である芝川又右衛門《しばかわまたえもん》や嘉納治郎右衛門《かのうじろうえもん》らの茶室の設計を行っているが、芝川家の茶室のときには、ほぼ同時に武田五一《ごいち》が洋館（現明治村芝川邸）を設計していた。この武田の洋館にはのちの松殿山荘と共通する意匠がみられ、ジェントルマン・アーキテクトである宗範がプロフェッショナル・アーキテクトの武田を意識していたことが読み取れる。この松殿山荘は、いわゆる数寄屋建築ではあるが、一方で、西洋風の天井やヴォールトの屋根、さらには幾何学的な形態にカラフルな色使いがみられ、数寄屋としては特異なものとなっている。宗範の講演録などによると、かなり当時の建築界のことを意識していたとみえる。ジェントルマン・アーキテクト高谷宗範が、新しい時代における日本建築について、いかなる形態を採るべきかということに真摯に向き合って設計したものと考えられる(12)。

(3) プロフェッショナル・アーキテクトの茶室と数寄屋

近代の建築家で茶室に最初に着目するのは、武田五一であった。明治三十年(一八九七)、帝国大学の卒業論文として茶室建築についてまとめる。この論文にはふたつの大きな視点がある。ひとつは、千利休に対する注目、もうひとつは、現状(明治)の茶の湯に対する批判である。この論文に影響を与えた先行論文がある。美術史家今泉雄作が明治二十二年の『國華』創刊号から第三号までに連載した「茶室考」で、利休賛美とその後の時代の否定的視点がみられるものである。武田は、その当時、つまり十九世紀末の欧州における建築運動に少なからぬ興味を示していた。この論文を吟味すると、新しい建築造形へ向かう考えを、茶室、とりわけ千利休に託して表現したのであるということが読み解ける。具体的には、無駄な装飾を省くこと、造形が自由であること、また左右非相称であること、などが挙げられている。しかし残念ながら、武田五一は本格的に茶室の設計は行わなかった。その理由としては、武田は当時の茶室を形骸化したものと捉えていたためであり(13)、その後の建築家にもその視点は受け継がれるのである。

武田のあと、明治から大正にかけて、いわゆる近代的な建築教育を受けた建築家の中で茶室に着目した人物は多くはなかった。しかし大正時代後半になると、徐々に茶室に対して建築家の目が注がれていく。その一人に堀口捨己がいた。大正九年(一九二〇)、堀口捨己らは分離派宣言を行う。これは歴史的なものを切り捨て、新しい建築を創造することを高らかに宣言したものであった。しかし一方、過去のものでもこれまで注目されていなかったものに対して、再評価するという視点が含まれているのである。これまで注目されていなかったもの、それは建築家たちにとっては茶室であり数寄屋建築であった。堀口はヨーロッパを旅するが、そこで彼が注目したものは、表現主義建築、とりわけ当時アムステルダムを中心に流行っていた茅葺による新しい建築なのであった。表現主義はモダニズムに至る直前に起こった造形運動のひとつである。堀口はこれらの建築に接したとき、日本の建築の伝統の系譜に似たものを発見するのである。つまりそれは茅葺の茶室であり、桂離宮などの数寄屋の建築群であった(14)。そして大正十四年、茅葺屋根の住宅、紫烟荘をつくる。直接は、当時オランダでブームになっていた茅葺の建物の日本版としてつくったもので、表現主義の作品である。しかしその奥には、日本の茶室の持つデザインを組み込んでいたのである(15)。

十九世紀末より二十世紀初頭にかけてさまざまな造形運動が起こっていたが、先の表現主義もそのひとつであった。そして一九二〇年代、その潮流はモダニズムへと収束するのであった。

昭和時代、茶室あるいは数寄屋は、その時代の先端のものとして扱われるようになった。それは茶室の本質的なものが、モダニズムとして受け入れられたことと、近代の建築家たちが、その性格をさらに先鋭化したためである。先の武田の論文のエッセンスが、大正時代頃から芽吹き、昭和になって花を咲かせたとみることもできる。

その後の堀口は、茶室の研究に取り組む。面白いことに、千利休の研究書の冒頭に「現代の建築」として千利休を研究すると宣言しているのである。その堀口の作品が世間に大きく注目されたのは、昭和二十五年(一九五〇)の八勝館八事店御幸の間である。茶室の本来持っている性質に加え、新たな工夫を組み込んだものであった。決して伝統の数寄屋そのものではない。床の間周辺の構成は、床柱を控えめに表現し、ヤジロベエを組み合わせたようなアクロバチックな床の間の形態は、あくまでも近代建築である。しかし一方で桂離宮古書院の月見台を意識した濡れ縁、円形を並べた欄間は笑意軒になずらえられる。歴史を感じさせる部分である。

吉田五十八はストレートに表現した。「日本人は、日本建築によって、西欧の名作と対決すべきだ。また、立派に対抗できる」といい放ち、その方法として、今までの伝統日本建築に近代性を与えることによって、新しい感覚の日本建築が生まれ、それがうまく成功するならば、逆に西洋人が模倣する、といった構想を語っている。数寄屋とは通常、茶室の影響を受けた建築を指す言葉である。しかし吉田五十八についてみるならば、彼の作品は、新数寄屋などと呼ばれるのであるが、茶の湯のみならず、日本文化のさまざまなものが、吉田の数寄屋を支えていたのである。とりわけ寝殿造の造形は、吉田に大きく影響を与えたという。それは京都御所、あるいは大和絵などからのイメージである。また民家への着目もあった。それが近代を生きた吉田の考える、日本を代表するイメージであった。昭和になると数寄屋が近代建築の要素をもつと考えるような風潮がみえてきた。しかし吉田は数寄屋は近代的ではないと断言する。一方で独自の手法で数寄屋を簡素に表現し、近代性をもたせることに成功する。吉田五十八は数寄屋の概念をさらに広げた。「くずす」ことにより新旧・和洋の境を曖昧にし、数寄的な近代建築を創り上げた。それは現代の誰がみても、従来日本にあった形式のごとく、錯覚するほどのものであった。吉田五十八の造形は、それほどまでに近代になじんだ、近代を代表するスタイルなのである(16)。

（1）柴田道子「フランスにおけるジャポニスムのある側面について」（『金城学院大学論集人文科学編』三七、二〇〇三年）五七〜五八頁。
（2）第四章で詳述。
（3）第四章および第五章で詳述。
（4）拙稿『近代の茶室と数寄屋』（淡交社、二〇〇四年）三一〜三二頁。
（5）第六章で詳述。
（6）前掲註（4）拙稿『近代の茶室と数寄屋』三五〜三九頁。

（7）第二章および第六章で詳述。
（8）中村昌生「立礼の空間」（『茶道聚錦　八・座敷と露地』小学館、一九八六年）一七四〜一八一頁。
（9）河辺聡「18世紀アメリカにおけるジェントルマン建築家と建築書とのかかわりについて：建築の書誌学研究」（『日本建築学会論文報告集』一九八四年六月）一二九〜一三九頁。ここで河辺は、トーマス・ジェファーソンを「ジェントルマン建築家」として扱っている。鈴木博之「近代建築と数寄の空間」（『茶道聚錦』六・近代の茶の湯、小学館、一九八五年）二六六〜二七一頁。ここで鈴木は、近代の数寄者たちを「ジェントルマン・アーキテクト」として扱っている。
（10）熊倉功夫『近代茶道史の研究』（日本放送出版協会、一九八〇年）二一四〜二一七頁。
（11）第四章で詳述。
（12）第七章で詳述。
（13）第三章で詳述。
（14）直接は表現主義の影響であるが、もちろんそれも含む広く近代造形運動の視点から数寄屋に着目した。
（15）第四章で詳述。
（16）前掲註（4）拙稿『近代の茶室と数寄屋』一一八〜一二三頁。

第二章　公の場所に設置された数寄屋

第一節　冬の時代に誕生した茶の湯空間

近代の数寄屋建築は、明治時代半ば以降のいわゆる数寄者達の邸宅や別荘によって代表される、と考えられる。また茶道史の研究(1)でも、明治時代の半ば頃までは冬の時代と呼ばれ、後の数寄者の時代に比べて語られる部分も少ない。

しかし、東京府により麹町公園として整備された永田町山王台に、明治十七年（一八八四）、茶の湯を基本とした会員制の施設として星岡茶寮が建設された。丁度この頃は社交施設が求められる時代でもあった。代表的なものが明治十六年落成の鹿鳴館であり、また和風の施設としては、明治十四年の紅葉館が挙げられる。星岡茶寮の会友名簿(2)には、華族をはじめ明治を代表する政官財の重鎮、そして三千家の宗匠も名を連ねていた。また建築関係では、当時宮内省内匠寮に所属していた木子清敬(3)もその一人であった。会員であった多くの財界人は、後に数寄者として近代の茶の湯に新たな一頁を書き加えるのであるが、彼らがこの建物が当時の東京における代表的な茶の湯の施設と見ていたことだろうし、ひいては彼らによる茶の湯空間に対して、この建物から何らかの刺激があったことは言を俟たない。

とりわけ明治に茶の湯を担っていた人びとは、もちろん江戸期から続いて活躍していた人物もいるが、一方で新参の人物もいた。維新以後に茶の湯にかかわる諸要素の転換、具体的には、伝統に対する理解の変化、パトロンであった大名やそれに近しい商人あるいは寺院の没落等によって、茶の湯そのものの様相が変化していくなかで、茶の湯を担う新たな人物たちが登場してきた。新しい人びとにとってみればこれまでの因習に縛られることはないが、一方で規範となるものも求められていた。そのひとつとして、公の場所に建てられた星岡茶寮が位置付けられると考えられる。

ここでは、近代の数寄屋建築の嚆矢とも考えられる星岡茶寮、そしてそれに先駆け建設され、のちに茶室も加えられた和風社交施設の紅葉館について、それらがいかなる経緯で建築されたのかということを明らかにしたい。特に明治十四年そして十七年という茶の湯の施設の誕生としては早すぎると思われる時期に、[4]これら施設が建設されるに至った事情を、『東京市史稿』[5]を中心に観察し、東京府の公園経営の立場、とりわけ民間の事業参入との関わりを中心に、考察を進めるものである。

なお、従来の明治期の公園研究[6]では、明治前期における東京の公園の性格は、公園という近代的な表層に反してその実は江戸期の延長として捉えられる、との見方も多い。その理由としては「社寺境内地など古来よりの景勝地がそれに充てられた」「従来の景勝地の保全がその目的である」また「江戸期よりの物見遊山的、盛り場的傾向を持つものが公園地として選定された」ことなどが挙げられる。そして市区改正に至って近代的都市形成の一環として公園が組み込まれるように計画されるのであるが、実効は薄いものであった、あるいは近代的性格はみられなかった、との考えも多い。その捉え方の背景には、公園が近代的なものとして進展するのは大正期を待たねばならない、との見方がある。しかしながら茶の湯の近代化を考えるとき、明治前期における東京府下の公園に社交施設である紅葉館・星岡茶寮が成立するに至った、ということは大きく意味をもつ。それは不十分であったかも知れないが近代の新しい都市施設である公園という場所に設けられたこと、そして茶室がその「公」

の場所に位置したことである。ここでは、それら社交施設が設置されるに至った経緯に焦点を当てる。

第二節　明治初期の東京の公園と社交施設

公園は西洋の大都市には必ず存在するもので、東京をはじめ、日本の大都市が近代化するには必要不可欠なものと考えられていた。しかし事態は単純ではなかった。西洋の都市に早く近づけたいと考える立場と、現実を直視しながら少しずつ変化を加えたいと思う立場、そして役人と民間など、さまざまな考えの相違が展開を複雑にしていた。ただその複雑な経緯があったがために、和風社交施設である星岡茶寮などが公園に誕生することにもなった、とも考えられる。

明治六年（一八七三）一月十五日の太政官布達(7)によって東京をはじめ全国各地に公園が制定される。古くからの景勝地や由緒がある等、以前から人の集まるところで公有地となっているところは、永く万人の楽しむ場所として「公園」と定められることになったので、各府県は場所を選択し、状況を調査し、図面を添えて大蔵省へ伺い出よ、という内容である。

正院達第拾六号　　　　府県へ

三府ヲ始、人民輻湊ノ地ニシテ古来ノ勝区名人ノ旧跡等是迄群集遊観ノ場所、（東京ニ於テハ金龍山浅草寺、東叡山寛永寺境内ノ類、京都ニ於テハ八坂社、清水ノ境内、嵐山ノ類、總テ社寺境内除地或ハ公有地ノ類。）従前高外除地ニ属セル分ハ永ク万人偕楽ノ地トシ、公園ト可被相定ニ付、府県ニ於テ右地所ヲ択ヒ、其景況巨細取調図面相添、大蔵省へ可伺出事。

明治六年一月十五日　　　　太政官

この布達が制定される僅かに前、大蔵省より太政官に「府県公園地御定ノ儀伺」(8)が提出されている。東京・京都・大阪の三府をはじめ、地方においても景勝地を公園と定めるが、それは明治政府による地券税法の発行に伴うことを示すものであった[9]。つまり、景勝地において民間の所有権が行使されれば無秩序な開発が行われる可能性が生じ、それを防止する意味から公園が制定されるに至った、と考えられる[10]。つまり少し消極的な考えから発足したということである。

この大蔵省からの「伺」が提出された後、間もなく太政官は上記の布達を発することになる。以後、各自治体は公園の整備を進めていくわけであるが、その財源が重要な課題となった[11][12]。東京府は、その経営方法を東京会議所に諮問する[13]。この会議所は小野組や三井組等府下の有力な者によって構成された公共施設の建設等を進める団体で、府の試問を受けた後、明治六年三月二日と十三日の二度に亘り回答を示す[14]。この回答には小野組に所属する田畑謙蔵[15]や行岡庄兵衛[16]の名が見え、のちの星岡茶寮の成立にも少なからぬ意味をもつと考えられる。

三月二日付のものは、今はまだ道路や橋梁の修繕を行う時期であるのに、「遊観場」つまり公園の修理は早すぎる。あまりに見苦しい場合は、入場料を取り、それで清掃をすればよい、ということである。さらに三月十三日付では、「遊観場」は西洋風にすることが最も良いことであるが、急には日本人になじめないので、旧来のまま利用する。また経営のために地域の半分は「公園」と定め、やや「真」の「遊観場」のようにし、残りの半分は貸座敷や飲食店として使用することを許可し、その「屋税地税」によって公園の運営費に充てる、というものである。

ところが太政官布達の意図するところは、前掲の大蔵省からの「伺」が示すように、個人の利益のために景勝地が失われることを防ぐことにあり、またそれは西洋に倣った「公園」であって、人家や飲食店などが存在することや、それによる税収を期待してはならないのである。府もこの布達の意図するところはある程度理解していたことと考えられる。その後検討を重ねたが[17]、直面する現実の問題もあり、会議所案を基にした公園の取扱に関しての規則を定めることになった。これに対し太政官は、尚いっそう精密に調査するように、との回答を示すにすぎなかった。[18]

明治六年の太政官布達以後、民間の側より公園において事業を興したい、という気運が高まった。[19]そのような状況のもと、明治七年四月には、会議所の蔵田清右衛門と西村勝三による「公園栄築見込概略」が東京府に提出された。[20]これは直接には浅草公園経営の企画案として提出されたものであるが、広く公園全般に適応する考えが示されたとみることができる。これによると、公園の経費捻出のために、公園の風致を助けることを条件に、園内に見せ物小屋や料理屋、待合茶屋等を設けることを推進し、さらに車馬で入園するものから修路費をとることなどが盛り込まれていた。注目すべきは以下の条文である。

一、料理屋二軒集会茶屋五軒程公園中ニ造築ヲ許ス可キ事

但造築清潔ヲ専ラトシ園ノ風致ヲ助クヘキ事

公園内に「料理屋」「集会茶屋」の築造を許可すべきとある。ここでいう「集会茶屋」とはどのようなものであるかは不明であるが、後に芝公園に設けられる紅葉館が、当初集会所として計画されていたことなどもあり、社交の場ということが想像される。この文書は東京府より同年六月四日に太政官に上申される。[21]

更に会議所は同年五月、府知事に提案する。[22]これは明治六年三月十三日に提出したものを更に発展したものと考えられる。公園面積五万坪の内、三万坪を純然たる公園とし、残り二万坪を財源地とするという提案である。ここで興味深い点が幾つか挙げられる。まず純然たる公園地には「酒店茶店ノ類猥雑ノ儀」は「一切無之」とあり、「休憩処トシテ雅潔ノ家屋」をしかるべき場所に設け、訪れた人の休憩場所として使用するとしている。つまり「雅潔ノ家屋」を純然たる公園地に設ける、ということである。また財源地の方も明治六年三月十三日分には「屋税地税」を収入とするとあるが、こちらでは月極めの借地料あるいは家賃によって収入を得るとある。[23]この文書も五月十三日付をもって東京府より太政官に提出される。[24]しかし、これらの稟申に対し、政府側の基本姿

勢には、すぐには大きな変化は見られなかった。

明治七年（一八七四）十一月七日、政府は地所の名称の区別を改定することを布告する。[25]これによると、官有地は第一種から第四種、また民有地は第一種と第二種に分類される。そして公園は官有地の第三種に編入された。

第三種地券ヲ発セス、地租ヲ課セス、区入費ヲ賦セサルヲ法トス。

但、人民ノ願ニヨリ右地所ヲ貸渡ス時ハ、其間借地料及区入費ヲ賦スヘシ。

つまり民間の者に対して土地の所有権を認めず、土地を貸し渡すことにより使用を許可する、ということである。これにより公園地内に私権が発生することがなくなり、同時に借地という形で収入を得ることが可能となった。会議所の意見が取り入れられたかたちである。

また政府の公園に関する主管が内務省に移り、府は明治七年十一月十七日、内務省あてに公園経営に関する「伺」を提出した。[26]内容は前回太政官に提出した明治七年五月付の会議所案を添えたものであった。翌明治八年二月十日、内務省は公園の風致、道路の都合等を十分に考え、園内の取締の方法及び貸地分割の見込みを立て、詳細な図を添え再度伺い出ることとの判断を下した。[27]これは東京府側の主張に僅かに歩み寄りを見せたものとみられる。会議所は、最初は税収による収入を考えていたが、後に借地料による方法に主張を替えている。つまり発案者としての会議所は、政府と東京府との間の調整役も行ない、公園における民間事業の促進に尽力したと考えることができるのである。これ以降、東京府は内務省に「伺」をたてながら公園の整備を進め、それに伴い民間による事業も徐々に進められることになった。

暫くして東京府は「東京府各公園地内出稼仮条例」[28]を制定し、明治十一年十月二日、公園の所在する各区区務所に通達する。これは扱いに苦慮していた従来からの生活者に対する規制を明確にしたことと、新規の事業参入を条例として認め、[29]それに対する規制も同時に明らかにしたことである。つまりここでは「出稼人」という言葉によってひとつに括られているのだが、内容から判断すると、この言葉の内にはふたつの意味を含んでいることが判明する。従来からの居住者とこれから新しく資本を投入して事業を興そうとする者である。後者はまさしく従前に会議所によって提案された公園における民間の事業参入ということである(30)。

東京府各公園地内出稼仮条例（抜粋）

第一条　凡ソ公園地内ニ出稼セント欲スル者ハ、建家築造ノ模様等詳細図面ヲ作リ、地所拝借ノ義願出ヘキ事。

第二条　本庁ニ於テハ詮議ノ上、実地差支ナク且ツ園内ノ繁盛ヲ助クヘキモノト思量スレハ、相当ノ借地ヲ許可スベキ事。

但公園ハ衆庶偕楽ノ場所ナルヲ以、建物ハ成丈ケ不潔ヲ厭ヒ、景色ヲ不損様注意可致、且建物落成ノ上ハ掛リ官員ノ検査ヲ可受事。

第四条　借地ノ内タリトモ建物ヲ自侭ニ取拡クルハ勿論、模様替ト雖トモ許可ノ上ニ無之テハ着手不相成事。

但雨漏修繕ハ此限ニ非ス。

第十五条　借地ヲ転貸スルハ厳禁タリ、故ニ私費建設ノ家屋売買ハ本人ノ自由ニ任スト雖トモ、其侭後住者エ譲渡サント欲スルトキハ、双方連署ヲ以返地更借トモ速ニ可願出事。

但取毀チ賣買ハ其時々届出ツヘシ。

これで、明治前期における東京府の公園経営の基盤がひとまずととのった。もちろん本来の理想としての、都市を近代化するという視点からは、不十分なものであったが、旧来からの景勝地を保全するという、やや消極的な目的は達せられることになった。そして東京府がこの公園経営のシステムを整備するに際しては、会議所がその重要な役割を演じていた。その会議所によって提案された内容には、純粋な公園に設けられるべき施設、すなわち休息に供する施設、そして公園経営のための収入源として設けられる施設、以上の二種類の施設を設け、経営していくということであった。それは、これからみる社交施設、紅葉館と星岡茶寮についても、その成立や展開において重要な意味をもつものと考えられるのである。

景勝地に風流な建物を設ける考え方は、従来から見られるもので、江戸期における大名庭園[31]や公家の庭園にその様子を見ることができる。しかしながら従来からのものは、その多くが個人所有に帰するものであり、きわめて閉鎖的であるといえよう。しかし明治期に新たに公園とされた場所は、在来の所有のいかんに関わらず、それは公のものとなり、市民に対して開放的であったことに注目する必要がある。そしてその場所に社交施設が設けられたのであった。このような意味から、それらの施設は個人の趣味の世界に止まることは不可能であり、公を意識した施設とならざるを得なかった。

この頃より各公園において、新しい事業が活発に展開する。代表的なものが芝公園に設けられた紅葉館であろう。この施設は、星岡茶寮の建設に先駆けて明治十四年[32]、和風の社交施設として芝公園の楓山付近の経営の一環として設立されたものである。そしてこの事業は大成功をおさめるのであった[33]。

第三節　芝公園と紅葉館

（1）近代の和風社交施設の始まり

紅葉館は、明治十四年（一八八一）に東京芝公園の楓山に建設された。ちょうど現在の東京タワーの位置である。この建物は昭和二十年（一九四五）に空襲によって焼失するまで、明治・大正・昭和に亘り日本を代表する社交施設として歴史の一端を担っていた。また紅葉館の設置には、単なる社交施設というだけでなく、外国人を招くことをも考えた、壮大な迎賓施設としての計画も見え隠れするのであった。

まずは紅葉館の概要について記しておこう。紅葉館については、池野藤兵衛氏による『料亭 東京芝・紅葉館』[34]に詳しい。同書においては、紅葉館に関わる多くの記録を掲載しているが、残念ながら創設前後の様子については、人事往来に関する記述はあるが、記録は脱落している[35]。また前島康彦は「芝公園の生いたち――特にその社交施設について――」[36]に芝公園と紅葉館あるいはその他の社交施設との関わりについて論述している。これによると芝公園に設立された社交施設について、紅葉館の他、能楽堂、共立幼稚園、丸山花園、三縁亭、福住楼などを一緒に扱っている。しかしながらのちに示すとおり、紅葉館はその当初の意味において、三縁亭、福住楼などの料理店とはその性格において大きな違いを持っていたのであり、別に考察すべきものと考える。また会員制クラブ（紅葉館）の公園における存在を、市民に対しての閉鎖性を示すものと捉えている。しかしここでは、ある程度の制限は付くものの、在来の施設に比べて開放的なものとして捉える立場である。以上のような観点の相違があることをまず示しておき、本題に移ることにする。

さて、それでは紅葉館について概要を見ていくことにする。創設前後あるいはそれに続く頃の様子については明治三十年発行の『新撰東京名所図会 第七編』[37]に詳しい。『料亭紅葉館』および前島康彦の『東京公園史話』にも引用されており、冗長にはなるがこれより抜粋し、以下に概要を記す。

明治十四年の新築にして貴顕紳士の集会所たり、高尚優美を旨とし虹梁鴛瓦の華を極めぬ、日本造にして野邊地尚義氏之が幹事たり、明治二十二年新館を増築す、全坪数、千九百六十余坪明治二十六年合資会社と為る、株主十三名。

小野義眞　三野村利助　川崎八右衛門　喜谷市郎右衛門　安田善次郎

小西孝兵衛　中澤彦吉　山中隣之助　野邊地尚義　稲葉正邦　本野盛亨

山本直成　飯田文男

社長を定めず、野邊地氏業務担当人として、専ら事務に鞅掌せり。

紅葉館の号　此地金地院の境内紅葉山と称せり、徳川二代将軍（台徳公）城内紅葉山なる楓樹の根を分けて移栽えにき、老楓今に存す、故に紅葉山に因みて紅葉館と号せり。

玄関　暗薫籠むる玄関には、新柳二橋に一粒撰を絹漉にしても得難き美姫十余名、恰から花壇を見るが如く居列び、横附にする車輪の軋る音を聞けば、いざ御客来と恭敬く迎へて一斉に額つく。

広間　十五畳二間、十八畳一間、別に十畳一間、三間四枚なる絹張の襖には楓葉を金銀の模様に撩乱して、引手、釘隠に至る蓋し迄悉く楓葉を型とり、欄間に描けるもみぢ葉は故是眞翁の筆なり、電灯喚鈴数百顆花の如く萏の如く敷設し、床の軸、置物、挿花にも心竭して、違棚の飾物まで一々名ある宝ぞかし、二階は十五畳二間、十八畳二間より成る、欄間の透彫（麻の葉に五三の桐）は豊太閤時代の作にして、伏見桃山御殿に在りしをこゝにうつす、他に茶の間八畳、螺鈿の棚には茶道具一式を飾り附けぬ、茶の間に隣りて八畳一間は、給仕人の溜りとか聞きぬ。

茶室　吉野桜の床柱、墨画の一軸、古銅の花瓶には紫陽花を挿み、素枯れし萩葺の軒端長く、小庭に四ツ目垣を結ひ、枝折戸あり、栽篭茂く冬青の古木など珍らし、石燈籠の雨にも窶れで、昨日今日風は湘簾を動かし、畳に実梅の影重く閑静に床かし。

湯殿　茶室の背後に湯殿あり。

利久《ママ》堂　湯殿を左に見て中廊下を行くべし、堂は三畳敷にして一隅に千の利久の像を安置す、垂簾半は巻きて身長三尺五寸程の木像なり、京都大徳寺の山門に在りしをこゝに伝へき、と蓋し利久生前自ら刻む所、唐装束の立像にして冠を戴き、手には竹杖を携へぬ。

新館　築山に沿ふて廊下伝ひに行くべし、明治二十二年増築する所、床は檜木舞台にして畳を除げなば直ちに本舞台となるべし。三十五畳二間、二十八畳一間よりなる、大会盛宴の際は三間押通にして殆んど百畳敷に垂むとす、二階の間取も全く同一にして、室内の装飾更に一層の美を凝らしぬ。

（中略）

便殿　垣を結び栞門を設け、飛石伝ひに行くへし、明治十年上野公園地に於て第一回内国勧業博覧会を開くや、主上の行幸を仰きて便殿を営めり、博覧会閉場の後此地に遷し紅葉館をして管理せしめらる、明治二十二年請願ふて譲受け紅葉館所有となりぬ、後京都知恩院に擬ひて縁を鴬張りに改築す歩一歩縁を歩む毎に春鴬囀ず。

能楽堂　明治十四年紅葉館と同時建築に着手す、故岩倉右大臣外有志の華族六十名にて設立す、今日は能楽会に於て維持せり、紅葉館附属にあらず、一時便殿とともに管理を紅葉館に委任せしより、人は云ふ紅葉館の能楽堂と非なり。

（中略）

料理は日本式にして山海の珍味は云ふまでもなく、貴顕紳士を客筋にしての待遇振極めて鄭重なり、当館に於ては容易に不時の客をとらず、予め通知し置くにあらされば承諾せざるなり、半可通の紳士普通の料理店となし思ひ誤まり、唐突に手車を引込み玉ひぞ、通知並に契約は電話にてこと足りぬべし、本局二百七十五番。客なき折には室内及庭園を通じて縦覧に供す、一名金十銭、切符は当館隣家にて発売す、此際能楽堂をも縦覧を許すべし。

酌人、給仕女、舞姫五十名の外書記あり会計係あり料理人、下働合併八十余名とぞ聞く。

『名所図会』出版の明治三十年頃の様子が窺える。これによると、紅葉館とは「貴顕紳士」のための「日本造」の「集会所」とある。株主十三名のうちに三野村利助、安田善次郎の名が見える。もちろんこのメンバーが、そのまま開業当初から関わっていたかどうかは不明であるが、三野村は明治十七年開業の星岡茶寮の創設に深く関与しており、安田は『松翁茶会記』を明治十三年より書き綴っており、いずれも近代茶の湯黎明の頃を解く重要な人物である。

建物は広間の他、茶室・湯殿・利休堂[38]および新館によって構成されている。広間は一階に十五畳が二室、十八畳が一室、十畳が一室あり、二階には十五畳が二室、十八畳が二室数えられる。また茶室として使っていたのであろうか、茶道具を飾った「茶の間」と称する八畳が設けられていた。次に吉野桜の床柱を用いた茶室が記載されているが、部屋の大きさ等の記述がなく、前述の「茶の間」を示しているのかとも考えられるが、この文章からは詳細は不明である。さらに湯殿が茶室の近くに設けられており、その奥には三畳の利休堂が位置していた。新館は明治二十二年に増築したものであるが、一階、二階ともに三十五畳が二室、二十八畳が一室、と非常に大きな部屋の存在が知られる。また畳を上げれば檜の舞台となることや、三室通しにして百畳弱の座敷を設定することができることが知られる。このうち広間の欄間の透彫の記述や利休堂の利休像の由来など、俄かには信じ難いものではあるが、由来はともかく、これを以てそれぞれの存在やこの文章の史料的価値を否定するものではないと考えられる。

また明治十年の内国勧業博覧会において天皇の行幸のために設けられた便殿《べんでん》が移築され、明治二十二年より紅葉館の所有となった。明治十四年に紅葉館と同時に建築に着手された能楽堂は、能楽会において維持されていたが、一時は紅葉館の管理することもあった、ということが知られる。

この文章によると「集会所」とあるが、料理店的要素も多く見受けられる。文中に「半可通の紳士普通の料理店となす思ひ誤まり」とあるが、「貴顕紳士」を客筋にした料理を提供する施設であることには違いない。さらに玄関における歓迎の振る舞いや酌人・給仕・舞妓としての女性の記述などを勘案するならば、遊芸的な面の非常に強い施設である、と見ることができよう。ここでひとつ疑問点が発生する。つまり集会所とは料理店のことであるのか、ということである。これはこの施設を理解する上で非常に重要な点であり、追って解明することにするが、要点は後に料理店的要素が非常に強くなる傾向が見られるということも記しておこう。

さらにもうひとつ、ここで注目すべき事は、料金を払えば室内及び庭園を見学できる施設であった、ということである。「貴顕紳士」を客筋にした閉鎖的な施設と考えがちであるが、「客なき折」と限定があるものの、開放的な面をも併せ持っているということである。つまり従来の大名あるいは公家の庭園の閉鎖性に比べ、開放的な面を持つと考えるものである。そしてこの点において、従来の公園研究における、このような施設の存在による公園の閉鎖性の指摘[39]とは異なる立場をとるものである。

（2）　芝公園楓山付近の整備と紅葉館

ここでは東京府による芝公園内楓山付近の整備と、そこに設けられた紅葉館の開設に至るまでの経緯を明らかにしたい。

東京府は明治十三年（一八八〇）三月、楓山付近の整備を開始する[40]。

芝公園地元金地院境内楓山、及近傍着手ニ付、大略見込書

一、遊歩人弁利ノ為メ、図面掛紙ノ場所へ上野公園地出稼店ノ如キ構造ニ倣ヒ、割烹店及ヒ水茶屋ヲ許可スル事。

一、丸山楓山ノ内へ明治十年第一内国博覧会へ府庁ヨリ差出候家屋ヲ建設シ、之ニ凡ソ四坪余ノ建継ヲ加ヘ、常ニ監守人ヲ置キ、遊歩人ノ望ニ因ツテハ休憩ヲ差許ス事。

但家屋建設ノ場所ハ御指揮ニ従フヘシ。

一、右着手跡ハ常ニ四名ノ公園掃除人ヲシテ掃除セシメ、秋季落葉ノ候ニ至リ彼等ノ力ニ余ルトキハ、臨時人夫ヲ傭入レ、以テ掃除セシムル事。

一、別紙法案ノ如ク着手スルト雖トモ、時勢ノ変遷ニ従ヒ大ニ模様ヲ変換スル場合モアルヘシ。

一、楓山ハ芝公園地中最モ勝景ナル故ニ、将来経費ノ増殖ヲ待チ、時機ニ依ツテハ隣地鍋島邸ヲ購求シ、外国公使等ノ接待ニ充ツヘキ伽藍ヲ建築シ、大ニ公園ヲ旺盛ナラシメンコトヲ希望ス。

ここで注目すべきは「外国公使等ノ接待ニ充ツヘキ伽藍ヲ建築」という文言である。つまり東京府は将来展望として、いわゆる外国人をも視野に入れた迎賓要素を持つ施設の建設を目論んでいたということである。そのような建築群を設けて、さらにこの地の繁栄をも期待したのであった。(41)

整備は同年六月四日に落成するのであるが、それを待たずして、岩橋轍輔、子安峻、小野義眞の三名は楓山の借用を願い出る。(42)この「拝借願」には、楓山の地所の借用と、その場所への「集会」施設建設の許可を求めたものである。注目する点として、「頗ル清潔ナル家屋」を建築するとあるが、これは前節に見た旧来からの景勝地を守る意味において設けられる和風建築と捉えることができる。「頗ル清潔」とあるのは、公園において一般によく見られる簡易な小屋掛けではないという意味が考えられるが、同時にそれは景勝地の保全に適応するという積極的な意味も読みとれるものである。さらにそれは「協遊」の人々のためのみならず「就中内外之貴客高士此楼ニ憇テ所恥無之程之体裁ヲ相備」とあり、国内国外の貴客高士を対象にしており、特に「所恥無之」とあるように、外国人に対して、強く意識したものであることが読み取れる。これはまさしく、迎賓要素を持つ施設の建設という東京府の目論見に呼応したものと見られるものである。

これに対し東京府は、借用の坪数、建築の位置および図面、営業方法等を詳細に取り調べ再提出するよう指令し、子安峻等は改めて「芝公園地内字楓山拝借地所坪数并家屋建築位置及営業方法見込書」(43)を提出する。これには敷地を示す図（図1）と一・二階平面図（図2）が添付[44]されており、建築の位置が示され、二階屋の「集会所」は凡そ百坪と記載されている。また平面図の記載によると瓦葺で総檜の木造である。営業方法は「貴客高士」の集会、あるいは一時の休憩所とし、信頼できる者を常駐させ、また客の求めに応じて食事を出すともある。同年七月十五日、東京府はこれを許可する。[45]

この東京府の文書によると「該地建築之義ニ付テハ、最初府庁誘導ニ依リ出願セシ」とあり、後に紅葉館と呼ばれるこの建築は、これまで見たように子安峻等の出願になるのだが、実はその背景には東京府の誘いがあったことが明らかになった。もちろん現代であるならば、この東京府の誘導はかなり問題になるところかも知れない。しかし明治初期において、公園の整備を早く行いたい東京府としては、ある程度見込のある人物や団体に打診し

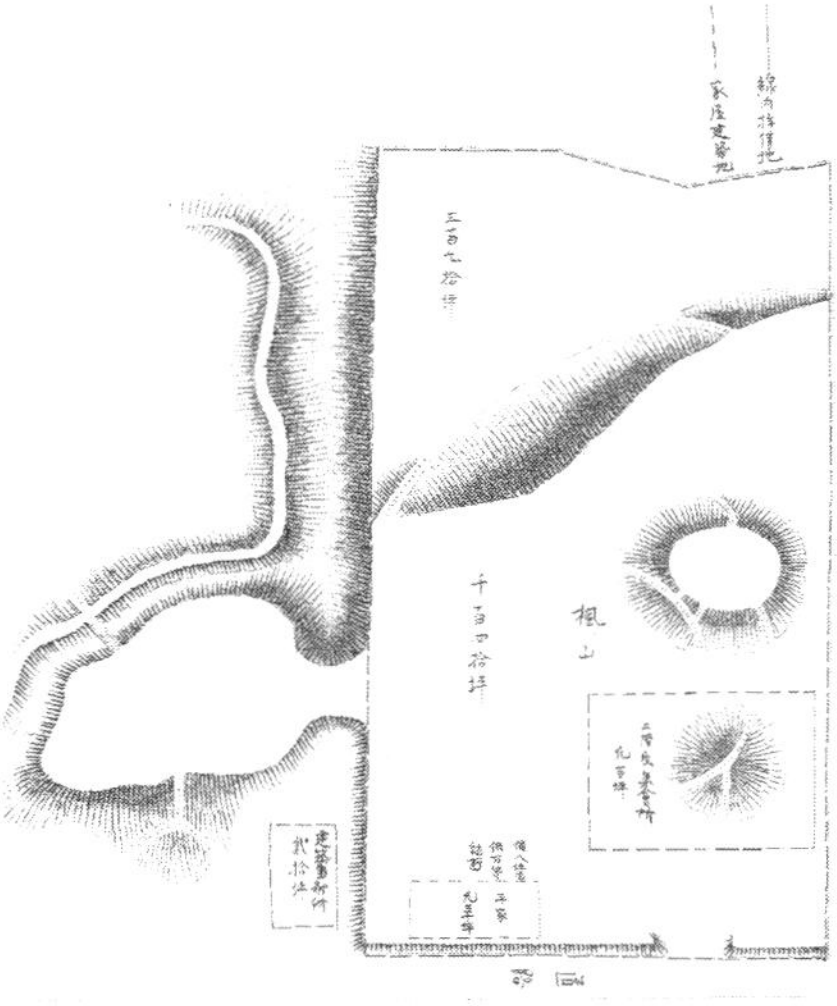

図1　紅葉館敷地
破線部に「二階屋集会所」とみえる
（東京都公文書館蔵）

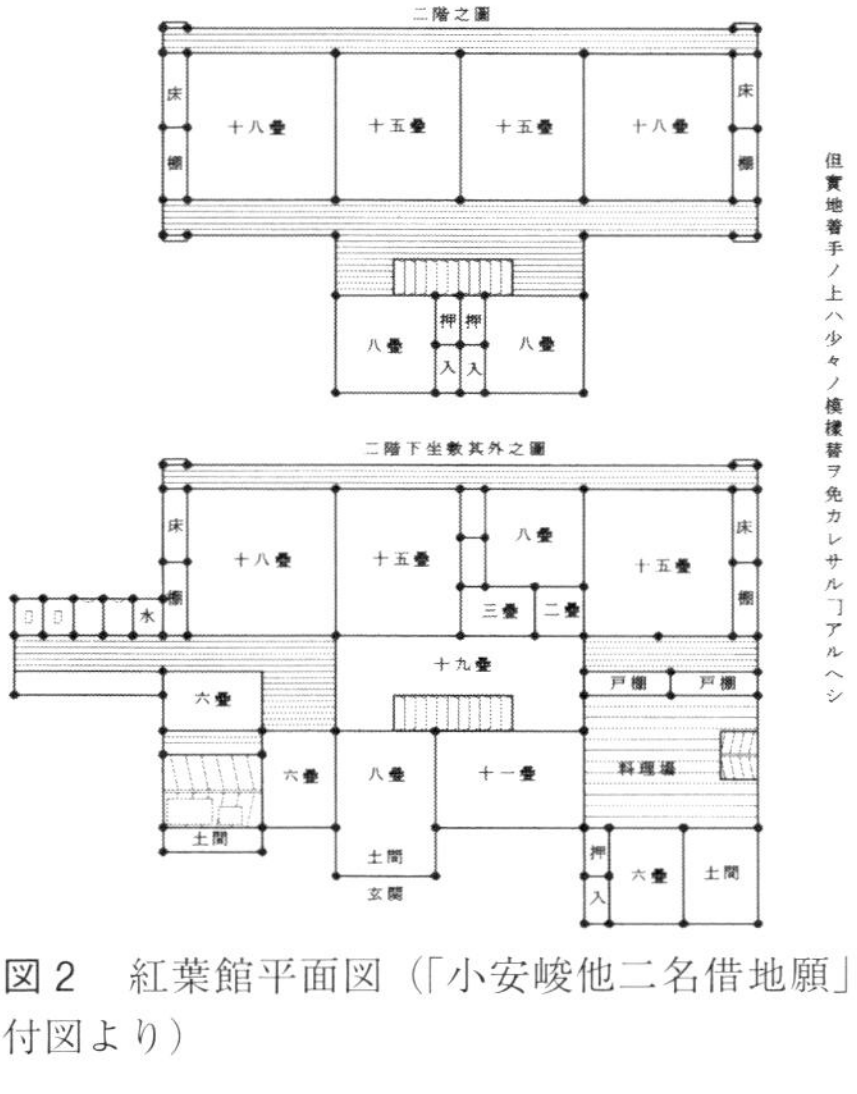

図2　紅葉館平面図（「小安峻他二名借地願」付図より）

てのことであろう。その結果、子安らが提案したということだとみられる。つまりそれは公的な影響を持つことを示すものとも考えられる。そして借地料は免除となった。また他の芝公園に設けられた施設について、借地料の免除となったものは後に示す能楽堂のみである。この点からも他の施設、つまり共立幼稚園、丸山花園、三縁亭、福住楼などとは、東京都の公園運営の点からは、違った性格の施設であることが理解される。

その後芝公園楓山では、後に便殿と呼ばれる第一回内国勧業博覧会において天皇行幸のために設けられた家屋が東京府により移築され(46)、さらに九條道孝等は能舞台の建設を行う。同年十月九日「地所拝借能舞台建築等之願」を提出する(47)。これによると、九條道孝等は能舞台建築のための敷地を探していたのであるが、適当な場所が見いだせずにいたところ、「集会所」建築の情報を聞き、その当事者である小野義眞等と合議し、地続きの場所に建築することを願い出るに至った、とある。借り受けた敷地は凡そ二千坪、そこに能舞台及び見所等を建築し、能を興行し、能の行われない時には「風雅ナル」諸芸が行われるともある。建坪は凡そ二百四十坪である。この申し出に対し、東京府は「集会所」の例に倣って借地料も取らず、これを認めることになる。このことからも東京府がこの場所の繁栄に、如何に力を注いでいたかということが理解できるであろう。

その後、同年十二月十六日には「集会所」を紅葉館と称することになったとの報告、そしてその館則が東京府に提出される(48)。

紅葉館創立緒言並館則

本邦ノ首府タル東京ニシテ貴顕紳士ノ集会、朋友同好共遊ノ地ナキハ如何、蓋シ地ナキニ非ス、其設ナキナリ。集会共遊皆人間ノ活務ニシテ、其設ナキハ我輩常ニ遺憾トスル所ナリ。今茲初夏ノ候二三ノ友人ト謀リ、始メテ此企ヲナシ、芝公園地内楓山ヲトシテ其場ニ充テンコトヲ私議シ、輙チ府庁ニ試願セシニ、幸ニシテ府庁ノ勧奨ヲ蒙リ、続テ貴顕紳士ニ諮談スルニ、大ニ其賛成ヲ得タリ。於茲始メテ此挙ヲ決定シ、我輩本務ノ余暇旦夕力ヲ尽シ、建築其他ノ事物稍々整備セリ。依テ来ル十四年一月ヲ以テ開館実施ノ期トス。此趣向タルヤ、衆人便宜ノ為メ外国供楽府ノ体裁ヲ斟酌シ、勉メテ猥雑ヲ避ケ、極メテ過厳ニ渉ラス、集会談話ヲ恣ニシ、共遊歓楽ヲ尽スヘキノ一場トス。其功益便利ノ如キハ、他日実地ニ試テ諸君ノ高評ヲ乞フ所アラントス。因テ此ニ賛セス。

明治十三年十二月

館則

一、当館ハ貴顕紳士ノ集会共遊ヲ旨トシ、雑客群聚ヲ避ルカ為メニ大凡会員三百名ト定メ、其證券ヲ渡シ置クヘシ。

一、此證券ヲ所持スル人ハ、何時来会アルモ席費ヲ請フコトナシ。

但シ茶菓ヲ供スルヲ例規トス。

一、此證券ヲ所持スル人ハ、家族ハ勿論親戚朋友ヲ携ルモ妨ナシ。

但シ家族ノ外、此證券親戚朋友等ニ立用スルヲ許サス。

一、此證券ハ一葉毎ニ金拾円ト定メ、開館当日ヨリ満一ケ年ノ通用トス。

一、前客満席、或ハ前約アリテ各席客員充満セシ時ハ、不得止後客ノ来臨ヲ辞スヘシ。

一、会員酒食ヲ要求スル時ハ無差支之レヲ弁スヘシ。

但シ之レヲ持参スルモ随意タルヘシ。

一、会員遊慰ノ為メ能楽堂並ニ本館ニ於テ毎月一回無代価ニテ琴、碁、書画、歌舞、音曲ノ類ヲ興行スヘシ。

但シ大凡一週間前ニ其時日並ニ技芸ハ新聞紙ヲ以テ報道スヘシ。

一、会員外ノ者館内一覧、且一時小憩ヲ請フ節、小切手ヲ持参アレハ坐席ノ都合ニヨリ之ヲ承諾スト雖モ、茶菓ノ外他ノ飲食ヲ許サス。
但シ小切手ハ価金拾銭ニテ便宜ノ場所ニ於テ売出スヘシ。右条々ヲ以テ本館規則トス。猶実地経験ノ上便宜ニヨリ改良スルコトアルヘシ。

紅葉館発起人敬白

館則には、この建物は貴顕紳士のための集会施設であり、雑客群集を避けるため会員を三〇〇名と定めるとあり、また会員外の者の見学や一時の休憩を許可している。

そのような状況の下、明治十四年二月紅葉館は開館する。[49]

(3) 紅葉館の拡張

開館の後、暫くして当時東京府の所有であった便殿の紅葉館会員による使用が許可される。[50] さらに子安峻らは東京府に対して茶室等の増築のための借金を東京府に申し出る。[51] 子安等が知事宛に提出した「願」は、紅葉館は本年二月に本館が落成したが、茶席・浴室・供待等の施設がまだ整っておらず、これから整備するには、木材の値も高騰しており、巨額が必要となるので、三千円拝借したい、またその返還は五年間据え置いてほしい、との内容であった。そして東京府はこれに応えている。ここから読みとれることとして、東京府は、それが府下の名誉になることであって、芝公園が隆盛するための一助として、この施設が「壮観」になることを望んでいたということである。

そしてこの「願」に対し、紅葉館の建物を抵当に三千円を貸し付ける。それを受け、同年七月五日、子安峻等は浴室および茶室を増築する「紅葉館建続窺書」を提出する。[52] これには増築部分の平面図(図3)[53]が添付されている。この図によると、茶室の平面は八畳に点前座が一畳加えられ、一間床、天井は平天井に点前座の上が落天井（下り天井）、貴人口の側が屋根裏天井となっている。

このように東京府の協力を得て順調に展開していたかのように見えたのであるが、しかしその後一転して、東京府はそれまで無料であった紅葉館の敷地料を徴収することになる。[54] 同年七月二十五日であった。この紅葉館はそれまで借地料を免除されていたのであるが、なぜかこの期に及んで他の施設と同じく適応されることになったのである。つまり紅葉館は東京府からの厚遇を受けなくなったのであった。これは東京府側からの意向として、紅葉館に求める公的な意味合いが薄くなったのではないか、あるいは紅葉館側の経営基盤が整い、東京府による援助を受けず自立する方向へと経営方針を変化させたのではないか、ということが考えられる。しかしいずれにせよ、この地の壮大な建築群の計画において、それまで見られた東京府の積極的な形での影響がこれを機に観察されなくなるのであった。つまり東京府側からの事情であれ、紅葉館側の事情であれ、この時期よりその性格に変化が生じたと考えられ、後に見られる料理店としての方向性が見られるようになったものと考えられる。それでは同じく借地料を免除されていた能楽堂についてはどうであろうか。『市史稿』によると特に借地料徴収の記事は見あたらない。ここで両者において扱いの違いが生じたのである。

その後、能楽堂の模様替えや車夫休憩所等の建設が相次ぎ、明治十六年三月九日、さらに茶室の建設を願い出る。[55] 翌十日にこれが許可される。別紙の略平面（図4）[56] によると、茶室の広さは三畳である。後に著された『名所図会

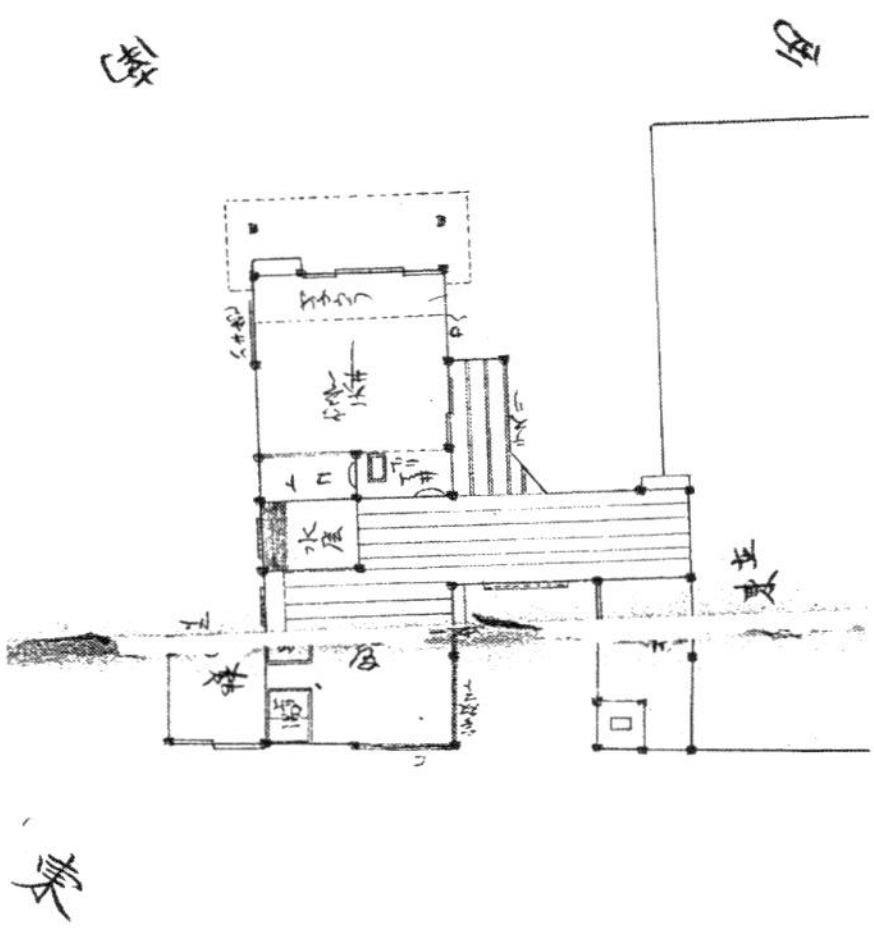

図3　紅葉館茶室増築（元図がつぶれており、一部不明）（東京都公文書館蔵）

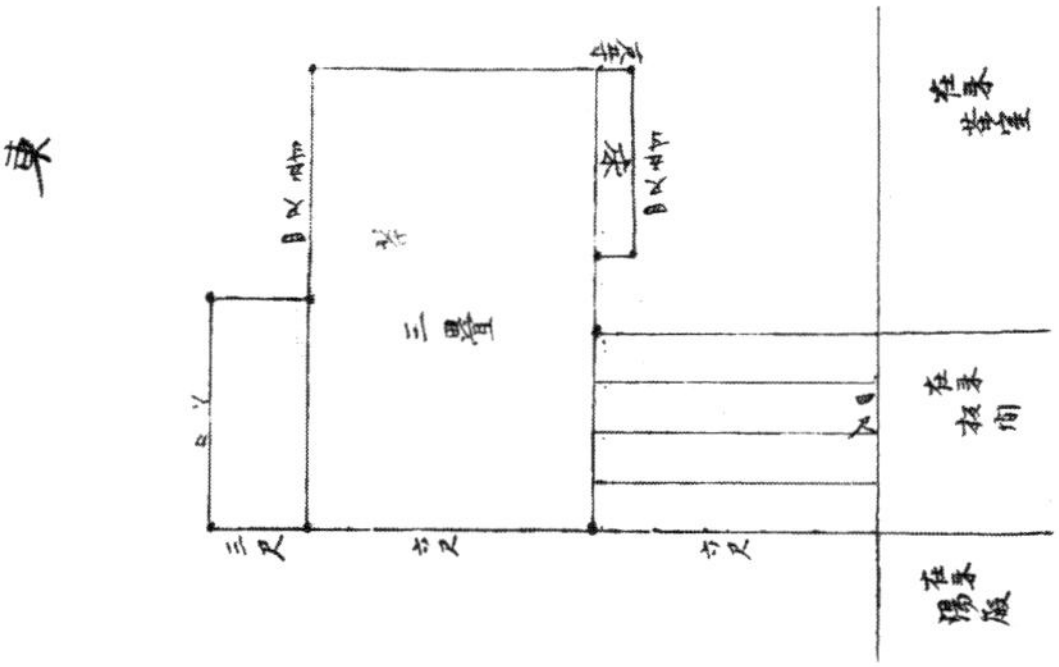

図４　紅葉館茶室（利休堂）増築
（東京都公文書館蔵）

七』によると三畳の利休堂の記述が見られ、これがそれに相当すると考えられる。奥行一・五尺の「床」または奥行三尺の凹所に利休像が祀られていたことが想像される。

その後、明治二十二年に新館の建設。さらに明治二十六年には合資会社としての登記が行われるなど、紅葉館の拡充が行われていく。

（4）紅葉館の展開

東京府による積極的な支援を受けなくなったものの、紅葉館は順調に拡充し、殷賑を極めていた。そして紅葉館は明治二十二年（一八八九）に新館が建設され、明治二十六年には合資会社としての登記が行われた。しかしながら明治三十五年にひとつの大きな出来事があった。紅葉館とほぼ同時期に隣接した敷地に設立された能楽堂が、この地より移築するというのである。この能楽堂は能楽会により管理されていたのであるが、一時期は紅葉館の管理するところとなり、紅葉館の付属のように捉えられていた程である。この能楽堂が紅葉館側には一切連絡を取らずに靖国神社境内への移築を決定した。そして明治三十五年八月十六日付の東京朝日新聞に突然発表したのであった(57)。

芝公園の能楽堂は近ごろ大いに頽破ひ修繕の必要を生じたるが右に付同堂を管理する華族会館にては同堂が時々両陛下御臨幸の御沙汰を蒙むるの栄を得るにも拘はらず普通料理店に等しき紅葉館に接近し、鄭衛の俗曲垣を隔てて聞ゆるが如きは誠に恐れ多き次第なれば此際適当の地をトして移転せんと議決其の移転地を選択中なりしが幸い九段の靖国神社は先般廿二万円の巨費を投じて拝殿其他の建築をなし境内の沼地に修繕を加へ社殿西方の掛茶屋麗々亭を取払ふなど大いに風致を改めしのみならず後来高尚幽邃なる神苑たらしむる計画なれば同境内へ移転し（後略）

このことを新聞記事で知った紅葉館は早速能楽会宛に請願書を提出する。[58] しかしながら能楽堂は移築したのであった。ここで注目したいのは、「普通料理店に等しき紅葉館」というところである。紅葉館は当初東京府の多大なる支援を得て計画され、開設したのであった。逆に考えると、当初の紅葉館は料理店ではなかったということである。最初、東京府は迎賓要素を持つ広範な社交施設を設けることで、この地が繁栄することを期待していたのであった。紅葉館側よりの反論はあるものの、当初の目的とは随分ずれを生じるようになったと見ることができる。

他の文献で確認してみたい。能楽堂移築の明治三十五年に著されている『銀行会社要録』[59] によると、営業目的は「集会共遊場席室ヲ貸附シ酒食ヲ調進ス」とあり、明治四十年の「紅葉館史料」[60] によると二月二十八日の項目には「明治四十年営業各課税標準届」に「一料理業　紅葉館」とある。前者においては社交施設としての意味合いを含んでいるが、後者には見られない。もちろんこれは同系統の記録による比較ではないので、文字通りの理解というわけにはいかないが、社交施設より料理店へと性格が変化したことの傍証となろう。さらに昭和になって著されたものであるが『増補改訂　明治事物起源　上巻』[61] には、「紅葉館」の項に「最初建設の目的は、華族中の有志者が、西洋のクラブに倣ひ娯楽共遊の場とせしものなりしが、後ち割烹店となれり」とある。これらより、紅葉館の性格が、当初の社交施設から後に料理店へと変化することが諒解されよう。

（5）紅葉館建設の意味

明治時代を迎え、しばらくしてから都市に整備された公園は、近代的事象と捉えられるものであるが、内実は旧来の景勝地を守るという使命がその設置の契機となったのである。そしてそこに相応しいものとして旧来からの和風建築が、その意味から自明のこととして選択されたものと考えられる。このことは、公園という施設から考えると、十分に近代化されたものではなかったかも知れないが、茶の湯空間という視点からみると、江戸期の閉鎖的な場所に置かれていたものから、開放的な場所への転換がここにみられ、新しい展開ということができる。その嚆矢が紅葉館であった。

ここで、社交施設として紅葉館が形成されていく状況およびその意味についてまとめると、以下のようになる。

① 東京府は楓山付近の整備を行い、この付近が繁栄し、特に迎賓要素を持つ広範な社交施設が建設されることを期待した。そしてこの場所に、東京府からの誘導により紅葉館が設置される。

② 東京府は当初紅葉館を厚遇していたのであるが、開館後暫くの後、その扱いに変化が生じた。これは東京府側が紅葉館に公的な役割を求めなくなった、あるいは紅葉館側が自立する方向への経営方針を打ち出し、その結果東京府との距離が開いた、などの理由が考えられる。

③ 紅葉館における社交の意味は、公的なものから次第に私的なものへと変化し、後には料理店としての性格を強めることになる。

④ 紅葉館は当初茶の湯を意識しない施設であった。しかし開館直後に茶室が増築されるなど、次第に茶の湯の影響を受けることになった。

この紅葉館は当初、内外の人たちを招く迎賓施設として東京府が考えていたものであった。そこに東京府肝煎りの施設として和風の社交施設が建設された。しかし東京府の公園経営のあり方や、いわゆる社交空間が洋風で建築されていく時代の流れ(62)から、この施設はやがて公的な意味合いは薄れて、料理店としての性格を強くするようになったと見られるのである。

一方、茶の湯空間については、当初計画されていなかったが、やがて増築されることになった。またその中には利休堂があった。遊芸的とみられ衰退していた茶の湯に、千利休の精神性を象徴する施設を組み込んだのである。それは次節に示す星岡茶寮と同様に、企図してこれらの施設を設置したものである。そしてその後の茶の湯の大きな発展をみるとき、この試みはその後の飛躍の礎として重要な意味をもっていると考えられる。

第四節　麴町公園と星岡茶寮

（1）茶の湯を軸とした社交施設

星岡茶寮は、麴町公園（現千代田区永田町）に茶の湯を中心とする和風の社交施設として、明治十七年（一八八四）建築された。創設に尽力したのは三野村利助、小野善右衛門、奥八郎兵衛等であった。星岡茶寮の会友名簿[63]には、華族をはじめ明治を代表する政官財の重鎮、そして三千家の宗匠も名を連ねていた。また建築関係では、当時宮内省内匠寮に所属していた木子清敬[64]もその一人であった。また後には所有者の変遷があり、大正十四年（一九二五）に中村竹四郎と北大路魯山人の手により再開されることになる。この時期の料理の殿堂としての名声は、現在にまで伝えられるものであった。そして昭和二十年（一九四五）、戦災によりその七十二年の歴史に幕が引かれることになるが、ここでは、明治期、とりわけ明治十七年の創設時に注目する。

まず、「茶寮」の語について一瞥しておかなければならないであろう。[65]というのも「茶寮」の語が、現在と明治の頃ではその示す意味にずれが生じていると考えられるからである。現在の辞書においては、「茶寮」は、「さりょう」または「ちゃりょう」と読みが示され、その意味は、喫茶店、料理店とともに数寄屋と示されている。しかし当時の辞書を精査すると、明治期における辞書では「ちゃりょう」と読まれ、その意味は数寄屋である。「さりょう」の読みは、僅かに明治四十五年発行の「大辭典[66]」に示されているに過ぎず、また数寄屋以外の説明もこれが初出で、その意味として、茶を飲ませる寮、と示されている。また『新撰東京名所図会第九編』[67]においては、星岡茶寮の項目において茶寮の語に「ちやれう」とルビが振られている箇所がある。さらに江戸期においては、元禄七年（一六九四）発行の「和爾雅」[68]に「茶寮」の読みとして「スキヤ」と当てられている。そのようなことから、ここでいう「茶寮」は「ちゃりょう」と読まれ、その意味は数寄屋、つまり現在で云うところの茶室と理解するのが良いと考えられる。そして茶を飲ませる寮、あるいは喫茶店、料理店との意味が後に出現することになるのである。これより茶寮の用途が変化した、または用途の幅が広がった、ということが理解される。

さて、明治三十年十月に発行された『名所図会九』には、星岡茶寮が画工山本松谷による図版（図5）入りで紹介されている。この文献は、創設の十三年後に出版されたものではあるが、創設期における星岡茶寮の資料が必ずしも多くない状況において、比較的まとまった形で概要が示されているものである。抜粋して以下に記す。[69]

茶寮は星岡の東南隅に在り、崖に臨みて栽籠の茂れる、閑雅静逸を旨とし、風月の情に富む、敷地数百坪あり。

設立の計画　明治十四年の夏、納涼みがてらに、奥八郎兵衛八木佳平の二氏此地に遊び、亭閣林泉の趣、洛東円山の佳境の坐

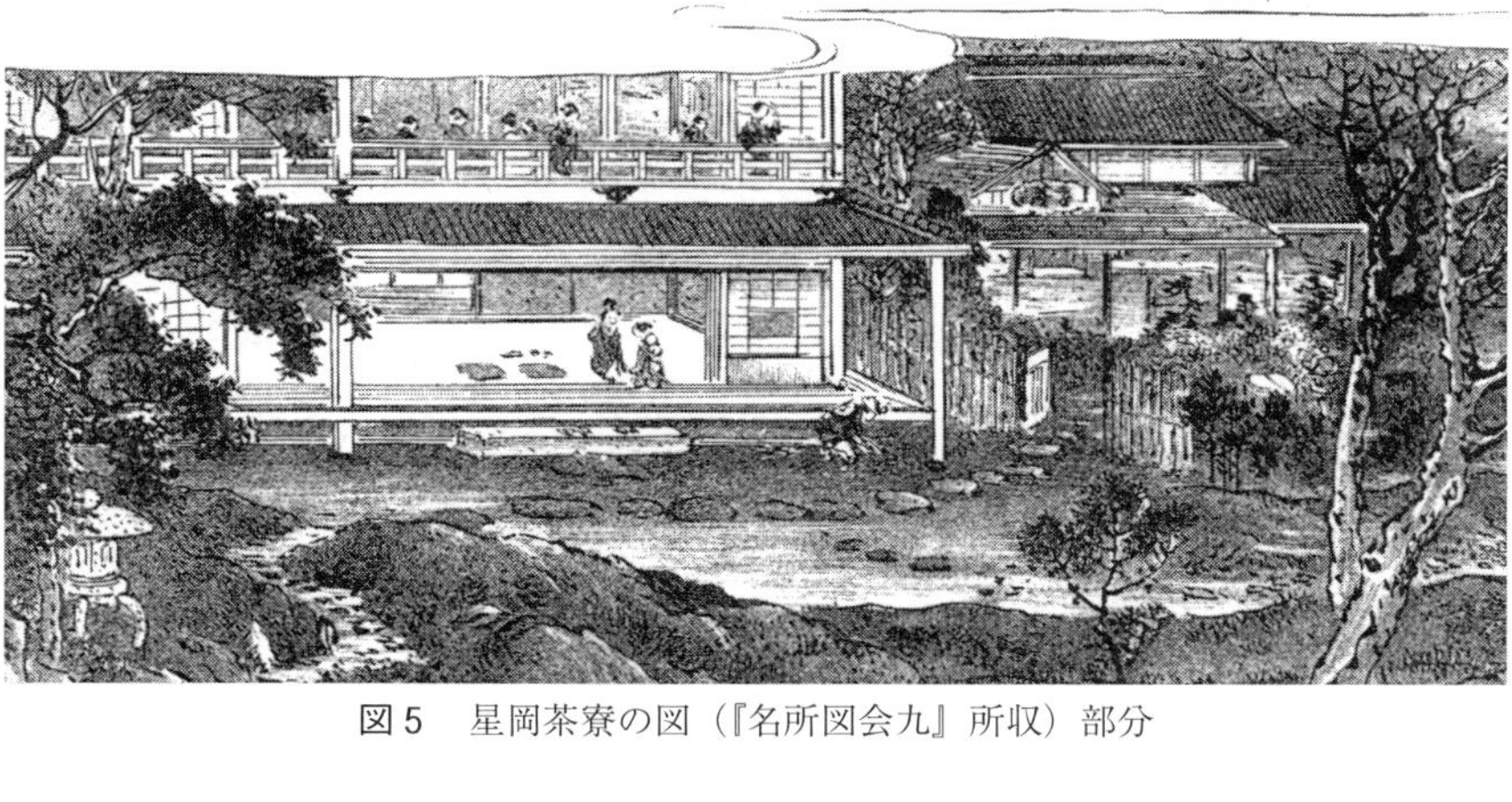

図5　星岡茶寮の図（『名所図会九』所収）部分

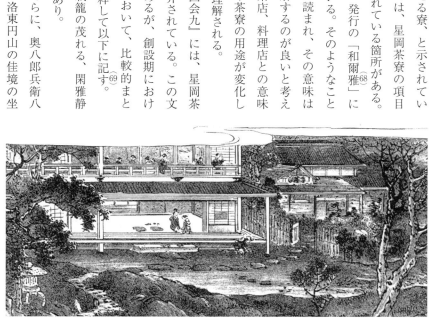

ろ思ひ出でられてや、低回久うしたりける、茶寮設立の計画は斯夕結ばれつるなり。
新築　落葉は掃はれぬ、鋸鑿の音溜池に響きて、風雅なる茶寮の新築なる。番匠は宮寮の今井源兵衛氏なり、即日貴顕紳士を招待して、開業式を行ふ。忘れもせぬ明治十七年六月十五日なりき。
趣意　世の開明に赴くに随ひ、名区勝境、処として会館遊園の設あらさるはなし、然れとも未だ高人韻士の意に適するもの鮮し、豈遺憾ならすや、頃日地を星岡に卜し、新に茶寮を設け以て遊息の所とす、点茶の式は一に表千家の則に遵ふも、必しも旧套に拘泥せず、此地高塏幽静にして頗る臨眺に富む、四時皆宜しからざるなし、花の晨月の夕、同好相会し、詩歌を吟詠し、書画を揮灑し、文を論し、禅を談し、香を聞き、琴を撫し、棋を闘し、鞠を蹴す、各其好む所に随ひ、其意の適する所に任す。

（中略）

株主　株式の組織にして、株主と称すべき者三名あり。
　小野善右衛門　三野村利助　奥八郎兵衛
寮主　茶道の宗匠松田宗貞翁、寮を守る、客を迎へて接待す、頗る慇懃なり、茶寮に関する一切の事務を管理す。

（中略）

茶室　大会には、下坐敷十二畳、五畳、十二畳を一と間にして、能舞台に仕組みぬ、他に四畳半一と間、三畳一と間、及び三畳の代目あり、水屋あり、二畳の光線とりあり、二階は十畳二間を一と間にして、廻廓を設け、室内には電灯喚鈴を布設す。
利休堂　四畳半一と間、利休の立像を安置す、京都大徳寺和尚牧宗が所持しけるを譲らる、身長六七寸、竹筒の厨子に秘蔵む。

（中略）

割烹取締　淡泊さり茶道を楽むべき筈にて、客若し料理を望む時は、他より取寄する都合なりしも、恁くては不便なるより、株主たる小野善右衛門氏が、自己の商会の重役奥村信造氏の弟、奥村忠七氏を茶寮に附属せしめて、割烹取締と為す。

（中略）

縦覧　客なき折りには、室内を縦覧に供す。
切符　縦覧券は、御供待所並に茶寮前の掛茶屋楠本、両家にて発売す。
御供待　星岡の麓、日枝神社石の鳥居の傍にあり。
因に云ふ、発起人にて株主たる奥八郎兵衛氏は魚戸なり、其祖八郎兵衛は宮庖に出入し、嘗て後光明天皇に仕へて、帝の崩後、荼毘を諫め奉りしを以て名あり、縁故を以て八郎兵衛氏も、青山御所へ通勤するとか。八木佳平氏は、当時白髪童顔の翁なり、茶道を楽しみ風流韻事に隠遁る、手跡を能くす、始め京に生れ維新の変、七卿に具して長州に走り、次で奥羽地方に転戦し、軍功あり。後ち太政官及び宮内省に奉職し、老に因て致仕す、勲位あり、功成り名遂げ身退くの類歟、奥氏と地を此所に卜し、今又茶寮に住す、頃日星岡並に茶寮の來由を石に刻み、永久に伝へんとす、其志や嘉みすべしといふべし。

まずこの図版（図5）であるが、二階建の主屋に小間の茶室が取り付いた構成であると見られる。注意して観察すると、一階の座敷の榑縁との境に建てられている障子には板ガラスが嵌め込まれている。国産の板ガラスの製造は明治三十六年の手吹による製造に始まり[70]、本格的に工業化するのは明治四十年以後である[71]。またそれ以前は板ガラスの輸入が行われており[72]、『明治事物起源』には明治五～六年頃にはガラス障子が流行したとある[73]。そのようなことから、この図版に見るのは輸入の板ガラスであり、またこれは創設時から用いられた可能性は十分あると考えられる。

明治十四年の夏、奥八郎兵衛と八木佳平が、京都円山の佳境のイメージに麴町公園を重ね合わせ、茶寮設立を思い立った。この明治十四年の夏とは、同年六月八日にこの地を公園とすることが決定されたのと同じ時期であり[74]、両氏はその知らせあるいは事前の情報を聞き、訪れたものと考えられる。そして「番匠」は「宮寮」の今井源兵衛とある。宮内省工匠寮の所属の大工である。その他職人も京都より呼び寄せ、材料も京都より仕入れているとのことである。

次にこの建築は茶寮、すなわち茶の湯の為の施設であるが、茶の湯のみならず各種の日本の伝統的芸能が行われることを考慮している、ということが観察される。加えて規則を定め同好が相会する所、すなわち会員制の施設であるというところにも注目したい。また会員外の見学を認めているのも重要である。つまり近世においては、茶の湯は閉鎖された社会において成立していたのであるが、ここでは会員制というある種の枠は設けながらも、逆に不特定の者が会員になり得るということ、さらに一般の人々も見学できること、という開放的な施設が誕生したのであった。この開放的な施設において、社交の手段として茶の湯をはじめ各種の伝統的芸能が設定されたのであった。

またこの建築には、「割烹」つまり料理を提供するという要素が付随していたことが観察される。茶の湯はその中に飲食の要素を含むものであるが、専属の取締役を置くなど、この場合積極的な意味として料理店が設けられたと考えられる。この計画は、後述するように明治十四年七月二十二日付の東京府の書類[75]に見る、人工の富士山を取り壊しその跡地に「割烹店等」を設けるとの目論見、との関わりが注目される。東京府は、公園に設けられる施設の意味を、純然たる公園地に設けるべきものとその経営のために設けるべきものとに分けて考え、このうち純然たる公園地に設けられるものは清潔な家屋であり、例えば休憩所であり、また経営のための場所に設けられるものは料理店等であり、その借地料を期待したのである。つまりこの星岡茶寮は公園経営を意識して、借地料の収入を期待して整備された場所に設けられた施設なのであった。

さらにこの運営は、株式のシステムを採用していたのであった。この創設に関わった中心メンバーである三野村利助、小野善右衛門はそれぞれ実業家であることを考えると、然るべきものとして捉えることができる。とりわけ三野村利助は、明治十一年の東京株式取引所の開業に際して、渋沢栄一、益田孝等とともに出願を行った東京の実業家の内の一人であり、(76)注目されよう。

平面構成に目を転じると、茶室の間取についての記述が見られる。概略すると、一階には広間が二室あり、それを合わせ一室にして能が行えるよう設定され、また幾つかの小間の茶室も設けられている。二階には広間が二室あり、これも合わせて一室として使用が可能であることなどが記載されている。また利休堂が存在したということも特に注目されることである。

(2) 麴町公園の整備

星岡茶寮が建設された麴町公園は、公園として東京府が整備した場所であった。その整備される経緯は、星岡茶寮建設にも意味をもってくる。ここでは麴町公園の整備の様子を概観しておきたい。

永田町山王台の日枝《ひえ》神社は徳川家と深く関わりを持っていた社で、明治維新以後境内地は寂れる傾向にあった。明治十四年（一八八一）四月二十五日、日枝神社は境内地を公園に指定するように東京府に願い出る。(77)それによると、この場所は古くから景勝の地として知られ社殿も荘厳である。しかし次第に寂れてきており、これを氏子一同嘆かわしく思っている。公園として整備すれば、人々の健康のためにも良いし、また神社も維持される、ということである。その「願」を受け、早速東京府は政府に「伺」を提出し、政府はこれを承認する。そして明治十四年六月八日、この地を公園とすることが決定した[78]。

すぐさま東京府は公園の整備に取りかかる。詳細は明治十四年六月十八日付の「日枝神社境内修繕着手之目[79]」に見ることができる。凹凸のある地面をならす事、道路を整備する事、石段を整備する事、池を清潔にする事、雑草を除去する事、などが行われた。そして、ここで注目すべきは人工の富士山である。その製造は稚拙であるが保存しようというのである。しかし、およそ一ヶ月後の同年七月二十二日付「永田町公園内着手部分模様替之儀伺[80]」は次のように記されている。

別紙図面（略）第十六号之場所ニ従来有之富士山ハ、其侭差置キ手入迄ニ止ムル積リ伺済ニ候共、尚実地ニ就キ熟考スルニ、該山ハ其製造最も拙劣ニシテ将来保存スヘキ程ノ者ニも無之、又右ヲ毀も眺望ニハ敢而差支無之候間、此際取毀チ近傍凹地ヲ埋立ルトキハ、却テ体裁ヲ得ルノミナラス、右跡へ相当割烹店等出来スヘキ余地ヲ得候ニ付、更ニ取毀チ申度候。

六月十八日付のものは、人工の富士山は稚拙なものであったが保存し、手入れすることになっていた。しかし七月二十二日付のものでは取り壊すことが決定した。これは残土を凹地の埋立に用いることと、さらにその跡地に「割烹店等」を設けることも可能だろうと考えてのことであった。次いで同年十月二十六日の「麹町公園地内切通崖地并ニ富士山取崩跡崖地芝張目論見[81]」によると、この場所の不陸を均し高麗芝を張ることにもなった。

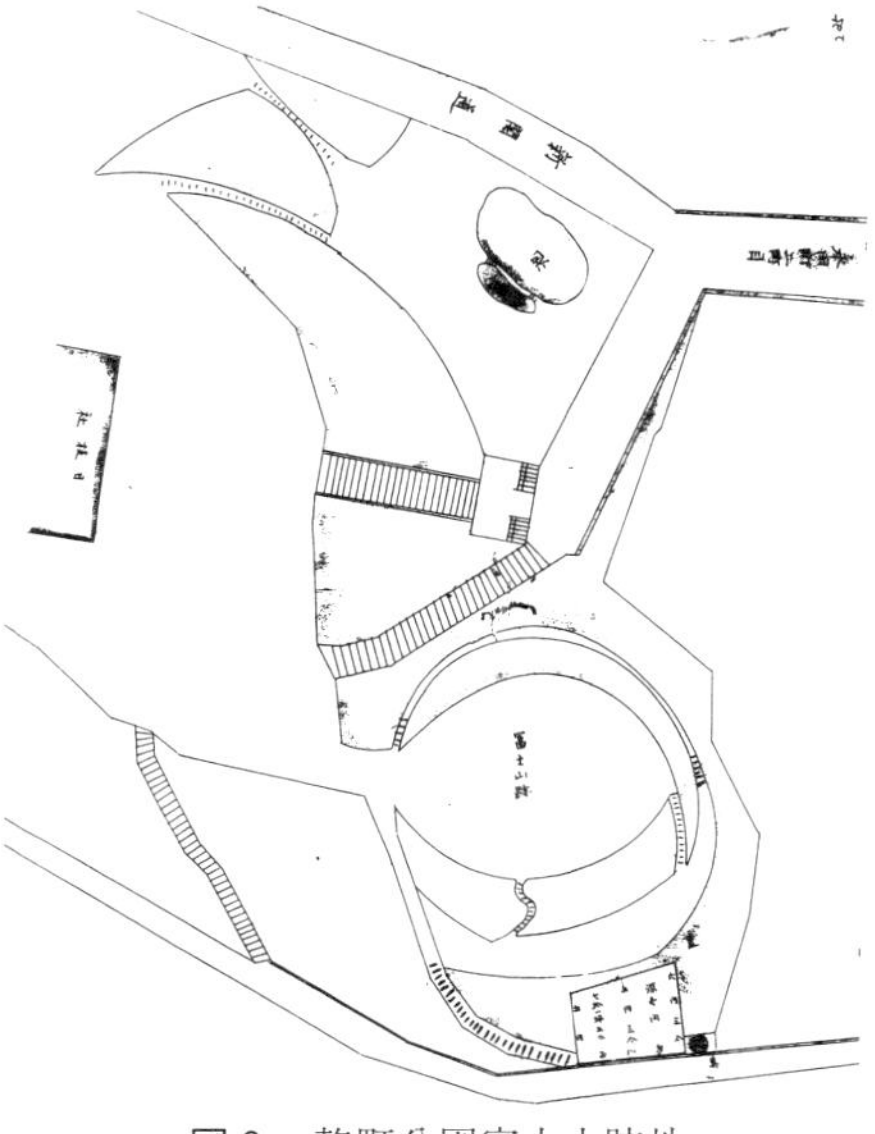

図6　麹町公園富士山跡地
（東京都公文書館蔵）

つまり、これは公園内での新規の事業参入を意識しての整備である、と理解される。ところでこの富士山の位置であるが、残念ながら「永田町公園内着手部分模様替之儀伺」の別紙図面が不明であり、「第十六號」の場所が明らかではないが、東京都公文書館蔵になる図（図6）[82]に「富士山跡」の文字が見いだされ、参道の位置等から日枝神社の南東側であることが確認できる。

整備は明治十四年十一月八日に竣工し[83]、追加の小さな修理も同年十二月十五日には完了した[84]。そして明治十五年二月四日、この公園の名称を麴町公園とすることが確定した[85]。

（3）星岡茶寮の建設

さて、『名所図会九』によると、明治十四年（一八八一）の夏、奥八郎兵衛と八木佳平の二名が麴町公園を訪れ、この地を京都円山の佳境のイメージに重ね合わせ茶寮設立を思い立ったとある。この明治十四年の夏とは、前述のように、同年六月八日にこの地を公園とすることが決定された時期であった。つまり両氏はその知らせ、あるいは事前の情報を聞き、この地を訪れたものと考えられるのである。

麴町公園が整備されてまもなく、明治十五年五月十九日、三井組の三野村利助[86]、かつて小野組であった小野善右衛門[87]、そして禁裏御用達であった奥八郎兵衛[88]の三名は東京府に茶寮を建築する願[89]を提出している[90]。これによると、最近では高尚風雅の思いを抱く者も少なからずいるが、各地の公園に設けられた茶亭や休憩所は決して満足な施設とはいえない。麴町公園は非常に静かで眺望も優れており、ここに著名な茶寮の写しを造れば、高尚風雅な人も一般に公園に来遊する人も、自然に感動がわき上がってくるだろうし、それにより風俗を高める一端となると思う。就いては公園の一部を拝借し、茶寮を築造することの許可をいただきたい、というものである。しかしこれは借地場所、建築図面、建物の使用及び営業方法が記載されていないとの理由で再提出となる。同年八月、三野村等は前回の指令に基づき「麹町区麹町公園地内拝借地所、並ニ家屋建築之位置、及建物使用方法等見込書」[91]を提出する。東京都公文書館には、この文書に添付された略図（図7）[92]が保存されている。この図には敷地坪数は五四七坪九合四勺七才（千八百平米強）、建坪は六七坪八合八勺（百九十平米強）、建設位置は公園の「東南部」と記載されている。位置はかつて人工の富士山のあった場所であり、府が「割烹店等」を設けることも可能であろうと目論み整備した場所であった。本文によると、使用方法は「貴客紳士」の宴や小さな集まりに供するほか一時の休憩所に用いるとある。また「確実ナル者」を常住させ不時の場合にも対応できるようにし、茶や菓子、料理をいつでも誰にでも提供し、風流で高尚であることを旨とし、猥雑や喧噪がないようにする、というものである。この書類の提出により明治十五年八月十二日、麹町公園内に茶寮を建築することが許可された[93]。その後、「増地拝借願」「麹町公園内建物模様替并献木願」が提出され[94]、聞き届けられる。これは敷地を増地し建物のプランを変更し、周囲に献木を行うというものである。つまり茶寮本体の整備のみならず周辺の風致も高める、という考え方の表れであると理解できる。

明治十七年三月十三日、茶寮は落成間近となり、「規約書願」[95]が提出される[96]。これによると、以前許可された茶寮の建築は近日落成となり、それに伴い別紙の通り規則書を整えたので認めてほしい、という内容である。またこれからこの茶寮の名称を星岡茶寮と呼ぶとある。新しい数寄の世界へ向かおうとする様子が読みとれる文である。特に「点茶ノ式ハ一ニ千家ノ則ニ遵フモ、必シモ旧套ニ拘泥セス」とあるように、我が国伝統の茶の湯というところにその立場を確保しつつも、旧来のものにこだわらない点は注目すべきである。六月十四日には早速会員外の寮内縦覧に関する条項の但し書きの追加願を提出し、同十九日に聞き届けられる[97]。このような経緯の下、星岡茶寮は開業式を行う[98]。

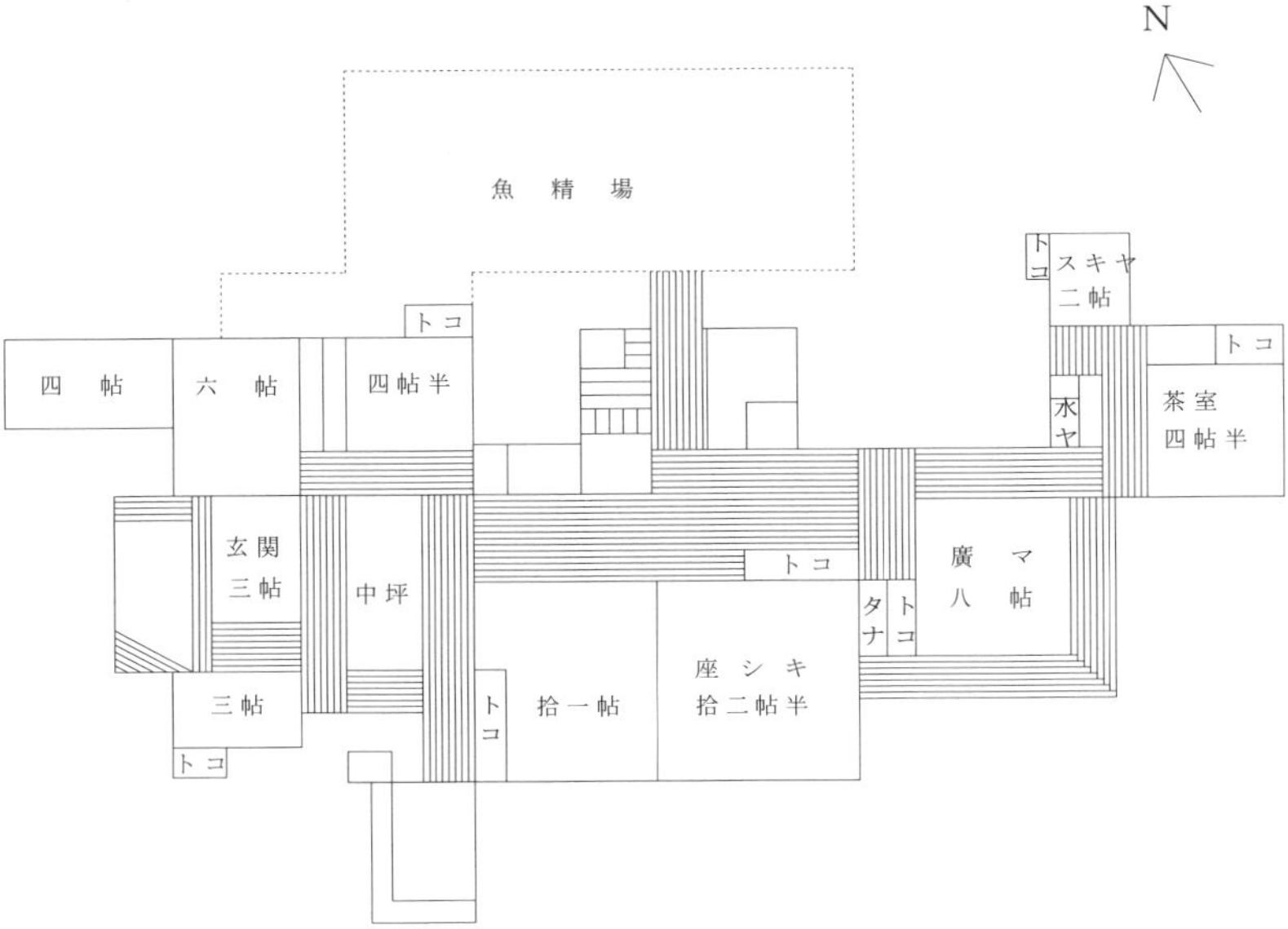

図７　星岡茶寮計画案（図８より作図）

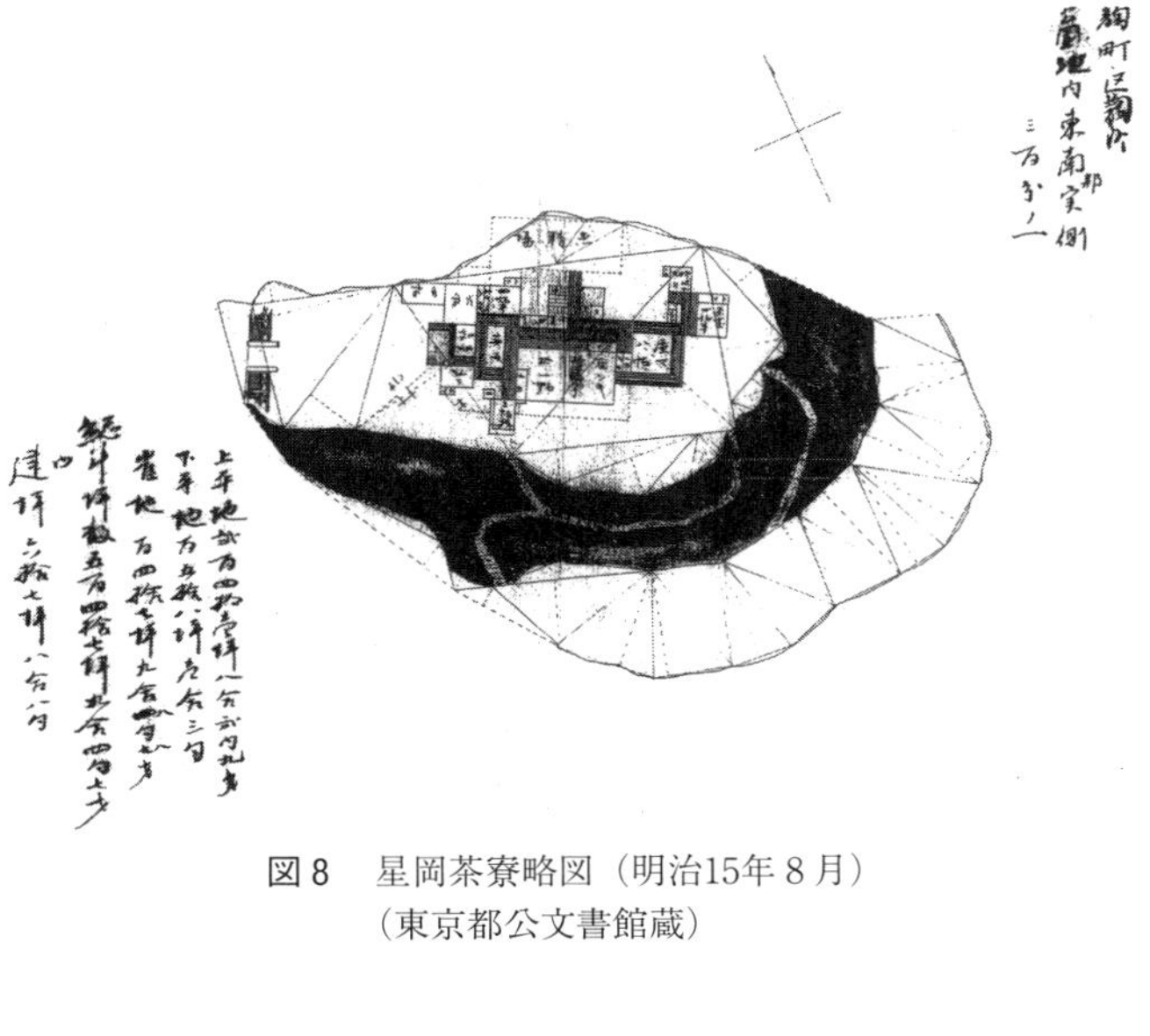

図８　星岡茶寮略図（明治15年８月）
（東京都公文書館蔵）

（4）　星岡茶寮に関わる図面

ここでは星岡茶寮の創設期、もしくはその頃の様子を示しているであろうと推定される図面を観察し、検討を行いたい。まずはそれぞれの図についての概略を記す。

東京都公文書館所蔵になる『麴町公園書類』[99]には星岡茶寮関係の数葉の図面が収録されている。これらの図面はいずれも東京府に提出された星岡茶寮の建設に関わる「願」に添付された図で、計画案もしくはその後の計画変更の図面である。

図7は、明治十五年（一八八二）八月提出の略図（図8）[100]より作図したものである。図には、総計として五四七坪九合四勺七才、建坪は六七坪八合八勺とあり、各部屋の名称が判るようになっている。この図で注目すべき点が幾つかある。まず小間の茶室は、「茶室四帖半」と「スキヤ二帖」と表されているものふたつが確認される。広間の座敷では、「座シキ拾二帖半」には廊下側に「トコ」が設けられ、それと矩折りに「タナ」が置かれている。しかし隣の「十一帖」及び「廣マ八帖」には「トコ」が設けられているのみである。他に「玄関三帖」の周辺には「トコ」の付いた「三帖」と「四帖半」がある。また北側には破線で輪郭が描かれた「魚精場」も見られる。

図9は、明治十五年十一月二十八日提出の略図（図10）[101]より作図したものである。これは借地を北側部分に拡張し、プランに若干の変更を加えるというものである。図には増地面積が五一坪八合七勺と記載されている。しかし平面として示されているのは、建物の輪郭のみである。図8と比較すると玄関周り及び茶室あたりの輪郭に変化が見える。注目したいのは、右上つまり北東側に設けられた茶室付近である。まず（A）部分であるが、これは図8に描かれた「茶室四帖半」であると思われる。「トコ」部分と考えられる張り出しが見られる。またこの茶室の北西側に設けられていた「スキヤ二帖」が見あたらない。南西側は「座シキ拾二帖半」との間に「広間八帖」が一室あったのだが、小間の二室分の構成となっているように読める。次に（B）部分であるが、図8に

見る「魚精場」とみられる。この部分はこの度拡張された土地であり、この計画変更の重要な要素であったと考えられる。

図11は、明治十六年七月十六日提出の略図（図12）[102]より作図したものである。図には総計が一一九坪四合八勺（四百平米弱）、二階部分が二二坪八合二勺五才（七十平米強）、土蔵三坪（十平米弱）とある。この平面も主に輪郭のみの表記で詳細は判らないが、増築された二階部分がやや詳しい。これによると二階部分は座敷が二室みられ、その内一室には、文字での表記はないが床と床脇と推測されるものが線描されている。また一階部分では図9と比べると、やはり茶室部分と玄関部分の輪郭が異なっている。注目すべきは（C）部分で、図7における「茶室

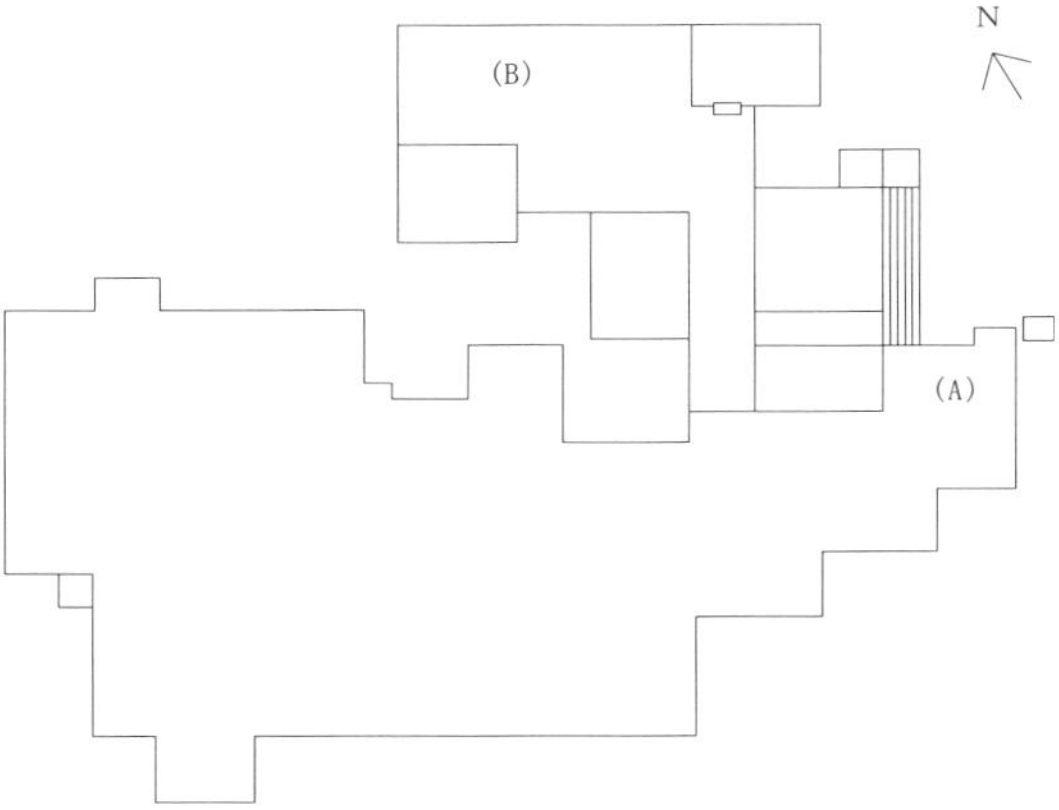

図９　星岡茶寮計画案（図10より作図）

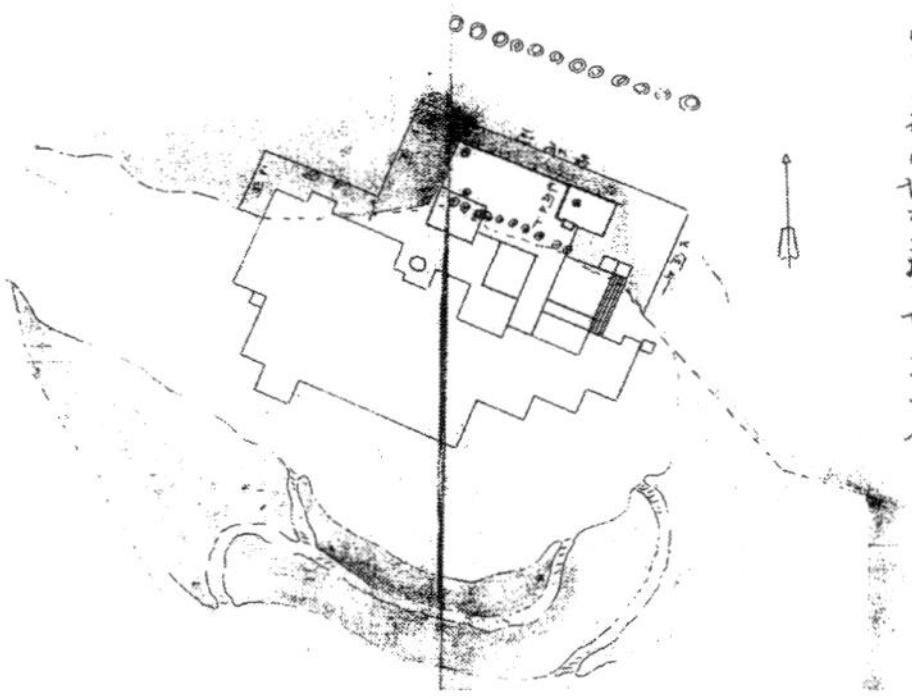
図10　星岡茶寮略図（明治15年11月28日）
（東京都公文書館蔵）

四帖半」と見られ、図9と比べると「トコ」部分の張り出しは解消されている。しかしこれは「トコ」が消滅したと考えるより、床脇部分が増設されたと考える方が適切であろう。さらにこの床脇部分は「トコ」よりも僅かに奥行きの深いものとなっている。

星岡茶寮創設の中心メンバーであった奥八郎兵衛の奥家に所蔵されていた星岡茶寮の平面図（図13）の原本[103]は、和紙に描かれ、二階部分が貼付されており、畳割りをはじめ建具の種別から柱間寸法まで書き込まれている。

この平面図の制作年は不明である。しかし図の右下に「区役所届ケ」という文字が見える。つまりこの図は麴町区役所に提出した控えであると見られる。東京府は建物に変更のあったとき届け出ることをこの茶寮建設許可

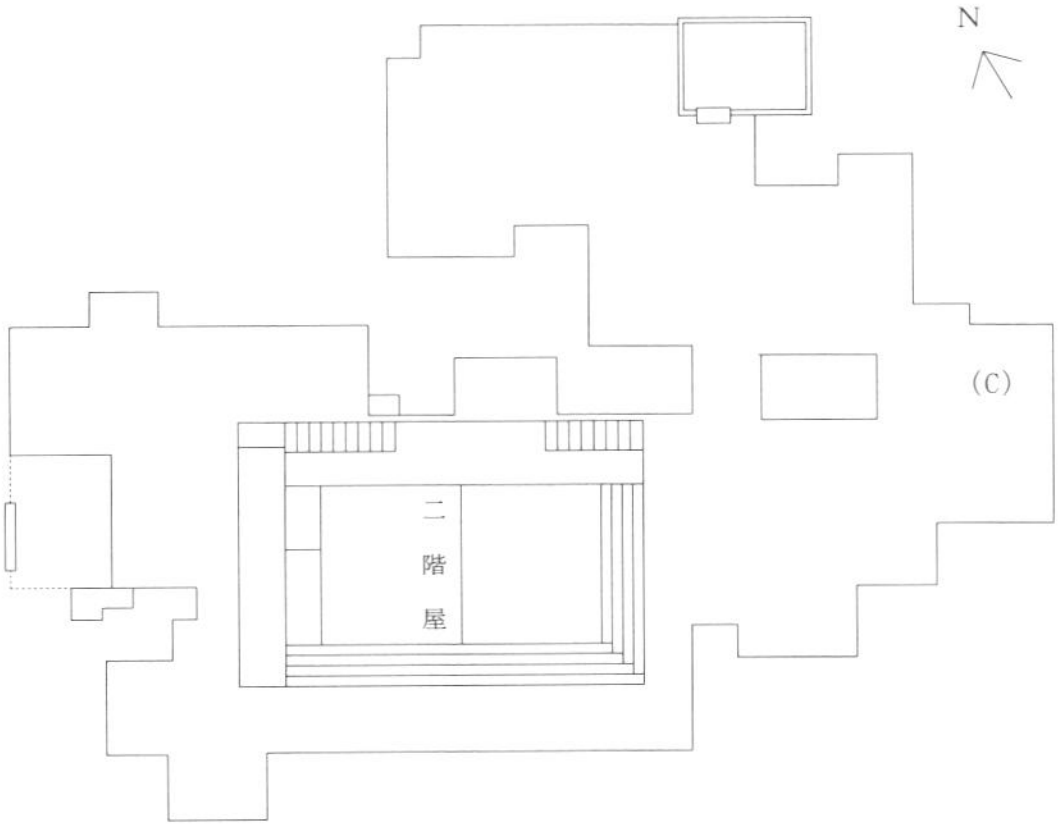

図11　星岡茶寮計画案（図12より作図）

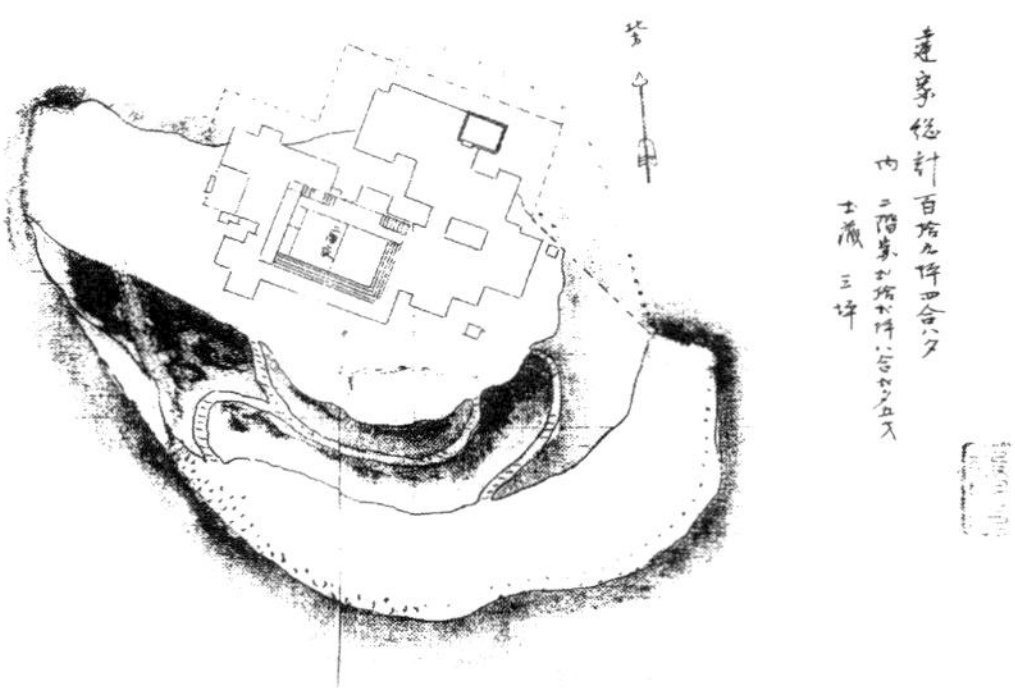

図12　星岡茶寮略図（明治16年7月16日）（東京都公文書館蔵）

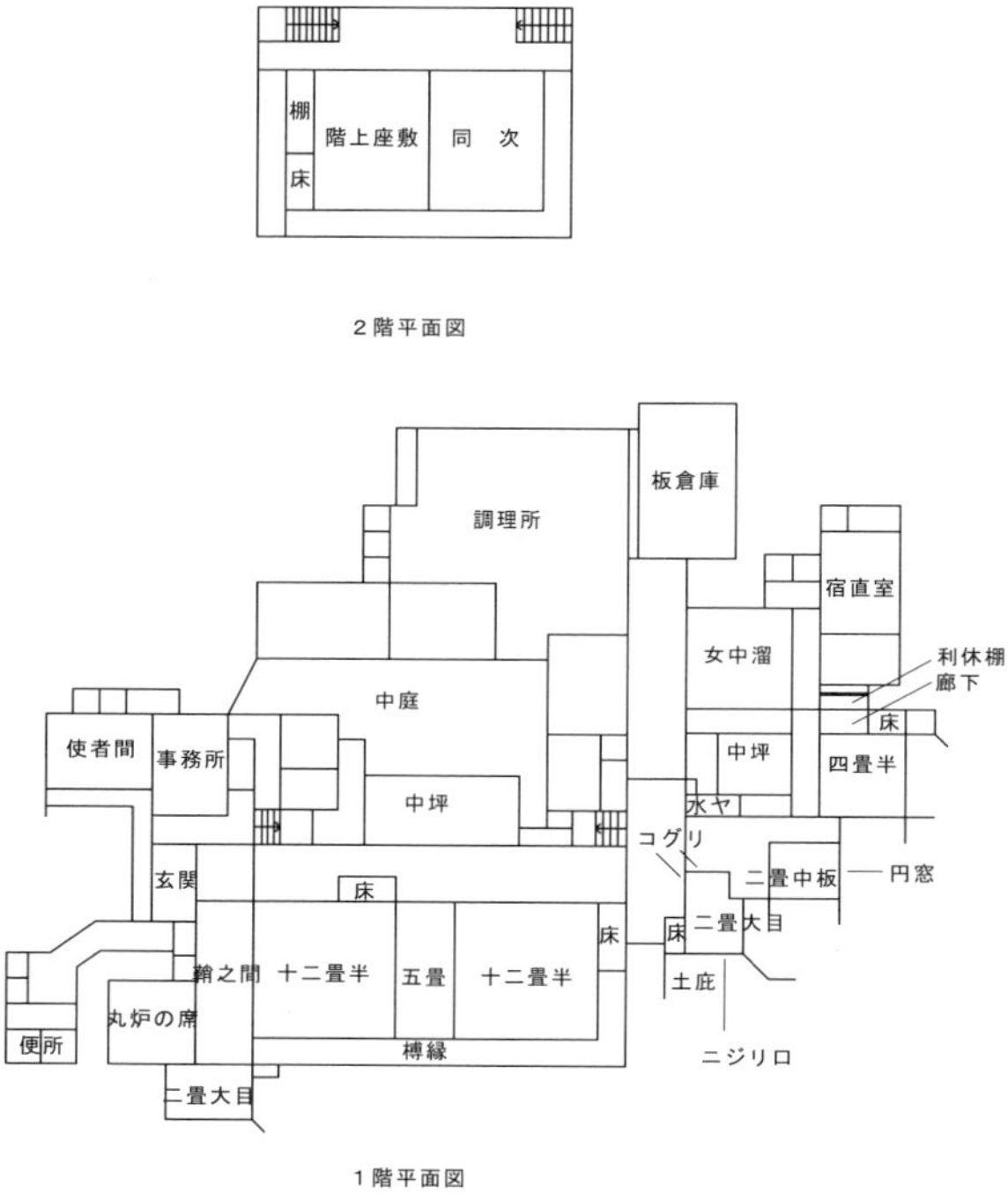

図13　星岡茶寮略平面図

の条件のひとつとしていた(104)。役所に提出する可能性があるのは、計画時、竣工時、そして後の増改築の時と考えられ、この図はそのどれかに該当すると見られる。前述した『麴町公園書類』所収の図と比較すると、この図と一致するものは見あたらない。しかし明治十六年七月十六日提出の図面（図11）と比べ、多くの類似点が確認される。玄関から広間の座敷廻り、そしてその脇に設けられた小間席あたりの構成、そして二階はほぼ同一と見られる。相違点は玄関脇の便所と北東奥の宿直室の周囲などである。以上を考慮すると、断定はできないが、この図面は竣工時(105)のものである可能性が高いと考えられる。また少なくとも、図11と同じと見られる部分、つまり広間、小間の座敷廻りは竣工時の様子を示していると見なすことが許されよう(106)。

この図面に見られるこの建物の特徴は、まず一階の広間の構成である。十二畳半(107)が二室とその間に五畳があり、南側とそれに矩折れに東側半分に半間の榑縁が設けられている。東側の十二畳半は、四畳半切に炉が切られており、およそ八尺の間口を持つ床の間が設けられている。通常広間の座敷に設けられる床脇の違棚や付書院は見られない。また西側の十二畳半においては、一間の床の間が北側に設けられており、これについても違棚や付書院は設けられていない。二階は十畳の広さの室が二室あり、西側の座敷には一間の床の間と一間半の棚が設けられている。次に小間席は、東側に四畳半の席があり、床の脇の「廊下」と記されている奥に「利休棚」が設けられている。亭主の出入口には西側の襖、客の出入口は南側あるいは東側で障子が建てられている。広間との間には水屋、二畳大目下座床、さらに炉の記入はないが二畳中板の席が見られる。この二畳大目下座床の席は、この建築において唯一躙口が確認され、茶道口および給仕口と目されるところには「コグリ」との記載があり、内法高の低い開口部を備えていたことが読みとれる。またこの席の南側には土庇が確認される。(108) 二畳中板の席には円窓が設けられ、亭主の出入口は襖、客の出入口は障子がそれぞれ建てられ、出入口の関係より逆勝手の席であることが考えられる。(109) 西側、つまり玄関に近い部分には、寄付に供したと見られる四畳半の広さに丸炉の切られた席、向板が設けられた二畳大目が見られる。玄関近くには事務所と使者の間、奥に設けられた調理所の近くには、調理人溜所、女中溜、宿直室等がある。また、記述されている寸法を追っていくと、茶室においては広間・小間ともすべて六尺三寸×三尺一寸五分の京間の畳を使用しており、広間部分は三寸五分の柱、小間部分は二寸七分あるいは二寸八分の柱の使用が確認される。

以上の図面より、竣工前における計画の変遷が考察される。

まず最初に指摘されることは、わずか一年間で平面計画を三度（奥家の図を竣工時のものとして、それを含むと二年間で四度）も変えていることである。これが如何なる理由によることであるかは現時点で精緻な指摘はできないが、この時代の茶の湯がひとつの変革期を迎えており、あわただしく計画が変更された、と読みとることができよう。

次に個々の要素についてである。まず厨房については、この建築に割烹が付属していたのであるが、図面より考察すれば、当初から明確な要素として計画されたのではない。広い厨房は明治十五年十一月二十八日提出の図

（図9）において、拡張された土地に設けられたものとして実線で描かれており、この頃、より具体的に計画されたものとして見られる。この割烹の存在の意味は、茶事には懐石が伴いそれに備えたもの、というところから来るものと考えられるが、また一方ではこの地が東京府が公園経営のための借地料を期待した場所である、というところから来るものという一面も見逃せない。つまり環境のみを考慮した純粋な公園施設ではなく、収入を得るための施設としての性格を負うことになったのであった。前述の一般への飲食の拒否とは矛盾するのであるが、そこにこの施設の微妙な立場が見え隠れするのである。

次に利休堂である。奥家に所蔵されていた図（図13）において、東側の四畳半には「利休棚」が設けられており、利休像が祀られていた場所と見られる。つまりこの四畳半が『名所図会九』による利休堂と判断できる。この「利休棚」については、明治十六年七月十六日提出の図（図11）に描き込まれた床脇の張り出し（C）がそれであると考えられ、利休堂としての計画がこのとき為された可能性が高いものと考えられるのである[110]。この意味するところは、ひとつに、この頃千利休に対する関心の高まりがあったと考えられ、また一方、千家[111]による茶の湯復興のための企てによるものとも見ることができる。つまり寮則には「黜茶ノ式ハ一ニ千家ノ則ニ遵フモ、必シモ舊套ニ拘泥セス[112]」とあり、旧来のものにこだわらないといいながら、他の流派ではなく千家、と指定しているところに、この茶寮における影響が少なからずあったものとの見方ができるものである。そして先の節で考察した紅葉館の増築と併せ、在来の遊芸的志向から、明治という時代の流れでもある精神的志向を持った茶の湯への転換として、この利休堂が企てられたのであろう、と推し量ることができる。

（5）　星岡茶寮の意味

星岡茶寮は、明治十四年（一八八一）の夏、京都円山を思わせる風光明媚な麴町公園に、茶の湯を軸とした社交施設として計画されたものである。しかしこの計画は幾度かの変更を経て、明治十七年の開業に至るのであった。これはすべての計画が当初から設定されていたというものではなく、三年間に亘る計画及び施工段階において、周囲の状況がこの計画における模索を促し、漸次変化を与えたのであった。

これまで検討したことから導かれる創設期における星岡茶寮の性格を述べる。

①　株式や会員制のシステムの採用、あるいは一般の見学をも許可するなど、近世によく見られたような閉鎖的なものではなく、開かれた社交施設として認識される。

②　割烹は計画の途上でより具体的なものとなったと見られる。またその厨房の大きさから割烹が重要視されていることがわかる。これは茶事における懐石に備えたものであるというのと同時に、収入を得るための施設としての性格の現れと見ることができる。これは東京府の公園経営における借地料を期待した施設という位置づけによるものと見ることができる。また株式のシステムによる利潤の追求という面もあり、後の茶寮の料理店化という傾向が先見される。

③　平面構成は、広間における棚や書院の省略、能という他の用途への転用が可能という点や、多くの小間における広い開口部、さらには料理店としての要素を備えている。

④　この建築の一画を占める利休堂は、計画の途上で新たに加わったものと見られる。これは近代の茶の湯の意識における千利休への傾倒の萌芽を感じ取ることのできるものであるが、この時期の茶の湯の復興をさらに確かなものとすべく、在来の遊芸的志向から明治という時代の流れでもある精神的志向を持った茶の湯への転換としての意味と捉えることができ、これは千家による影響が強く働いたものと考えられる。

以上のようなことが観察された。

またこの建築の計画の小刻みな変更は、これを取り巻く状況を示すものとしても考察される。茶の湯の立場からは、この茶寮の計画そのもの、あるいは漸次小間席が増加する計画において、明治維新以後冬の時代を迎えていたと考えられる茶の湯において、この時期に明るい兆しが見え始めてきた、と理解されるものでもある。またこの建築が意味するところは、近世後期より連続する遊芸的志向と、その中に投入された精神的志向、この相矛盾した概念が混在するもの、として捉えることができよう。さらにそれは開放的な施設であったことから、後の茶の湯あるいは数寄屋建築に与えたであろう影響は少なくないものと想像される。つまりそれは近代における数寄屋建築の両翼の特徴を捉えたものであると考えられ、またその影響も勘案すると、数寄屋建築の近代における黎明を示すものとして位置づけることができる。

（1）熊倉功夫『近代茶道史の研究』（日本放送出版協会、一九八〇年）。
（2）「会友名簿」は奥家文書（江戸期に禁裏御用達の魚屋であった奥家に伝わる文書。星岡茶寮の創設者の一人である奥八郎兵衛〔十代目〕の子孫にあたる田中哲比古氏蔵）に含まれる。渡邊勝利氏の著した『小説「星岡茶寮」』（東京経済、一九九四年）は、この文書が基になっており、「会友名簿」（二三一〜二三六頁）を掲載する。
（3）東京都立中央図書館特別文庫室には星岡茶寮に関わる資料が保管されている。また木子は帝国大学講師時代に星岡茶寮の見学を計画している。（稲葉信子「木子清敬の帝国大学（東京帝国大学）における日本建築学授業について」、『日本建築学会計画系論文報告集第』三七四号、一九八七年四月、一一六頁）。
（4）井口海仙『今日庵十三世円能斎宗匠略伝』（茶道月報社、一九三四年）五頁。これによると、茶の湯の家元として厳しい状況であった円能斎は、明治二四年に京都から東京に移住したが、その生活は一向に好転しなかった、とある。
（5）東京市役所編刊『東京市史稿』遊園編　第四（明治元年〜同十年）（一九三二年七月、以下『市史稿遊四』と略記）および『東京市史稿』遊園編　第五（明治十一年〜同十八年）（一九三三年三月、以下『市史稿遊五』と略記）。
（6）本研究が行われた、二〇〇〇年までに、明治前期の公園を扱った文献として、以下のものが挙げられる。
①龍居松之助「本邦公園の濫觴」（『中央史壇』八―二、一九二四年）

②小寺駿吉「本邦に於ける公園の発達とその社会的背景——明治前期——」（『造園研究第十一輯』、一九三四年）
③水谷駿一「明治初期に於ける東京府の景園事情の一班」（『公園緑地』一—一、一—二、一九三七年）
④東京市役所『大東京の公園』（一九四二年）
⑤吉永義信「日本近代造園史」（『日本園芸発達史』朝倉書店、一九四三年）
⑥小寺駿吉「東京市区改正設計に現れたる公園問題」（『都市問題』四三—一、一九五二年／『緑地問題』、一九五二年）
⑦小寺駿吉「日本における公園の発達とその封建的基盤——特に東京についての分析」（『都市問題』四四—五、一九五三年）
⑧東京都公園協会『東京の公園八十年』（一九五四年）
⑨前島康彦「東京公園史話、明治期」（『都市公園』二—四〇、一九五六年他）
前島康彦『東京公園史話』（東京都公園協会、一九八九年）
⑩前島康彦『目で見る公園のあゆみ』（一九五七年）
⑪東京都建設局公園緑地部『東京の公園　その九〇年のあゆみ』（一九六三年）
東京都建設局公園緑地部『東京の公園百年』（一九七五年）
東京都公園協会『東京の公園一一〇年』（東京都建設局公園緑地部、一九八五年）
⑫田中正大『日本の公園』（鹿島出版、一九七四年）
⑬高橋理喜男「太政官公園の成立とその実態」（『造園雑誌』三八—四、一九七五年）
⑭佐藤昌『日本公園緑地発達史上・下』（都市計画研究所、一九七七年）
⑮末松四郎『東京の公園通史上・下』（郷学舎、一九八一年）
⑯頓所弘行・進士五十八「明治期・東京の公園地における飲食施設の史的考察」（『造園雑誌　研究発表論文集』五一—五、一九八八年）
⑰土肥真人「明治期の公園誕生に関する考察——江戸、東京における街路との関係を主軸に——」（『第二七回日本都市計画学会学術研究論文集』、一九九二年）
⑱丸山宏『近代日本公園史の研究』（思文閣出版、一九九四年）

⑲　東京都公園協会『東京の公園一二〇年』（東京都建設局公園緑地部、一九九五年）社交施設について取り扱っているものとして、⑫および⑯が挙げられる。⑫は、本研究において取り上げている紅葉館と星岡茶寮についても触れているが、これらを閉鎖的な施設として扱っており、またそれらの成立に関わる公園運営との関連については深く触れられていない。⑯も紅葉館・星岡茶寮を扱っているが、飲食店としての捉え方であり、いずれも本研究と立場を異にする。

（7）　前掲註（5）『市史稿遊四』四七五〜四七六頁
（8）　『公文録　大蔵省之部　一　明治六年一月』（国立公文書館蔵）所収。
（9）　前掲註（6）土肥真人「明治期の公園誕生に関する考察」四〇〜四一頁にもこの件について述べられている。
（10）　前掲註（6）丸山宏『近代日本公園史の研究』二一〜四三頁には、地租改正と公園について詳細に論述されており参考にした。
（11）　前掲註（6）頓所弘行・進士五十八「明治期・東京の公園地における飲食施設の史的考察」には飲食施設（広義）の実態とそれに対する行政当局の対処について纏められており参考にした。
（12）　前掲註（6）前島康彦「東京公園史話、明治期」参照。
（13）　寛政三年（一七九一）に江戸市制の窮乏を救うための救済事業機関として「町会所」が設置され、七分積立金を運用した。明治維新後も継続したが、明治五年五月に廃止され、同年八月、大蔵大輔井上馨と東京府知事大久保一翁は、新たに府内の豪商（三井組・小野組を中心とする）に膨大な資金を託し、「東京営繕会議所」を設立する。さらに同年十月には「東京会議所」と改編され、公共施設の建設や福祉事業を行った。明治十年二月、発展的に解散する。後に「東京商法会議所」「東京商工会」「東京商業会議所」「東京商工会議所」へと受け継がれる。以下「会議所」と記す。（『東京商工会議所八十五年史上巻』（東京商工会議所、一九六六年）参照）。
（14）　明治六年二月二七日に諮問し同年三月二日と三月十三日に回答を得る。前掲註（5）『市史稿遊四』四八九〜四九二頁。
（15）　小野組の所属。営繕会議所の運営（会議所掛）にあたる。
（16）　小野組の所属。明治六年、第一国立銀行の取締役に就任。
（17）　明治六年三月二八日に大蔵省及び太政官に上申、明治六年五月二日に租税寮に協議する。前掲註（5）『市史稿遊四』

五〇二～五〇四頁、五一四～五一七頁。

（18）明治六年五月二四日東京府は太政官正院に対し、府内の公園を決定したこと、取締規則ができたことを報告した。前掲註（5）『市史稿遊四』五一四～五二〇頁。

（19）これらの要求に対し東京府は、明治七年五月三日に明治六年以降に提出された公園における経営の請求は一括して却下し、また再願も受け付けなかった。前掲註（5）『市史稿遊四』五九〇～五九三頁。

（20）前掲注（5）『市史稿遊四』六〇二～六〇七頁、また『明治七年九月　公文録　東京府之部并華族　全』（国立公文書館蔵）所収。

（21）「府下公園経営ノ儀ニ付再伺」に添付された。前掲註（5）『市史稿遊四』六〇二～六〇七頁。

（22）この提案は『東京市史稿』において二種類の文書が確認される。前掲註（5）『市史稿遊四』五九四頁と六四六～六四七頁である。内容はほぼ同じであるが、後者の方の記述がやや詳しい。また『明治七年九月　公文録　東京府之部并華族　全』（国立公文書館蔵）にも収められており、これは後者と同じである。実際に二種類の文書が存在したのか、または掲載時に何らかの理由によりこのような取り扱いになったのか不明である。

（23）明治六年五月二四日、東京府が太政官正院に対し報告した、「町触案」では「借受」「貸渡」という語が使用され、「公園取扱心得」では「地租ハ上納ニ不及」とあり、「屋税地税」による税収を回避している。前掲註（5）『市史稿遊四』五一四～五二〇頁。

（24）前掲註（5）『市史稿遊四』五九三～五九四頁。

（25）同右書、六四二～六四四頁。

（26）同右書、六四五～六四七頁。

（27）同右書、六四六頁。

（28）同右書、一五〇～一五四頁、以下「出稼仮条例」と記す。

（29）これ以前にも個々の公園においては新規の事業を許可又は奨励しているが、公園全体に適応する考えを条例として示したところに出稼仮条例の重要性があると考える。

（30）さらに明治十六年八月十八日に「東京府公園管轄貸渡規則」が改正され翌年三月より施行される（前掲註（5）『市史

稿遊五』八八二〜八八六頁。これは出稼仮条例の流れを汲むものとみることができる)。

(31) 参考文献:白幡洋三郎『大名庭園 江戸の饗宴』(講談社、一九九七年)。

(32) 前掲註(5)『市史稿遊五』四四八〜四五一頁によると、明治十三年十二月十六日に小野義眞、子安峻より東京府知事松田道之宛に提出された伺いに添付された「紅葉館創立緒言並館則」に明治十四年一月に開館とある。また明治十四年二月十八日付の『東京日日新聞』には去十五日に開館式が行われたとある。

(33) 紅葉館の殷盛の様子は、池野藤兵衛『料亭 東京芝・紅葉館』(砂書房、一九九四年、以下『料亭紅葉館』と略記)に詳しい。橋爪紳也『倶楽部と日本人』(学芸出版、一九九八年)には、近代日本の先駆的なクラブの事例として紅葉館を紹介している。

(34) 前掲註(33)池野藤兵衛『料亭 東京芝・紅葉館』。

(35) 『料亭紅葉館』においては、紅葉館史料の内、明治十四〜二四年、同三一年、同三七〜三九年の十五ヶ年分が脱落している、と記載されている。

(36) 前島康彦「東京公園史話その十五 芝公園の生いたち——特にその社交施設について——」(『都市公園』二四、一九六〇年四月、財団法人東京都公園協会)三七〜四一頁。

(37) 『風俗画報臨時増刊 新撰東京名所図会 第七編』(東陽堂、一八九七年、以下『名所図会七』と略記)。尚、引用文は本書の復刻版である『東京名所図会 芝公園・東京総説之部』(睦書房、一九六九年)による。

(38) 引用文では「利久」となっているが本来は「利休」であるので、引用文中は原文のままの表記とするが、本文中では「利休」の文字を使用する。

(39) 前掲註(6)前島康彦『東京公園史話』および前掲註(6)田中正大『日本の公園』。

(40) 前掲註(5)『市史稿遊五』三五八〜三六五頁。

(41) いわゆる現代でいうところの迎賓館と同質ではないが、当時の日本にとって他の国々を代表する公使等の接待、すなわち外国の大切な客を接待する意味から、本稿において「迎賓」の語を使用する。またこの地に設けられる紅葉館においては、外国公使等の接待が行われた記録(エリアノーラ・メアリー・ダヌタン著、長岡祥三訳『ベルギー公使夫人の明治日記』中央公論社、一九九二年、五〇頁)もあり、積極的とはいえないが、迎賓という要素が東京府の目論見以来、この施設の属性のひとつと見なすことできよう。
(42) 前掲註(5)『市史稿遊五』三八七〜三九八頁。
(43) 同右書、三八九〜三九〇頁。尚、前掲註(5)『市史稿遊五』では略図が省略されている。
(44) この図は前掲註(5)『市史稿遊五』においては省略されているが、東京都公文書館には所蔵されている。「子安峻外二名借地願」付図（東京都公文書館蔵『芝公園例則　明治十二年至十三年』所収）。
(45) 前掲註(5)『市史稿遊五』三八九〜三九一頁。
(46) 同右書、三九二〜三九九頁。
(47) 同右書、四二六〜四三五頁。
(48) 同右書、四四八〜四五一頁。
(49) 明治十三年十二月十六日提出の「館則」（前掲註(5)『市史稿遊五』四四八〜四五一頁）には十四年一月と開館予定が記されていたが、明治十四年四月二五日付の「拜借金之儀ニ付願」（前掲註(5)『市史稿遊五』五二五〜五二七頁）によると本年二月中本館落成とある。また明治十四年二月十八日付の『東京日日新聞』には「去十五日」に開館式が行われたとある。以上より開館は二月十五日と考えられる。
(50) 前掲註(5)『市史稿遊五』五二〇〜五二一頁。
(51) 同右書、五二五〜五二七頁。
(52) 同右書、五二七〜五二八頁。
(53) 「紅葉館浴室及茶席建設之義伺」付図（東京都公文書館蔵『芝公園例則　明治十四年』所収）、尚、前掲註(5)『市史稿遊五』においては略されている。
(54) 前掲註(5)『市史稿遊五』五七四〜五七五頁。
(55) 同右書、七七一〜七七二頁。
(56) 「紅葉館茶室」付図（東京都公文書館蔵『芝公園例則　明治十六年』所収）。
(57) 前掲註(33)『料亭紅葉館』五六〜五七頁。
(58) 同右書、五八〜五九頁。

(59) 東京興信所『銀行会社要録』(一九〇二年)。
(60) 前掲註(33)『料亭紅葉館』六八~六九頁。
(61) 石井研堂『増補改訂 明治事物起源 上巻』(春陽堂、一九四四年)一四六〇頁。
(62) この時代に明治宮殿造営の計画が立てられた。明治十三年一月十六日に決定されていたボアンビルの石造謁見所案が同年十一月二十九日中止となり、すべてを木造で建設することになった。しかし明治十四年には再び洋風謁見所案が浮上し、明治十五年三月十七日にコンドル設計の謁見所案が決定されるが、これも明治十六年四月二三日には中止になる。結局明治十七年四月十四日、勅裁により宮殿はすべて木造、宮内省庁舎は煉瓦造の二階建の洋風建築で建設されることになった。またコンドルによる鹿鳴館が明治十六年竣工し、翌明治十七年には北白川宮邸、有栖川宮邸の洋館が完成している。接客空間を和風にすべきか洋風にすべきか迷いのあった時期であり、やがて主要な邸宅における接客空間が洋風に帰結するターニングポイントでもあったと見られる。
以下、参考文献:木子清忠『ある工匠家の記録』(岩波ブックセンター、一九八八年)、小野木重勝『明治洋風宮廷建築』(相模書房、一九八三年)、藤岡洋保・斎藤雅子・稲葉信子「東京都立中央図書館木子文庫所収の明治宮殿設計図書に関する研究」(『日本建築学会計画系論文報告集』第四三一号、一九九二年一月、一三七~一四六頁)、『東京都立中央図書館蔵木子文庫目録 第二巻 木子清敬資料(明治宮殿)』(東京都立中央図書館、一九九五年)。
(63) 前掲註(2)『小説「星岡茶寮」』二三一~二三六頁。
(64) 東京都立中央図書館特別文庫室には星岡茶寮に関わる資料が保管されている。また木子は帝国大学講師時代に星岡茶寮の見学を計画している(稲葉信子「木子清敬の帝国大学〔東京帝国大学〕における日本建築学授業について」〔『日本建築学会計画系論文報告集』第三七四号、一九八七年四月〕一一六頁による)。
(65) 拙稿「明治十七年建設の星岡茶寮の性格について」(『平成八年度日本建築学会近畿支部研究報告集』一九九六年七月、一一七七~一一八〇頁)参照。
(66) 山田美妙『大辞典』(嵩山堂、一九一二年)。
(67) 『風俗画報臨時増刊 新撰東京名所図会 第九篇』(東陽堂、一八九七年)、略記『名所図会九』。
(68) 貝原好古『和爾雅 巻之二 居處門 第四』(一六九七年)。

(69) 前掲註(67)『名所図会九』、尚ここでは復刻版である『東京名所図会 麴町区之部』(睦書房、一九六九年)二四四〜二四七頁による。

(70) 益田熊太郎「我が窓硝子板製造について」(『大日本窯業会雑誌』一三五号、一九〇三年十一月、七五〜七八頁)には、「(略)我が島田硝子製造所に於て今般賣品として少部分の窓硝子板を製出するに至りたるは我邦窓硝子製造の嚆矢なるべし(略)」とある。また日本科学史学会『日本科学技術史大系』第二一巻・化学技術(第一法規出版、一九六四年)一六一〜一六二頁 にもこれが「(略)手吹式による板ガラス製造のわが国最初の成功の経緯を述べている」と示されている。

(71) 近藤清治『日本窯業大観　創立満四十年記念出版』(社団法人大日本窯業協會、一九三三年)二六五〜二七四頁。

(72) 前掲註(71)『日本窯業大観　創立満四十年記念出版』によると、明治二五〜四十年にかけて板ガラスの内地消費高の一〇〇%は輸入によるもので、その需要も加速度的に増加していることがわかる。

(73) 石井研堂『増補改訂 明治事物起源 下巻』(春陽堂、一九四四年)一四三一〜一四三二頁、参照。

(74) 前掲註(5)『市史稿遊五』五五五〜五五六頁。

(75) 同右書、五九七〜五九八頁。

(76) 東京株式取引所『東京株式取引所五十年史』(一九二八年)二七〜二八頁。

(77) 「日枝神社境地公園御開設願」(『日枝神社史 全』〔日枝神社御鎮座五百年奉賛会、一九七九年〕二一四〜二四三頁および前掲註(5)『市史稿遊五』五五五〜五五九頁)。

(78) 前掲註(5)『市史稿遊五』五五五〜五五九頁。

(79) 同右書、五九五〜五九七頁。

(80) 同右書、五九七〜五九八頁。

(81) 同右書、六〇〇頁。

(82) 「明治十五年分　崖地破損所修繕ノ件」付図(「回議録・第九類・麴町公園書類・至明治十四年創立迄明治十六年十二月」〔東京都公文書館蔵〕所収)。

(83) 前掲註(5)『市史稿遊五』五九四〜五九九頁。

(84) 明治十四年十一月二九日に切通崖地其他芝貼工事、同年十二月十五日に北新道崖地修理工事がそれぞれ落成した。前掲註(5)『市史稿遊五』五九九～六〇二頁。

(85) 前掲註(5)『市史稿遊五』六三三頁。

(86) 三井の近代化に尽力した三野村利左衛門の養嗣子。東京商法会議所議員・日本銀行理事を務める。尚、父利左衛門は田畑謙蔵（前掲註(15)）等と共に営繕会議所の運営（会議所頭取）にあたり、第一国立銀行においては取締役副頭取を務める。（『日本紳士録第一版』〔交詢社、一八八九年〕、『日本現今人名辞典』〔一九〇〇年〕、三野村清一郎『三野村利左衛門伝』〔三野村合名会社、一九六九年〕参照）。

(87) 本姓田和匀貞（としさだ）。西村家の養子となり西村勘六。小野組の番頭として三井・島田と協力し新政府に尽力する。その功により小野の苗字を許され小野善右衛門と称す。また第一国立銀行においては三野村利左衛門と共に取締役副頭取を務める。尚、明治六年小野組は経営破綻に陥るが、明治十七年小野商会が創立され、明治二三年改組により小野善右衛門が頭取に就任する。（小野善太郎『維新の豪商小野組始末』〔青蛙房、一九六六年〕、宮本又次『小野組の研究』全四巻〔新生社、一九七〇年〕参照）。

(88) 江戸期には禁裏御用達の魚屋であった奥家の十代目。宮内省御用達人を務める。（奥家文書〔前掲註(2)〕、渡邊勝利『小説「星岡茶寮」』〔東京経済、一九九四年〕、『日本紳士録第一版』〔交詢社、一八八九年〕参照）。

(89) 「茶寮」の語については前述（五五～五六頁）したが、この場合は「茶の湯を行うための施設」という意味。

(90) 前掲註(5)『市史稿遊五』七〇三～七〇四頁。

(91) 同右書、七〇一～七〇二頁。

(92) 「三野村利助外二名借地願」付図（「回議録・第九類・麴町公園書類・至明治十四年創立迄明治十六年十二月」〔東京都公文書館蔵〕所収）。

(93) 前掲註(5)『市史稿遊五』七〇一～七〇二頁。

(94) 同右書、七〇五～七〇七頁。

(95) 東京都立中央図書館特別文庫室には木子清敬所蔵であった『星岡茶寮規約』が保管されている。

(96) 前掲註(5)『市史稿遊五』八九二～八九五頁。

(97) 同右書、八九五頁。
(98) 『新撰東京名所図会 第九編』(東陽堂、一八九七年) によると、六月十五日。また六月二十日付『郵便報知新聞』によると、二一日に開寮式を行うとある。
(99) 『麹町公園書類』(東京都公文書館蔵)。
(100) 明治十五年八月、三野村利助、奥八郎兵衛、小野善右衛門の三名によって提出された「麹町区麹町公園地内拝借所、并ニ家屋建築之位置、及建物使用方法等見込書」(前掲註(99)『麹町公園書類』所収) に添付された略図。
(101) 明治十五年十一月二八日、奥八郎兵衛によって提出された「増地拝借願」に添付された略図。
(102) 明治十六年七月十六日、三野村利助、小野善右衛門、奥八郎兵衛によって提出された「麹町公園内建物模様替并献木願」に添付された略図。
(103) 渡邊勝利氏蔵。
(104) 明治十五年八月、三野村利助、奥八郎兵衛、小野善右衛門の三名によって提出された「麹町区麹町公園地内拝借所、并ニ家屋建築之位置、及建物使用方法等見込書」に対する指令案として「公園内出稼条例之通可相心得事」とある (前掲註(5)『市史稿遊五』七〇二頁)。この条例は「東京府各公園地内出稼仮条例」(前掲註(5)『市史稿遊五』一五〇～一五四頁) のことで、明治十一年十月二日、東京府は公園の所在する各区区務所に通達した。これによると、「第四条 借地ノ内タリトモ建物ヲ自儘ニ取拡クルハ勿論、模様替ト雖トモ許可ノ上ニ無之テハ着手不相成事」とある。
(105) 竣工後暫くしてからの様子は、本多錦吉郎『茶道要訣 茶室構造法』(團々社、一八九三年、以下『茶室構造法』と略記) に幾つかの小間席が紹介されており、本図と大きな齟齬はない。
(106) 拙稿「明治十七年建設の星岡茶寮の平面について」(『日本建築学会大会学術講演梗概集』一九九六年九月、二三～二四頁) 参照。
(107) 畳の枚数は十二枚であるが、床前に長尺の畳を用いており、ここではその面積から十二畳半と記す。尚、引用した語については「帖」「疊」など原文のまま使用するが、本文においては「畳」の文字を使用する。
(108) 前掲註(67)『名所図会九』の図版 (図5) にも土庇が確認され、また前掲註(105)『茶室構造法』と比べても平面構成には相違点はない。

(109) 前掲註(105)『茶室構造法』によると、この席は逆勝手で大きな円窓がある。しかし一般的な設けられ方ではない給仕口が見られる、という点においてこの図との相違点が指摘される。
(110) 尚、明治二三年三月二三日には星岡茶寮において利休の三百年忌の茶会がこの利休堂において行われている。
(111) 前述の前掲註(67)『名所図会九』では表千家との表記があるが、明治二三年三月二三日に星岡茶寮で営まれた利休三百年忌の茶会は、裏千家社中の者が亭主を務めている。
(112) 前掲註(5)『市史稿遊五』八九二一〜八九五頁。

第三章　明治期の茶室の文献

第一節　明治期の茶室と茶の湯の文献

明治維新は、茶の湯に大きな試練を与えることになった。人々の志向が、伝統的なものより、新たな西洋的なものへと変化し、またこれまで支えてきた武士や寺院の多くが、社会制度の変化に伴い、力を失っていったことが大きな要因であった。しかし明治という時代は、茶の湯に新しい価値観をもたらした時代でもあった。その半ば頃より数寄者たちの活躍がみられ、やがて自由で斬新な茶の湯が展開されるようになる。それは大正・昭和の時代へ引き継がれ、大きく広がりをみせるのであった。

ここで注目したいのは、明治時代における茶の湯の担い手の変化である。数寄者の多くは維新以後、新たに勃興した政界財界の重鎮たちであった。つまり一部には江戸期から連続する人や家系があるが、維新を超えて連続する人々の数が多くはなかったということである。茶の湯はその形態を変化させながらも、伝承としての性格を強く持つ文化である。その結果、近世において連綿と継続されてきた茶の湯は、安土桃山期に大成された後では、ここに最大級の断絶をみるのであった。しかしこのような断絶による担い手の変化は、明治半ば以降の大きな変革へのステップのひとつともなる。

さて、茶室についてみるならば、近代における重要な要素として、これまで外国人への対応として、あるいは新しい生活様式への対応として、立礼席について先学から多くの指摘を受けてきた[1]。それに加え、前章においては担い手の変化という着眼点の元、大きな空白を超えていかなる手法によって伝達されたか、という観点で近代の茶室の一面を考察してきた。外来の新しいシステムとして、都市の近代化施策に伴う公園における茶室は、公の場所に位置することによって情報を多くの市民に発信し続けてきたが、その中に茶の湯空間が成立する過程を見てきた[2]。また別に、情報発信源としての博覧会や博物館などが茶の湯を伝承し、あらたな価値を発信するメディアとしてあったと考え、そこに新築あるいは移築された茶室について考察し発表してきた[3]。

そしてここでは、明治期における刊行物という観点より、この時代の茶室を捉えてみたいと考えるのである。この時代、茶室というものがどのような観点で捉えられていたのか、あるいはそれが後の時代にどのように敷衍されていくのか、そのようなことを明らかにするため、この時代の茶室に関する文献、とりわけ特色のある四つ、今泉雄作「茶室考[4]」、本多錦吉郎『茶室構造法[5]』、武田五一『茶室建築[6]』、そして『好古類纂[7]』を取り上げる。今泉の著作は雑誌の連載、本多の著作は単行本として刊行され、武田は帝国大学の卒業論文として執筆し、その後は学術誌に掲載されたもの、そして『好古類纂』はどちらかというと古い記述と見られるもので、美術愛好家の機関誌である。なお、ここでの文献の扱いは、これまで述べてきたように、その時代の記録ということだけではなく、メディア、すなわち情報を伝えるものとしても扱う、ということを特に記しておきたい。これはさらなる文献の考察、そして前述の諸研究などと併せ、近代の茶室を捉える一環として位置づけられるものと考えている。

まずこの時代について略記しておこう。この頃の茶の湯における主な出来事を次に示す。

明治十三年　北野神社献茶祭が恒例化し、この頃より神仏への献茶が盛んとなる
同十七年　茶の湯を中心とした社交施設として、麴町公園に星岡茶寮が創設される
同二十年　井上世外邸において茶室八窓庵の席開きが行われ、明治天皇が行幸

同二十二～二十三年　利休三百年忌が各所で行われる
同二十六年　シカゴ博覧会に喫茶店を出陳
同二十九年　益田鈍翁、品川御殿山の自邸で茶会を開き、「大師会」を発足
同三十一年　田中仙樵《せんしょう》、大日本茶道学会を設立
同三十三年　松浦心月、石黒况翁《きょうおう》等が「和敬会」発足
同三十五年　山口吉郎兵衛を世話人とし、「十八会」が関西の数寄者を中心に発足

また茶室についての主な出版および記事は次のものが挙げられる。

明治二十二年　今泉雄作「茶室考」（『國華』一号～三号）
同二十五年　『名物数寄屋図』
同二十六年　本多錦吉郎『茶道要訣　茶室構造法』
同三十一～三十四年　武田五一「茶室建築」（『建築雑誌』に断続的に連載）
同三十五年　久宝庵主人『数寄屋構造法』
同三十五年　泉幸次郎『新撰　茶席雛形』
同三十七～四十一年　山本麻溪「茶室庭園」（『好古類纂』に断続的に連載）
同三十八年　斎藤兵次郎『茶室構造』
同三十九年　岡倉天心『The Book of Tea』

この時期の茶の湯を概観するなら、維新以後の凋落の時期が過ぎ、徐々に復興されつつある時代へと進むべく過渡期、として認識することができよう。益田鈍翁による「大師会」の発足や田中仙樵の大日本茶道学会の設立などがそれを示している。

尚、後の堀口捨己によって確かな方向付けがなされた現在の進んだ茶室についての研究からみれば、明治期の茶室についての論考は非常に拙いものである。しかしここでは茶室研究の成果としてそれぞれの内容について論じるものではなく、したがって現在から見れば誤っていると考えられる部分も多々見られるが、それらについては特に論述を進める上において問題ない限り吟味はおこなわず、そのまま記載している。

第二節　今泉雄作「茶室考」

明治二十二年（一八八九）十月に刊行された『國華』創刊号[8]には今泉雄作の「茶室考」が掲載される。これはその後、第二号[9]、第三号[10]と続けて連載される。

著者について少し触れておきたい。今泉雄作[11]は明治大正期の美術史家・鑑識家で、嘉永三年（一八五〇）、江戸に生まれた。明治十年（一八七七）に渡仏、パリのギメ美術館の客員となり東洋美術を研究し、同十六年帰朝した。その後、文部省学務局に勤務、岡倉天心らと東京美術学校の創立に参画した。京都市立美術工芸学校長、帝室博物館美術部長、大倉集古館長などを歴任し、昭和六年（一九三一）没した。著作に『君台観左右帳記考証』[12]があるが、これは『國華』連載[13]の記事を元にしたものである。

この「茶室考」が『國華』に掲載されるのは、フランスより帰国し、東京美術学校が創設（明治二十年）されて間もない頃であった。『國華』は周知のとおり日本および東洋の古美術の研究誌であるが、茶の湯に関する記事は希である。その創刊号に、特に建築を専門としているわけではない今泉が、茶の湯の中でもその一部分である茶室について考察している、というのは異例のことと考えられる。一般にこの時期は、前章でみた星岡茶寮はすでに運営されているが、まだ茶の湯の復興もままならぬ時期であったと考えられる[14]。なぜこの時期に茶室の記事が掲載されたのであろうか。今泉の序言にそのヒントがある。「其初ニ当リテ幽雅ノ志想ヲ発成シ美術ノ気象ヲ涵養シタル余勢ハ尚ホ今日ニ於テモ全ク消滅セス」、すなわち「美術の気象（気性）」を「涵養」、すなわち茶の湯は美術を育てる側面をもつ、といっているのである。鈴木邦夫の「鈍翁コレクションのアルケオロジー」(15)によると、益田鈍翁は、明治十年から十二年に美術品の購入額を急増させ、その後明治十六年以降「憑かれたように」美術品に資金を投じたという。鈍翁がただひとり、美術品の蒐集に熱を上げるとは考えにくい。ちょうどこの頃がその後活躍する茶人たちの美術品の収集熱の高まりがあった時期だと考えられる。

序言の冒頭に「茶礼ハ本邦特種ノ技典ニシテ東山氏以下社会ノ好尚ヲ支配シ美術ノ風趣ニ影響シタル所少カラス」と茶の湯の美術における優越的立場から説明をはじめている。一方、「惜哉因習ノ久シキ下流ヲ汲ミテ源泉ノ在ル所ヲ忘却シ近来漸ク朽腐ニ帰シ」とあり、明治期における茶の湯の堕した様相を示している。しかし先にも示したように、美術を育てる側面は、まだその初期の本意が完全に失われていないことを示し、三百年来の庭園や家屋、室内装飾を論及しようとするならば、「茶家者流ノ意匠工夫」を研究することが重要なので、ここに著して世間の参照に供するのだといっている。

続いて茶の歴史を紐解く。茶室の床面積が縮小されていく過程や、作法が簡略化される過程、あるいは田舎の風景をうつした茶室が造られるようになったことなどが語られる。具体的にみていきたい。茶室の歴史では十八畳が四分の一に囲われて四畳半が完成し、東求堂《とうぐどう》の四畳半が生まれ、その後長押や張付壁を外し、侘びた鏽渋壁《さびしぶかべ》（さびた土壁）に変更し、炉を設けたのは千利休だという。そして『南方喫茶続録』を引用し利休を称賛する。この『南坊喫茶続録』は『南方録』(16)の続編という位置づけである。ここに引用しているのは『南方録』七巻のうち、「滅後」の一条目の内容である。利休が書院台子の茶をやつし、草庵の二畳敷を造ったことを述べ、やがて茶の湯が盛んになったとき茶の本道が失われる、と喝破した内容である。つまりこの部分は利休への賛歌とその後の茶の湯に対する強烈な批判を含んでいるのである。『南方録』は特に茶室についてのみ記載されたものではないが、一方象徴的に茶室空間の広狭が扱われている。のちに武田五一[17]もこの部分を重視している。

そして今泉は利休と利休の嗣子少庵の茶室への工夫を記述する。そして利休の一畳大目を「小座敷の極」とする。ただ、そのあとで古田織部、小堀遠州創意のものが小座敷の基本となり、織田有楽の茶室においては貴人のための茶室であることを述べる。この部分有楽の貴人茶室は次号に掲載されるが、一方で織部や遠州の記述はかなり唐突である。先に『南方録』によって、利休以降を否定的に扱った部分とは矛盾を感じる個所でもある。

さてこの今泉の論考では「貴人茶室[18]」を第三号、すなわち文末に付加しているところが、他の文献にみられない内容であり、第二号で扱った有楽の貴人茶室の説明となる。「この一項を脱する能はす」として、この部分ははずせないと述べ、この一文を加えるのは「やんごとなき」方々もしばしば茶室に入るので、とその理由を記している。内容は上段を備えている金閣寺の桂月亭（夕佳亭）をはじめとして、千利休、小堀遠州、織田有楽らの茶室を挙げ、上段もしくは相伴席《しょうばんせき》を設けることによって、貴人と随伴者を区分することを記している。利休の妙喜庵の囲《かこい》（待庵）においても、秀吉が来たときには亭主は次の間に下がることを記している。この記述の正否は別として、客の間での上下関係と主客の関係の上下は関係は、本来別の意味をもつものであるが、今泉の記述は強引なものを感じる展開である。

このようにみていくと、この今泉のこの論考の趣旨がみえてくる。すなわち『南方録』によって茶の湯のもつ、さらにいうと茶室のもつ精神性を引き出しているところが、重要な部分であろう。しかし一方『南方録』は利休以降を批判的に扱っている。ここに今泉の複雑な心境が表現されていると思われる。つまり序文にもあるように、現今の茶の湯を退歩的に捉えているものの、一方で新たな展開が見えかけているか、あるいはそれを希望する気持ちがここに強く打ちだされたもの、それがこの論考だとみることができる。

尚、本論考の「茶室」の語であるが、この時期はあまり普及していなかったと考えられる。「茶室」の語は古くは南浦文之《なんぽぶんし》（元和六年、一六二〇没）の『南浦文集』にみられるが、江戸時代にはほとんど使用されず、普及したのは近代に入ってからとされている[19]。ちなみにこの時期の茶室の呼称は、大槻文彦の『言海』[20]によると、項目としては「茶寮」「数寄屋」「囲」とともに「茶室」が挙げられるが、それらの語義としては、「カコヒ」「数寄屋」「茶寮」などと示されており、「茶室」という語は記されていない。つまりこの時期「茶室」の語は一般的ではなかった、ということをここからも読み取れ、読者は本タイトルに新鮮なものを感じたであろう。

第三節　本多錦吉郎『茶室構造法』

（1）本多錦吉郎

本多錦吉郎は明治二十六年（一八九三）、『茶道要訣茶室構造法』を上梓する。本文篇と図版篇から成るもので、図版には等角投影図や二点透視図など透視図法を駆使しており、これまでに無かった新しい構成となっている。一般に明治半ば頃までの建築の出版物は、雛形を中心とした江戸後期よりの文献を追従したものとみられる[21]。そのような状況の下、本多のこの文献は、当時西洋から新しく学んだ図法を駆使しており、また明治になって新築された茶の湯を中心とした社交施設である星岡茶寮を記載するなど、当時の他の文献とは一線を画すものである。また茶室のみの扱いというのではなく、庭園も含めたものとして、いわば茶の湯空間として扱っている点に特色がある。

まず本多錦吉郎について、その伝記である『洋画先覚本多錦吉郎』[22]を参考に、一瞥しておきたい。本多は洋画家、あるいは西洋の画法の研究者として知られており、反面、日本伝統の能楽や茶の湯、および造園を趣味としていた人物であった。茶の湯は同郷の友人で、表千家の流れをくむ三谷流の三谷義一に学んでいる[23]。そして造園に関しては「明治期の造園界の泰斗」ともいわれており、設計または改修した庭園として、麻布内田山の井上馨邸や本所横綱の安田善次郎邸などが伝記に挙げられている。

嘉永三年（一八五〇）、広島藩士の本多房太郎の長子として、江戸青山の藩邸に生まれた。文久三年（一八六三）、広島に帰藩し、そこで英国人より兵学や英語を学ぶことになった。幼いときより絵を描くことを好んだ本多は、そのとき洋画の手ほどきも受けたという。明治四年、再び東京に出て慶應義塾で学び、翌年、工部省の測量司の見習生徒となり、測量学の基礎を学ぶことになる。明治七年には、明治最初の渡欧画家として知られる国沢新九郎の画塾、彰技堂塾において洋画を学んだ。そして明治十年、国沢が没すると、その遺言によってこの画塾を継承することになる。やがて、九鬼隆一、フェノロサ等を筆頭に日本画壇に属するメンバーたちが、洋画排斥の運動を起こすのであった。それは本多たちに対する迫害を意味するものである。奇しくものちに『The Book of Tea』を著す岡倉覚三も日本画壇を代表する一人であり、この排斥運動の中心にいたのである。これに対し洋画壇の中心にいた本多は、明治二十二年に、同じく国沢の門下生である浅井忠ら、国粋主義的風潮により不遇された洋画家六名とともに明治美術会を主宰し[24]、日本画壇に対抗するのであった。また彰技堂塾での教育の傍ら明治十六年から同三十四年、陸軍士官学校および幼年学校の図画の教官、明治三十七年から同四十一年には高等師範付属中学に職を奉じるなど、日本の洋画教育に尽力した。没年は大正十年（一九二一）、七十二歳であった。

本多は生涯に幾つもの著作を遺している。そのほとんどが絵画技術に関わるものであるが、中にはここで扱う茶室のほか、茶庭に関するものもある。ここで本論と関わりのある部分に触れておこう。

絵画技術に関するものでは、明治十二年出版のトーマス・テート著になる『画学教授法（梯氏）[25]』の和訳がある。概観すると、遠近法についての内容が多いことに気づかされる。一点透視図あるいは二点透視図で、建築についての例が多数掲載されている。他に「三面遠近図」、いわゆるアイソメ（Isometric）図があり、尺度を以て計ることができるので、「建築図」や「機械図」に適していることを示している。なお、ここで記された「建築」

の語の使用は、比較的早い時期のものであることに注目したい。「建築」の語の早い例は文久二年『英和対訳袖珍辞書』[26]に「Architecture」の訳語として「建築学」と記されているものがある。しかし幕末から明治初めにかけては造営・構造・造家など、他の用語も使用され、建築学会も、明治十九年の発足当時は造家学会と呼ばれ、改名は明治三十年であって、この頃から建築の語が定着したものとみられる。[27]

造園に関しては、明治二十三年出版の『図解庭造法』[28]がある。岡倉天心らの日本画壇のグループと対立していた時期に、日本庭園についての出版を行ったものであった。また本書は本多の造園家への契機となった書である。[29]解説と図版からなる本書は、庭園を築山と平庭に分類し、それぞれを真・行・草に細分し、さらに別項目として茶庭について解説している。特徴は図版を遠近法によって描いたことであろう。本多自身が「附言」で述べるように、それまでの庭園に関する図書では画法が未熟であったために、実物との隔たりが大きいものであった。それを本書において、遠近法を使用することにより実際的に理解できる、と述べるのである。

(2)『茶室構造法』

まず、『茶室構造法』の内容とその特色について説明する。

前述のように、本書は明治二十六年（一八九三）に刊行されたもので、本文篇と図版篇より成っている。本文篇では茶室を概説し、その後、図版篇の図版の解説に移る。

【本文篇】[30]

緒言　茶会の次第

茶室の沿換　茶室に係する古人の説話

茶庭の規模　茶庭に係る古人の説話

待合の図　　中潜りの図
中立の腰掛の図雪隠の図
数奇屋（ママ）[31]の図　躙り上り
躙り上り下地窓躙り上り脇床向ひ下地窓
中柱の表の下地窓　　中柱
炉　　二重棚
風炉先き窓　　大目脇二重窓
床の間床前天井
床の内下地窓　通ひ口二枚障子
通ひ先き下地窓通ひの連子窓
通ひ口勝手並に水屋
数奇屋外廻り　屋根及び庇し構造の大概
四畳半の図　　二畳大目の図
一畳大目の図　　妙喜庵の図
今日庵六窓庵の図
星ケ岡茶寮二室[32]　　利休堂[33]の図
茅門の図　　芝折戸の図

【図版篇】

第一図　　茶庭ノ図　本式

第二図　茶庭ノ図 本式 二畳大目席
第三図　茶庭ノ図　第四図　茶庭ノ図
第五図　茶庭ノ図　第六図　茶庭ノ図
第七図　茶庭ノ図　第八図　茶庭ノ図
第九図　茶庭ノ図　第十図　泉州堺利久住《（ママ）》宅ノ古図
第十一図　茶席ノ実景
第十二図　外待合ノ図
第十三図　中潜リノ図
第十四図　内待合ノ図 中立腰掛
第十五図　飾リ雪隠ノ図 砂雪隠
第十六図　方行[34]作り砂雪隠　茅葺屋根裏二種　外雪隠ノ図　一ツニ下腹雪隠
第十七図　数奇屋全図外部正面ノ図
第十八図　数奇屋全図外部側面ノ図
第十九図　数奇屋全図外部後面ノ図
第二十図　数奇屋外部全景
第二十一図　数奇屋内部照影図
第二十二図　妙喜庵外部ノ図
第二十三図　妙喜庵内部ノ図
第二十四図　妙喜庵ノ図　利久作

第二十五図　今日庵ノ図
第二十六図　今日庵外部ノ図
第二十七図　六窓庵ノ図
第二十八図　六窓庵ノ図
第二十九図　星ケ岡茶寮内部ノ図
第三十図　　星ケ岡茶寮二畳大目数寄屋ノ図
第三十一図　星ケ岡茶寮中板入リ席ノ図
第三十二図　星ケ岡茶寮中板入席外部
第三十三図　利久堂ノ図
第三十四図　利久堂内外ノ図
第三十五図　数奇屋平図　一畳　一畳大目　二畳　二畳大目
第三十六図　数奇屋平図　二畳大目及ヒ三畳　三畳大目
第三十七図　数奇屋平図　三畳大目　四畳敷及ヒ四畳大目
第三十八図　数奇屋平図　四畳半敷及ヒ四畳大目

全体の構成は、緒言に始まり、次に茶会について、続いて茶庭についての説明が行われ、その後茶室についての解説となる。

緒言において、衝撃的な文章から始まっている。

一　茶室は本邦の建築中一種の趣致を備ふる者にして（中略）後世家屋の修飾に係り苟も風雅の趣致を備ふる者多くは是より摸範を取らさる者殆んと稀なり

まず、「建築」という用語を使用していることが注目される。前述のように、「Architecture」の訳語としての「建築」の語の使用は、当時はまだ定着したものとはいえない用語であった。その一種として「茶室」がある、といっている。本書のタイトルの一部でもある「茶室」の語も、今泉雄作が「茶室考」を記してはいるが、当時においては十分に広まった用語であったとは言い難い。あるいは、徐々に普及し始めた頃かも知れない。この書き出しによって、読者は実に新鮮なものを感じたことであろう。さらに「家屋の修飾」に「茶室」より模範を取る、というのである。つまりこれはのちに堀口捨己が定義する「数寄屋造り」の説明の一部である[35]。茶室が住宅建築に大きな影響を与えている、ということをここに明確に記したのであった。

庭園については、前述のように本多は、『図解庭造法』を著しているのであるが、『茶室構造法』ではそれと違った内容で臨んでいる。ここで本多は、茶室はただ建物のみが存在するだけでは駄目で、庭園とともに組み立てられなければならないことを説き、茶庭の解説およびその図版に多くのページを充てている。しかし前書で発揮した遠近法による図版は一枚のみである。とくに参考文献として挙げられている『茶道全書[36]』から図版を引用している点が注目される。『茶道全書』は元禄期に刊行された茶書で、中世的秘伝の世界から、新しい家元制度成立への転換の役割を果たした書物である[37]。十一枚の茶庭の図の内、八枚が『茶道全書』巻五の「信」巻に収められているものである。今日『茶道全書』掲載のそれぞれについては、必ずしも実証的なものとして理解されていないが、当時の認識はもちろん現在とは違っていたと考えられる。本多はいずれも『茶道全書』をほぼそのまま写している。しかし本多自身も気づいていたのであろう、『茶道全書』の元図では「利休作」とあるのを、第七図の解説では、「利休の作なりと伝ふ」と多少ぼかした表現となっている。

さて、ここで注目されることは、遣水と茶室が同時に描かれている図が多いことである。『茶道全書』からの図版の内、六枚は遣水あるいは池を取り入れた大名庭園あるいは大名庭園風の作例である。第三図の今川義元の

図1　二点透視図による数寄屋外観
（本多『茶室構造法』より）

図2　一点透視図による数寄屋室内
（本多『茶室構造法』より）

庭に始まり、第四図の駿府の徳川家の庭、第五図の紹鴎作の庭、第六図の京極安知《（ママ）》の庭、第七図の伝利休作の庭、第八図の織部作の庭、である。茶室あるいは庭園に関して、出版状況が十分ではなかったという時期において、茶室と遣水を持つ庭園が緊密なものと表現されたことは、その後の数寄屋の展開において、大きく注目すべきことと考えられる。一般的には、茶庭において遣水は頻繁にみられるものとはいえない。おりしもこの出版の頃は、金沢の兼六園、水戸の偕楽園、岡山の後楽園が、日本三名園として世に知られることとなった時期であった[38]。またそれらの他、江戸期において閉鎖的であった大名庭園が、明治政府によって新しい都市基盤として整備を進めようとした公園へと転換され、多くの市民たちにその認識が至るようになった時期でもあった。

茶室についての図面は第十七図よりはじまる。特に第二十図以降、透視図などの新しい図法によって描かれているものが多くみられる。さらに縮尺が設定されている点に注目したい。茶室の図の多くは三十分の一で描かれており、またそれを緒言で解説しているのである。おそらく現在ほど縮尺の概念が一般に普及していなかったのであろう、「図を計り其寸法に三十を乗すれは現尺を得へし[39]」とわざわざ記されている。

第二十図の数寄屋の外観は二点透視図（図1）、そして第二十一図の数寄屋内部は一点透視図（図2）で描かれている。平面は三畳大目大目切り

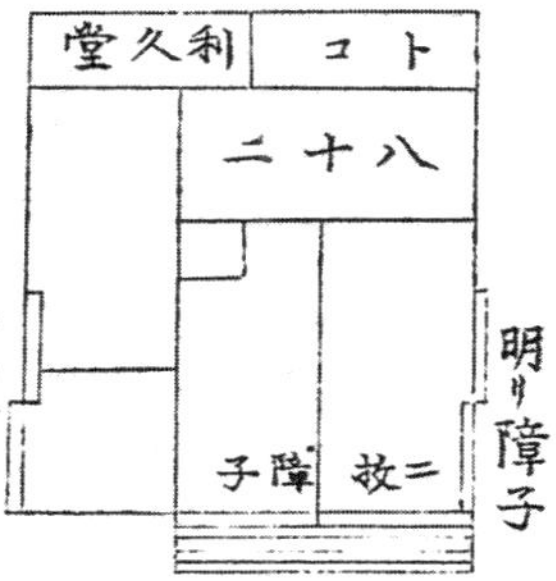

図３　利休堂平面図
（本多『茶室構造法』より）

本勝手下座床、いわゆる燕庵《えんなん》形式の茶室である。相伴席《しょうばんせき》は描かれていないが、その部分に襖が立てられている。これに続く妙喜庵待庵、裏千家今日庵、そして上野公園の博物館に、明治十年移築された六窓庵が、アイソメ図や斜投影図などで描かれている。東京麹町公園に明治十七年に竣工した星岡茶寮は、二畳大目内部のアイソメ図と一点透視図、また外部立面図、一畳大目中板入り逆勝手席内部のアイソメ図と外部の図で表現されるなど、一番のヴォリュームである。星岡茶寮は直接現場で実測調査したことが記されている。第三十三・三十四図の利休堂は裏千家のものと思われる。三畳中板で板敷きの床の間と利休像を安置する上段から成っており、アイソメ図と一点透視図の内観と二点透視図の外観スケッチがある。また第三十五から三十八図においては茶室の平面が網羅的に掲載されている。この中で特殊なものとして八十二番の四畳半の図（図３）で、床脇に「利久堂《（ママ）》」と記された平面である。これは星岡茶寮の利休堂の平面図だと思われる。

（３）『茶室構造法』以降

本多錦吉郎の『茶室構造法』以後、茶室関連の出版において、その影響とみられるものがある。一九〇五年（明治三十八）発行、斎藤兵次郎の『茶室構造』(40)である。斎藤の人物像については管見において詳細は不明であるが、『日本建築規矩術』(41)や『大工さしがねづかひ』(42)などの著作があるところから、大工の職にあった可能性が高いと思われる。『茶室構造』には茶室の図版が多数掲載されており、その中には、腰掛や中門や雪隠《せっちん》、といった茶庭中の建物も描かれている。また多くの図がアイソメ図風となっているのも注目される。ただし角度などの点で、本多の『茶室構造法』のような厳密なものとはなっていない。

杉本文太郎[43]は多岐にわたる著書があるが、茶室に関しては明治四十四年の『茶室と茶庭図解[44]』、大正五年（一九一六）の『茶室構造法図解[45]』などがある。杉本に関しても、著書において茶室と茶庭を両方扱っていること、実際に庭園の設計も行っていることなど、本多と同じような活躍がみられる。『茶室と茶庭図解』の内容としては、当時の新しい茶室を掲載しているところに特色がある。また『茶室構造法図解』においては、アイソメ図の使用がみられる。

そのような状況の下、本多錦吉郎は先の『茶室構造法』の増補改訂版ともいうべき、『閑情席珍茶室図録[46]』を大正七年に出版する。全体の組み立ては前著と似ているが、多くの茶室を加え、図版は平面図とそれを囲む展開図の形式をとるものが多く記載され、アイソメ図はなくなっている。全体的な印象は、一部のスケッチを除き、前作に比べ描き方に粗雑さを感じさせるものが多いが、理由は不明である。

以上のように、明治後半から大正期にかけての茶室の出版において、新しい図法を使用し、本多を意識したと思われるものが幾つかあった、ということは注目すべきことである。同時期の文献では従来型、つまり合理的ではない江戸期からの描き方によるものも併存していたのである[47]。本多の『茶室構造法』の先見性が伺い知られるところである。そして大正期になって『茶室図録』が本多によって出版されたことは、前著に対する期待の高さを示すものでもある。さらに注目されるのは、これら茶室についての刊行は主に建築家以外の人物によって行われたことである。次に示す武田五一の「茶室建築」が、この時期において唯一例外的な存在である。

第四節　武田五一の茶室研究

（1）　茶室研究の嚆矢

明治三十年（一八九七）、武田五一は帝国大学の卒業論文として『茶室建築』（以下、「原本」あるいは「卒業論文」

とも記す）を著した。東京大学建築学科図書室所蔵のこの論文は、日本語で著されたものであり、後の明治三十一年一月～同三十四年八月にかけて『建築雑誌』に断続的に掲載され、さらに昭和二十一年（一九四六）には武田博士論文選集の一編として、藤原義一・棚橋諒の編輯により高桐書院より出版された。ここでこの武田の論文を研究対象として扱ったのは、只単に一学生の卒業論文という意味だけに留まらず、その後『建築雑誌』に連載され、さらには後に出版されたという、個人を越えた意義の大きさに着目することによる。

この武田の『茶室建築』についての研究を行う意義は次の二点である。まず武田自身についてである。[48]武田は、セセッションやアール・ヌーヴォーの建築を始め数多くの作品を生みだしているが、和風建築もその例外ではない。茶室研究を行った武田は、しかしながら茶室建築について積極的な形で設計を行ったとは言い難い。ここに矛盾点が生ずるのである。しかしこの矛盾点は、武田の建築観を理解する上で重要な意味として考えられるものである。つまり後にあえて茶室からの距離を保ったのは何故か。あるいは精神的な意味において、茶室研究が作風に与えた影響[49]があるのか、あればそれはどこから来るものなのか。そのような意味を考えることは、武田の作風、並びに、建築家の茶の湯空間への視座を理解する一助になると考えられる。

もうひとつは茶の湯あるいは数寄屋建築の立場である。明治三十年といえば、茶の湯の世界においては明治維新後より暫く続く冬の時代から、ようやく春の訪れを感じさせる時代に入った頃と考えられるが、当時の茶の湯に関する史料は必ずしも多くない。その状況にあってこの論文は、その頃の茶の湯・数寄屋建築を取り巻く時代の様子の一端を理解するひとつの史料となるであろうと考えることによる。もっとも武田は、直接茶の湯に関わる立場にはなく、茶の湯の外側からの見解ということである。

まずこの時代の茶の湯の様子について一瞥しておきたい。先の本多錦吉郎の節で述べたように、明治三十年頃といえば、茶の湯にようやく復興の兆しが見えるようになった、と考えられる時期である。その頃までに『建築雑誌』に掲載された茶室に関する記事には、以下のものがある。明治二十四年に準員の小川清次郎より「茶席建築の發展を望む」[50]と題した投稿があり、それを受ける形で、同年に準員の堀口詡静が「茶席建築」[51]と題して、一畳半の席の詳細な寸法書きの抜粋を掲載している。しかしながら、これらはその後大きな広がりは見られない。つまり建築アカデミズムの系譜においては、それまで茶室が大きく取り上げられることはなかったと考えられる。

明治二十二年に、木子清敬《きごきよよし》が帝国大学工科大学造家学科の講師を委嘱された。木子は茶の湯にも興味を持っており、東京都立中央図書館木子文庫（以下、「木子文庫」と記す）には木子清敬の茶の湯関連の資料が多数所蔵されている。ここには、年代の分かるものとしては、明治十八年の星岡茶寮の会友証、直接茶の湯に関わったものとして、明治二十一年の三編の茶会記がある。内二編は「うち水」と名付けられ、木子が客になったものである。[52]また木子が担当した日本建築学の授業においては、茶室も取り上げられていた。[53]さらに伊東忠太の記録によれば、星岡茶寮の見学[54]が計画され、関西方面の見学旅行では桂離宮・修学院離宮の他、表千家・裏千家にも足を運んでいた。この木子の講義は明治三十四年の講師の解任まで続いており、武田はこの講義を受けていることになる。つまり寺社建築などと共に茶室建築が日本建築の一部として認識されており、寺社建築と茶室建築とは当時としては同列にあるいは同列に近いものとして扱われていたことと考えられる。[55]さらに木子文庫には、武田のこの論文を写したものも所蔵されている。このような木子と茶の湯の関わりより、その教えを受けた者の中から寺社に興味を持つものが現れるのと同様に、茶室に興味を持つ者が現れるのは自明のものと考えられ、それがこの場合武田であったと見ることができる。[56]

(2) 武田五一の視点

次にこの茶室研究の内容について記そう。以下に目次を示す。

第一章　茶道沿革及其概論
第二章　茶室總論及其沿革
第一期　小書院時代
第二期　渡過時代[57]
第三期　利久時代[58]
第四期　利久以後之時代
第三章　茶室各論
第一期　小書院時代
第二期　渡過時代
第三期　利久時代
第四期　利久以後之時代

このうち第一章は茶の湯について、第二章は茶室について、それぞれ概要と沿革をまとめている。第三章は茶室のディテールについての寸法書きである。ここで注目する点が幾つかある。順を追って詳しく見てみよう。

第一章に入る前に原本では参考書目が記載されている。これは後の『建築雑誌』での連載や論文選集においては掲載されていない。以下にそれを記そう。

茶道全書、宗久日記、久重日記、南方本録、日吉神道秘密記、茶道極秘傳書、茶式花月集、古今茶人系譜、爐邊ノツレ〳〵、俗茶日記、宗偏門人覺書、數奇屋工集、諸方茶室扣、數奇無盡書、逢仙茶話、大匠雛形、千家初心集、茶室起繪圖桑名松平家藏、茶話指月集、茶道筌蹄、南坊喫茶續録、北野大茶湯記、太平記、田氏家集

これらから気付かされることは、今日の茶室研究ではほとんど参照されることのない文献が幾つも見られ、それらをそのままに使用していることである。これらの文献はどういう基準で武田が選択したかは定かではない。これは当時の出版事情から言って、茶の湯に関わる文献がそう安易に入手できるというわけではなく、また研究方法やそれらについての評価も定まっていないその当時の事情からは仕方のないことであろう。このうち『南方本録』『南坊喫茶続録』の名が見えるが、これは『南方録』のうち、前半の部分が『本録』と後半の部分が『喫茶続録』とみられる。この『南方録』は利休鑽仰の書である。また『茶話指月集』も利休百回忌を迎えた元禄の頃に出版され、利休のわび茶を賛美した書であった。

第一章では、茶道の沿革として、茶が日本に招来されてからの歴史について言及する。足利義政により東求堂の同仁斎《どうじんさい》が設けられ、これが茶室のはじまりと記す。珠光、紹鷗から利休に至り、今井宗久、古田織部、金森宗和、片桐石州、小堀遠州らがそれに続き、また千家および藪内家への系譜を略記する。次に北野大茶会に言及する。ここに、「思ふに此時を以て茶道の全盛時代と称して可ならむ(59)」と著す。そして「幕府江戸に移りてより此伎依然永続せりと雖も、豊臣の栄華驕奢は既に跡を止めず。僅に其痕跡を残し茶の真意とする風流佗は器具骨董の品定めに変じ一箇の器物に数百金をも費すに至り、茶道は次第に退歩の運に向ひぬ。然れども茶の湯の法式は豊臣時代の法式を死守せるを以て、其黄金時代の形跡のみは幸に後世に傳ふることを得たるも其精神既に去れるを以て、新に発明する所なく今日に至るまで茶人の夢は空しく豊臣時代利久在世の時を追懐するのみ」と茶道の沿革を結ぶ。次に茶道の概論として、茶事の概要、茶の点前の伝授の項目について列挙する。

ここで注目したい点は、引用した箇所にも著されているように、千利休あるいは利休の時代を賞賛し、その後は単なるその亜流に過ぎない、という捉え方である。これは近代の茶の湯研究において多く観察されるもので、利休を頂点とし、その後を退歩的に捉える下降的歴史観、と捉えることができるであろう。

第二章については、目次の表現とは別に、次のように各期を著している。

第一期　小書院時代即創発時代
第二期　渡過時代
第三期　利久時代即成就時代
第四期　利久以後ノ時代即衰弊時代

第一期が室町期の書院の茶の湯から四畳半の発生に至るまでである。第二期が珠光紹鷗の時代における、四畳半が次第にわびの様相を呈する段階について記される。そして第三期の利休の時代に至って、茶室建築が次々に新たな姿を示すことに注目している。それは、「プラン及び其畳の排列法」と「表顕的なる装飾」においてである。平面においては、十八畳を四分して発生した四畳半から始まり、四畳、三畳、二畳大目、一畳大目と展開する。そして突上窓や花入釘について文献を参照に記している。そして注目したいのは、『南坊喫茶続録』からの引用文が多いことである。この『南坊喫茶続録』は前述のように『南方録』の後半の部分であるが、この第三期に引用されている部分は総て『南方録』全七巻の最終巻「滅後」の第二条目の文に見られるものである。『南方録』は元禄三年（一六九〇）に立花実山の編集によるものと考えられ、そしてこの「滅後」の巻は、現実の茶の湯に対する強烈な批判と利休への回帰を説いたものである。第四期においてはそのタイトルからも理解されるように、利休以降を衰弊の時代と称している。これは足利から豊臣にかけての時代と、その後の徳川の時代という対比で捉えているところが注目される。そしてこの時期の内容としては、全く自由がなく、利休が創造し、それが形骸化したものを受け継ぐのみであって、その利休の創造の精神は潰えてしまうことを著す。そしてこの時代を通して伝わった利休創造の茶室各部、すなわち床の間の構成、炉《ろ》、色紙窓《しきしまど》、下地窓、屋根の構成について略記する。

この第二章においても第一章に続いて、利休時代の賞賛とその後の時代の軽視が見られるのであるが、さらに

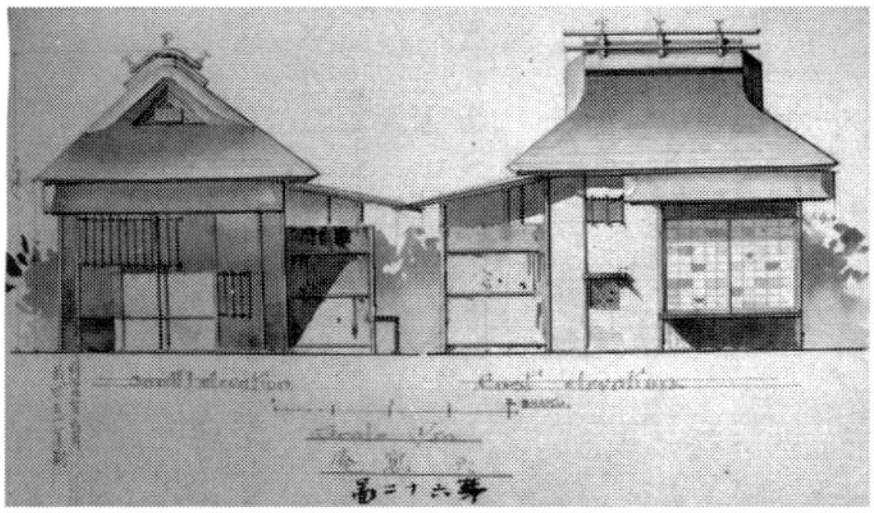

図４　武田五一実測図

注目するとその考え方の元になっているものが見えてくる。まずひとつは、明治の、特に日清戦争前後における国粋化の傾向とそれに伴う豊臣秀吉への賛美、という世相を反映している点である。そして次にこの論文の展開は進化論的な思考で捉えられていることに気づかされる。特にその茶室平面の変遷についての考察を見ると、徐々にその面積が縮められるというひとつの方向性が示されている。もちろんこの考え方は現在に至るまで茶室平面のひとつの見方として存在しているが、近年の研究ではその捉え方はあまり重要視されない。そして武田はその極限としての一畳大目を示す。つまりここにおいて進化のひとつの展開が頂点に達するのである。そして後の時代を「続々骨董家俗眼を有する茶人輩出し、利久が所謂佗の真意道に其跡を絶たむとするに至れり」と記すのであった。

第三章においては、それぞれの時代における主な茶室について言及する。ここで取り上げられている茶室は、東求堂、紹鷗四畳半、妙喜庵、不審庵、利休四畳半、利休一畳半、利休書院、古織一畳半、宗和好、利休堂、遠州好三畳大目、石州二畳中板入、如心花月楼、宗和六窓庵、である。ここには誤った認識で記載されている茶室もある。それは当時そのような認識があったものなのか、当時流布していた何らかの文献に記載されていたものなのか、あるいは武田自身の誤りであるのかはここでは判断できない。またここではそれを行うことを目的としないため、武田の記載通りに示した。また武田は利休以降については批判的であったのだが、その時期の茶室をここでは扱っている。これは論文としてまとめざるを得ない必然よりのことと考えられる。実際その部分においては強い主張は見られない。その上で、ここに注目されるのは宗和六窓庵で、そこには着彩された実測図（図4）が備わっており、武田自身が実測したものである。この建物は明治十年に東京国立博物館内に移築され、公の場に設置された茶室建築として特記されるものである。

（3）『建築雑誌』に掲載された「茶室建築」

前述のようにこの武田の卒業論文は、明治三十一年一月～同三十四年八月にかけて断続的に『建築雑誌』に掲載される。またこれは、ほぼそのままの形で後の論文選集の一巻とされたものでもある。まずこの時期の武田について一瞥しておきたい。明治三十年七月に東京帝国大学造家学科を卒業後、同大学大学院に入学する。その後、明治三十二年七月に大学院を退学、東京帝国大学工科大学助教授に就任する。明治三十三年六月には図案学研究のため英仏独に留学を命じられ、翌明治三十四年二月、日本を出発する。また注目したいのは、明治三十二年一月より同三十三年十二月まで日本建築学会の評議員の編輯員を務めることである。つまり『建築雑誌』の編輯に関わっていたのであった。

さてこの『建築雑誌』に掲載のものは、卒業論文と比べ基本的には同じ内容と見て良い。しかし誤字や脱字あるいは原本のそれを修正した個所等が見られるが、それ以外に若干の相違点がある。まずそのタイトルである。東京大学蔵の論文には「茶室建築」と表されているのであるが、『建築雑誌』のタイトルでは「茶室建築に就いて」などとなっている。また図版が省略あるいは略したものが掲載され、「参考書目」あるいは引用文の一部も省略されている。そして最も注目されるところは、原本にはなかった傍点が文章の一部に付されているところである。これは明治三十二年六月掲載のところである。この時期はちょうど武田が編輯員となって数ヶ月が過ぎたところであり、また大学院退学そして助教授就任の前月である。つまりこの傍点は『建築雑誌』編輯員の武田が自らの文章に手を加えたものと見ることが許されよう。すなわちここに武田が何らかの主張を込めたものと見ることができるのである。

それではこの傍点部分について詳しく見てみよう。これは第二章茶室総論及沿革のうち第三期大成時代利久時代の部分である。まずその傍点が付されている部分を以下に全文書き出すことにする。尚、傍点には「、」と「。」の二種類あり、「、」が大多数を占める。

[a] 侘の本意は清浄無垢世界を表して是を露地学庵（原本「草庵」）に致ては塵芥を払却し主客ともに直心濃交なれは規矩寸法或は式法等あながちに不可云火をおこし湯をわかし茶を喫するまでのことなり

[b] 欲心よりすゝむる茶の湯なれは唯今さへをもひの外なる振舞多しましてや末代の茶思ひやられて不及是非百年の後ふたゝひ生れて世間の茶なりはてたる有様を見渡ことなる

[c] 大かたを畳の目數に覺させ炭次次第より濃茶薄茶只一通にして他（原本「佗」）の心を何とそ思ひ入て脩行する様にさへ仕立たらは其内十人二十人道にさとき人は道に入るへきか道に入る程の人々にも他にあらは其時望次第台子をも得心させて立帰て所々の規矩を修行さは（原本「せは」）一日二日に尽くすむへし（ママ、「事すむへし」カ）

[d] 十年を過きすして茶の本意捨るへし捨る時世間には却て茶の湯繁昌と思ふへし盡く世俗の遊事になりてあさましくなりはてん

[e] 二畳敷もやかて二十畳敷の茶堂になるへし

[f] 末世出現の仏もなきにあらす

[g] 必ず茶道の守神となるへし仏祖もなとか力をそへ玉はさらんや

[h] 強いて風流の地を撰ふへからす窓庇のあばら楹のよろぼいたるをも耻へからす唯心地の平直を思ふへし

[i] 如斯其旨とする所に單に侘の一儀にして所謂禅林の清観を本とし其淡泊質素にして而も雅味掬すへき妙所を執り其を此道（原本「斯道」）の上に活用したるもの

j　数奇屋としては松楹竹椽曲直方圓あるに任せて上下左右偶するものなし是一奇の家屋数奇屋と是を称す器物としては古新転重長短広狭或は欠けたるを補ひ破れたるをつゞくり

k　好事の字は風流物を数奇なとして事を好む心なれは其心大に速（原本「患」カ）あり又

l　最も効果多き部分に於て鋭顕なる装飾を施し同時に全部の調和変化其他建築上の伎功を巧に活用し時に応じ機に臨みて適切なる意匠を加へたるものこれ即（原本「即ち」）利久か創意せる数奇屋なり

m　始めて躙り上りなる入口を作りぬ

n　通ひ口

o　利休は斯の如く侘の真味を嘗めんため寧ろ極端の質素風流を称道せり

p　櫛形窓又は火燈口

q　此時代に於て利久か天稟の才智は多く古来の迷夢を打破し去り茶室建築の上に一道の光明を放出するを疑はず而も一定の規矩準縄を定めす各々嗜好の趣くに任して其侘となる所をとらしめ意思の自由を以て芸術の妙致をえんと勉めたるが如きは頗る功績を多とするに足る其意思の自由を主とせるは

r　利久の談に何事にもよらすせぬことしや（原本「ことじや」）などと云ふことはかたつまりて（原本「かたづまりて」）利久は忌嫌ひ候兎角何事に由らす見てよき様にするか利久の流なりと細川三斎毎度物語ありと

s　（筆者註：花入釘について）利久はよき程あるへしとて目分量にて大工に打たせ申

t　東山茲照院殿

以上の二十ヶ所である。このうちaからgが『南坊喫茶続録』を引用したものであり、hjktが『爐邊のつれ〳〵』を引用したものである。

これらをよく観察すると、その内容により便宜的に次の五つに分類することができる。

Ⅰ　語句の強意　n p t

Ⅱ　茶の湯の精神性　c k o

Ⅲ　茶の湯における造形　a h i j l m q r s

Ⅳ　茶の湯に対する批判　b d e

Ⅴ　茶の湯の救い　f g

まず、Ⅳは『南坊喫茶続録』における利休以降の茶の湯に対する批判である。これはこれまでも述べてきたように現実の茶の湯を堕落したものと捉え、利休回帰の意味を強く持つもので、武田もこの考えに深く共鳴するものであったと見られる。次に、Ⅴについてであるが、『南方録』は、その発見者とされる立花実山が自ら編集したものと考えられるが、この部分は特に自らが利休の後継者であることを位置づけたと見られる部分である[60]。それは、Ⅳに記された堕落した、と見る現実の茶の湯に対して批判を加え、救いの道筋を示したものであった。そしてこの分類で特に注目したいのは、Ⅲである。これもさらに、次の五つにまとめられる。

i　自由な造形　a q r s

ii　意図的な巧みではなく簡素な表現　h i

iii　左右非相称　j

iv　新しい造形　m

v　装飾の方法　l

これを見ていくと、既存のルールに従った建築を脱却して新しい方向へ向かおうとしている武田の意欲が感じられる。例えば、q に記されたように、「古来の迷夢を打破し」「一定の規矩準縄を定めす」「意思の自由を以て芸術の妙致をえん」と著す。また a に記したように、茶の湯を「火をおこし湯をわかし茶を喫するまでのことなり」と捉え、「規矩寸法或は式法等あながちに不可云」と見る。さらに[j]においては左右非相称を記している。そしてここで気付かされるのは、これらの要素は後の近代主義の視点と多くが一致することである。

これらを読み解く内に、武田のこの文章に込められたメッセージが明らかになってきた。つまりそれは、その当時全盛であった様式主義建築への批判であり、新たな造形への展開を主張するもの、と捉えることができよう。そしてメディアとしての『建築雑誌』に載せ、その意志を発信したものであった。

（4）武田の茶室研究の意義

これまでにも述べてきたように、この時代の茶室に関する著作あるいは研究で代表的なものとしては、明治二十六年（一八九三）に著された本多錦吉郎の『茶道要訣　茶室構造法』(61)が挙げられる。この文献は木子文庫にも所蔵されており、つまり木子が所持していたものとみられ、武田が参考にしたことも十分考えられるものである。構成は本文と図版との分冊になっている。本文は茶室の概要及びその沿革についての記述の後、茶庭を含め各部説明、そして各茶室の説明と続く。図版は茶庭、茶室各部、そして茶室の実例となっている。掲載の茶室は、利休四畳半、古織二畳大目、利休一畳大目、妙喜庵、今日庵、六窓庵、星岡茶寮二畳大目、同一畳大目中板入、利休堂、である。注目すべき点は、まず茶庭について詳解されていることで、作庭及び庭園の研究を行っていた本多ならではの特色といえよう。この部分においては、武田は大いに参考にしている。

ここで注目したいのは、新しい茶室である星岡茶寮が掲載されていることである。本多においては利休以前と利休以降に対して扱いに違いが見られず、その後の時代のものについての下降的歴史観はない。つまり新しい茶室の掲載についても特に抵抗はなかったものと考えられる。この点が武田との大きな違いとなっている。武田が利休以降に対して批判的であったことは、これまでも示してきたが、当然その当時の茶室である星岡茶寮に対して興味がなかったものと考えられる。しかし武田は木子からの影響を考えるならば、星岡茶寮を無視することはできなかったはずである。いやむしろ星岡茶寮を注視するところから茶の湯、ひいては当時の茶室に対する遊芸性を見てしまったのではないだろうか[62]。とすればこの武田の論文に『南方録』を中心とした利休回帰の意識が強く見られるのも頷ける。ちょうど同じ頃、田中仙樵は大日本茶道学会を設立するのであるが、そこには遊芸としての茶の湯に対立する姿勢が強く見られ、『南方録』による利休回帰の精神を中心としているのであった。つまりここに見られる現象は、その当時の復興されつつある茶の湯が見せる遊芸的な性格、それに対する批判と利休回帰への意識が少なからず顕在化してきたという時代の性格を映すもの、と考えられるのである。

武田五一は茶室の研究を行い、そして新たな造形への展開を社会に問うた。これを雑駁に捉えると、後の堀口捨己と似通った行動と見ることができよう。しかし詳細に観察するとさまざまな相違点が発見される。ここでは武田を相対的に捉えるための一環として、堀口との比較を試みたい。

ここで武田と比較を行う上で重要な点を確認しよう。まず堀口の歴史に対する認識である。やや冗長になるが、分離派建築会から進め、若い時期におけるその一端を見ることにする。堀口は東京帝国大学卒業の大正九年（一九二〇）、森田慶一、山田守等と共に分離派建築会を結成し、社会に対して旧套の建築からの脱却を宣言した[63]。そしてその宣言文は一般に、「過去建築圏」すなわち歴史主義の建築からの脱却を示す、と捉えられている。しかしもうひとつ重要な観点が隠されている。「過去建築圏内に眠って居る総てのものを目覚めさんために溺れつつある総てのものを救はんがために」との文章である。それは「過去建築圏」内に眠っている総てのものを目覚めさせ、溺れつつある総てのものを救う、ということである。すなわち「過去建築圏」から分離するだけでなく、そこにおける、眠っていたり溺れつつあるものを見出すのである。ずいぶん矛盾したことをいっているようにも思えるが、つまりこれは歴史の読み方の転換を示しているのである。別の視点より歴史を見ようというこの主張は、西洋からもたらされた歴史主義の様式建築の否定はもちろんであるが、近代日本の伝統の系譜において歴史主義的に扱われてきた寺院建築の様式の否定でもあった。日本建築史の創立者として位置づけられる伊東忠太は、東京帝国大学においては堀口の師として、そして構造学者が席巻していた時期において、デザイン系学生の良き理解者であったとされる[64]。伊東はその建築進化論において寺院建築の新たな展開を模索しており、またその頃においては日本建築がその流れの中で理解されるのが一般的であった。つまり堀口にとっての転換とは、その寺院建築を中心とした日本建築の系譜からの転換なのである。その転換とは堀口にとっては住宅系の建築なのであった。ヨーロッパに旅して後著された『現代オランダ建築』[65]には、ベルヘンのパークメールウクの住居群を絶賛し、特にその草葺の屋根に注目し、日本の住宅系の建築における桧皮葺や藁葺屋根に思いを馳せている。さらに『紫烟荘図集』[66]に掲載の「建築の非都市的なものについて」では、非都市的なる建築は日本においては非常に優れた徹底した伝統を作り上げていると説く。その最も注目されるものは茶室建築で、妙喜庵待庵、桂離宮の八窓席（松琴亭）にそれを見るのであった。つまり歴史の読み方の転換が行われ、それが住宅系の建築、とりわけ茶室建築について注目する態度がここに見られるのである。

もうひとつ注目されるのは堀口の茶の湯研究における『南方録』の扱いである。結論からいうと、堀口はこの『南方録』を偽書と見ていたのである。堀口は昭和十六年（一九四一）、雑誌『思想』誌上に「利休の茶」[67]を発表する。それはその後昭和二十六年、若干の変更を加え単行本として『利休の茶』[68]を刊行する。『思想』誌上においては、『南坊《ママ》録』を「疑問の書」[69]であると記し、さらに単行本では『南方録』を「擬書《ママ》」[70]とするのである。もちろん利休についてのこの論文は『南方録』の引用が多いのであるが、それらについて疑わしきところに脚註で解説するのである。

以上より堀口の姿勢をまとめると、それはまず伊東等の進化論的観点から脱却しているということ、そして

『南方録』のドグマから自由になっているということ、この二点が重要である。この件において武田について見れば、武田の茶室研究には進化論的観点が認められるし、また『南方録』のドグマに囚われている面が見られる。それは勿論、時代の成熟の度合いによるものと考えられるが、それが彼らの建築家としての活動に大いなる相違点をもたらしたものと考えられるのである。つまり茶室建築を研究しながら積極的にそれに関われなかった武田と、ある時期よりそれに素直に関わった堀口、その違いがここに認められるのである。

これまで考察してきたことをまとめると、以下のようになろう。

まず、武田の茶室研究が行われた理由は木子清敬の影響による可能性が高いと考えられる。そしてその内容には、利休への賞賛とその後の時代への衰弊的観点が見られ、それは現状の茶の湯に対する批判に繋がるものである。この現状の茶の湯に対する批判は、当時において遊芸的な意味合いを含んでいた星岡茶寮の影響もあろうと考えられる。そしてその遊芸に対抗するため『南方録』に救いを求め、利休を賛美したのであった。また武田が『建築雑誌』を通して主張したことは、上記の内容に加え、当時の建築への批判と新しい造形への意志であった。この新しい造形とは以下の通りである。

① 自由な造形
② 簡素な表現
③ 左右非相称

これらは後の時代の近代主義に通じるもので、この時すでにその萌芽が認められることになる。また武田は茶室の研究を行いながら、積極的には茶室を設計したとはいえない。この理由は、伊東忠太《ちゅうた》に代表される進化論的観点を武田も持っており、利休によって茶室の完成をそこに見たこと。『南方録』的観点、すなわち利休への賛美とその後の時代の衰弊、という意識が強く働いていたこと。以上の二点はある意味でその時代の強い影響ともいえようが、これらを越えるものを武田が創造しえなかったことが、具体的な茶室設計の行為に向かわせなかった理由と考えられるのである。しかし武田は茶室以外の建築において新たな造形を試みるのであり、それは先に見たこの茶室の研究にその徴候が記されていたのであった。

第五節　好古類纂・桂離宮と茶室

明治期における茶室の文献については、今泉雄作、本多錦吉郎および武田五一について考察してきた。いずれも、当時としては進んだ研究であり、文献であった。

さてここでは、それ以外の文献として、明治三十六～同四十一年（一九〇三～一九〇八）にかけての『好古類纂』掲載のものについて、注目したい。これは当時の茶室・数寄屋に対する認識を理解するとともに、前述の研究を相対的に捉える試みの一環としても位置づけられる。

『好古類纂』は小杉榲邨《すぎむら》、井上頼圀《よりくに》の校閲、宮崎幸麿《さちまろ》の編纂で、東京の好古社から出版されたものである。好古社は、社員所有の古器旧物の展覧会を定期的に催す古美術愛好者の結社である。社長が松浦詮《まつらあきら》、(71)副社長として小杉榲邨・井上頼圀、主事として宮崎幸麿・青山清吉の名が上がる。社員は千名余で、その機関誌として『好古類纂』が出版されていた。

明治三十三年九月に第一編第一集が上梓、その後三ヶ月毎に逐次刊行され、十二集まで続く。特に、第一集、第二集は一般に販売されていたようで、第三集以降は会員向けに配布するのであった。明治三十六年十一月から第二編第一集がはじまり、十二集まで、明治三十九年八月からは第三編がはじまり、十二集まで、さらに明治四十一年十一月から拾遺が二冊刊行される。

またそれぞれの文章は、諸家説話をはじめとし、史伝部類、書画部類、武器部類、工芸部類、風俗部類、遊戯部類、園芸部類、建築部類などに分類されている。

そのうち、ここで取り上げるのは、茶の湯空間について記載されているもので、以下の通りである。

[a] 二編第一集：明治三十六年十一月十五日

桂の離宮　小杉榲邨

[b] 二編第四集：明治三十七年六月一日

茶室茶庭の図　山本麻溪／智恩《（ママ）》院新門前三井囲

[c] 二編第五集：明治三十七年十月二十三日

桂離宮　吉川弘道

[d] 二編第七集：明治三十八年五月二日

久田宗三囲／天龍寺常真院四畳大目／北野高林寺囲／西翁院反古庵

[e] 二編第十集：明治三十九年二月七日

千玄室囲／泉涌寺三畳囲／東寺寶輪院囲

[f] 三編第七集：明治四十年十二月十六日

如庵／官休庵／妙心寺雑華院囲

[g] 三編第十集：明治四十一年五月十五日

川上宗雪囲／新門前角倉囲／港屋三右衛門囲／不昧公品川邸囲／藪内紹智囲

[h] 三編第十一集：明治四十一年七月十三日

金閣寺夕佳亭／庭の図／大徳寺寸松庵／同内法の図／遠闊楼／大崎雲州邸数寄屋之図（紅葉臺茶室／清水谷待合）

i　三編第十二集：明治四十一年九月十日

清水谷茶室／富士見臺／窺原／松暝／蔟々閣／為樂庵／一方庵／幽月軒／枩荷

j　拾遺第一冊：明治四十一年十一月十日

妙心寺雑華院囲／利休堂／紅葉臺炉向羽目板透シ

上に記したものが茶室・数寄屋関連のものである。このうちa c は建築部類での扱い、その他は遊技部類での扱いである。ちなみに、建築部類においては、小杉榲邨「法隆寺金堂建築及壁画」（第一編第二集）、黒川真道《まみち》「家屋殿舎考」（第一編第四集）など、遊技部類では、黒川真道「日本喫茶史料」（第一編第六集）などがみられる。「茶室茶庭の図」は、b d e f g h i j であり、最初のbに山本麻渓《まけい》による解説が記されている。なお、この「茶室茶庭の図」は、若干手を加え、『茶道宝鑑』[72]全三帖のうち中巻として刊行されている。

では内容を吟味したい。まずは明治時代の桂離宮について、簡単に触れておきたい[73]。八条宮家による創建以来、京極家、桂宮家と所有が変遷し、明治十四年（一八八一）に桂宮家が断絶してより、その維持は宮内省に任されることになった。またそれを遡る、明治十一年の第七回京都博覧会時に一般に公開されるようになり、その後もたびたび公開された。つまりこの時期に私的な空間であったものが、公の性格を担わされることになったのである。

この時期の出版としては西村兼文の『桂御別業明細録　全』[74]（以下『桂明細録』）、またその一年後には西村によって、桂離宮の絵図[75]が発行される。『桂明細録』によると、「後世茶家ノ模範ト成衆人拝見ヲ渇望ノ処（略）[76]」とあり、一般からの注目も高かったことが知られ、またその翌年の絵図の発行は、その人気の度合いを裏付けるものともなろう。この『桂明細録』は、説明は実に簡潔なものであり、御殿における各部屋、そして庭間の各建物について、絵画の作者や銘木について、単語として淡々と記載されているものである。

さて、『好古類纂』であるが、ａの文献は国史国文学者の小杉榲邨の執筆によるものである。小杉は帝国大学や東京美術学校で教鞭を執り、帝室博物館の監査掛や古社寺保存委員を務めた人物である。その内容は、やはり絵画や銘木についての説明が多いが、一方で雁行型の御殿の配置や古書院月見台の説明など、建築の空間構成におよぶ内容も記載されている。明治期の文献では一般には細部意匠に注目されると考えられがちであるが、そのように単純に割り切れるものでもなく、空間構成についても当然のことながら、着目されていたと理解する必要がある。

小杉の文章をもう少し詳しく見てみたい。もちろん現在の進んだ研究からは誤った記述も多いが、ここでは当時桂離宮がどのように把握されていたのか、ということが重要な視点であるため、特にそれらを吟味することなく小杉の文章を引用し検討してみたい。まず場所の説明、そして八条宮家の概要を記述することから始まる。ここに太閤の「造進」という言葉が二度使用されるが、八条宮智仁親王のとき、豊臣秀吉が造って進上したのが古書院、庭園、茶屋の月波楼とのことであり、その後の二代の智忠親王のとき、小堀遠州にあとの部分を命じて造らせたという。小杉は当時の見学の順路に沿って説明する。御幸門から玄関に進むが、杉戸絵の説明などの他、御輿寄前の真の飛石にも触れている。そして小杉は室内へ入る。古書院二の間の縁についての説明が続く[77]。金地院崇伝が『桂亭記』を記したことに触れ、簀子縁（月見台）について詳しく説明する。『袋草紙』に、月を見るために庇を差し掛けない屋敷の記述があるが、これを翻案とした意匠がこの月見台であると記す。その後、室内を順番に巡り進んでいくが、障壁画の説明や材料の説明が記される。ひととおり御殿内部の説明が終わると、次に雁行型についての説明がある[78]。桂の里の秋景にことよせ、また各部屋から庭園が見えることを記述している。その後、庭園の茶屋の説明に移る。

この小杉の文章の「太閤の造進」であるが、これは現代では間違いとされるが、智仁《としひと》親王が一時、豊臣秀吉の猶子となったことからの言であると思われる。のちに示すが[79]、明治期には豊臣秀吉に対する注目は高くなっていった。したがってあまり深く意図せず、このように説明したと思われる。一方、現代では認識に誤りがあると考えられる小堀遠州が造営したという説を採用する。そして当時一部の人びとからは、千利休以降の茶人たちをあまり評価しない傾向がみられるのであった[80]が、この『好古類纂』においては、あまりそのような視点は感じられないし、またここではむしろ「名高き遠州の真の飛石[81]」と称賛する記述がみられる。また一般的には明治期の桂への関心は、故事来歴あるいは桂棚や引手などのディテールにあった、と考えられがちである[82]。この文章全体にわたって概観すればやはり、杉戸や襖、壁面の絵画の説明、木材や釘隠しなどの細部の説明が多いのであるが、一方で月見台や雁行型の御殿の配置など、のちに注目される空間構成についても記述されていることは、注目せねばならない。

次に『好古類纂』掲載の茶室について考察したい。この「茶室茶庭の図」の著者は山本麻渓である。山本は、石州流怡渓派の茶匠で、のちには益田鈍翁ら数寄者とのかかわりも深めることになる人物である。

ここに掲載の茶室は、現在においてもよく知られたもの（たとえばdの西翁院反古庵《ほごあん》＝澱看席《よどみのせき》、fの如庵など）もあるが、逆にあまり知られていない茶室もある。bの解説において「今は存せざるものもあり」ともある。

さて、その中で特に注目されるのは、松平不昧の大崎茶苑[83]の図である。まずbの解説には「松平不昧公絶倫の数寄者にして茶室茶園ことにすくれたり」とある。他の茶人については、まとめて「風雅の意匠をこらし構成せしものその数尠からず」と表現されているのに比べれば、この茶苑の記載に、いかに力を注いでいるかということが、うかがえるのである。

gには独楽庵を含む三室と露地が、hにはひとつの茶室と待合の図、iには九つの建物（図は十枚）、そしてjにはひとつの茶室（利休堂）とが記載されている。またjには透彫の図と共に奥書が記載されている。

大崎御庭御茶屋之図請冨永氏蔵臨写
天保十五甲辰年九月　望月重煕　竊源（ママ）
四散紅葉台　閑雲清水　並待合　向峯富士見台
松瞑有橋曰冲天　蔟々閣　為楽庵　一方庵両御殿御凉処
御像堂　眠雲松荷　利休堂　独楽庵
明治四十年十一月中浣　山本麻渓

大崎茶苑は、江戸幕府の砲台設置に際して取り壊され、そのうち独楽庵《どくらくあん》だけが、松平家の下屋敷に移築された。しかしそれも、津波により流失したと伝えられる。のちの大正十四年、高橋箒庵の指導によって北鎌倉に復元される。箒庵がこの文献を参照したかどうか、ということは明らかではない。しかしこのような資料が公にされるということは、その時代への影響という意味で、意義のあることだと考えられる。

好古類纂において茶室は大きく扱われてきた。その後『茶道宝鑑』としてまとめられ、その一冊として茶室が扱われたことからも、その重要性が理解される。ここでの扱いは、図法やその扱っている建物の点から、すでに出版されていた本多錦吉郎の『茶室構造法』などに比べると古さを感じさせるものである。しかし大崎茶苑についての扱い、あるいは桂離宮についての扱いなど、歴史の仲介者として、少なからぬ意味を持つものであった。

（1）　立礼についての主な参考文献として、次のものが挙げられる。堀内宗完「椅子点前」『茶道』二（創元社、一九三六年）、井口海仙「立礼考」『茶道月報』五〇一号（茶道月報社、一九五四年四月）、伊藤宗典「立礼式」『新修茶道全集』一（春秋社、一九五四年）、熊倉功夫『近代茶道史の研究』（日本放送出版協会、一九八〇年）、中村昌生「立礼の空間」『茶道聚錦』八座敷と露地（二）（小学館、一九八六年）。

（2）公園に位置した茶の湯空間に関して、拙稿によるものとして次のものがある。「東京府の公園経営と星岡茶寮の建設経緯――星岡茶寮の建築の研究 その1――」（『日本建築学会計画系論文集』四九一号、一九九七年一月、二一三～二一八頁）、「東京芝公園の紅葉館について――明治期における和風社交施設の研究――」（『日本建築学会計画系論文集』五〇七号、一九九八年五月、一九九～二〇四頁）、「創設期における星岡茶寮について――星岡茶寮の建築の研究 その2――」（『日本建築学会計画系論文集』五一二号、一九九八年十月、二五三～二五八頁）。

（3）拙稿『近代数寄屋建築の黎明――公に設置された明治期の数寄屋建築――』（東京大学提出学位請求論文、二〇〇〇年）、拙稿『近代の茶室と数寄屋　茶の湯空間の伝承と展開』（淡交社、二〇〇四年）。概要は第一章第三節参照。

（4）『國華』創刊号、第二号、第三号。

（5）本多錦吉郎『茶道要訣茶室構造法』（団々社、一八九三年、以下『茶室構造法』とも記す）。

（6）武田五一の茶室研究については、後述のように、卒業論文として明治三十年（一八九七）に著され、明治三十一年（一八九八）～同三四年（一九〇一）にかけて、断続的に『建築雑誌』に掲載された。なお、武田の茶室研究について触れたものとして、足立祐司「武田五一の建築観とその形成期について 武田五一研究Ｉ」『日本建築学会計画系論文報告集』三五四号（一九八五年八月、一〇五～一一六頁）がある。

（7）山本麻渓「茶室庭園」（『好古類纂』一九〇四年六月～一九〇八年十一月に断続的に掲載）。

（8）『國華』創刊号、一八八九年十月、二〇～二二頁。

（9）『國華』二号、一八八九年十一月、一〇～一四頁。

（10）『國華』三号、一八八九年十二月、五～六頁。

（11）以下『国史大辞典』（吉川弘文館、一九七九年）による。

（12）『君台観左右帳記考証』（出版社、出版年不明）。

（13）『國華』第二十号～五四号に断続的に掲載。

（14）熊倉功夫『近代茶道史の研究』（日本放送出版協会、一九八〇年）一五九～一六四頁の「没落する茶道」では、井口海仙『今日庵十三世円能斎宗匠略伝』（茶道月報社、一九三四年、五頁）の円能斎が明治二十四年に京都から東京に移住したがその生活は一向に好転しなかったという例などを挙げ、明治初期の茶の湯の凋落していた様子を考察している。

(15) 鈴木邦夫「鈍翁コレクションのアルケオロジー」(『鈍翁の眼:益田鈍翁の美の世界』、五島美術館、一九九八年) 一五四頁。
(16) 千利休の茶の湯を伝える秘伝書と伝わるが、元禄三年(一六九〇)以降に立花実山によって編集成立したものと考えられる。
(17) 第四節および拙稿「武田五一『茶室建築』をめぐって——その意味と作風への影響」(『日本建築学会計画系論文集』五三七号、二〇〇〇年十一月、二五七~二六三頁) 参照。
(18) 前掲註(10)『國華』第三号五~六頁。
(19) 林屋辰三郎他編『角川茶道大事典』(角川書店、一九九〇年)「茶室」の項(中村昌生)による。
(20) 大槻文彦『日本辞書言海』(一八八九~一八九一年)。
(21) 建築全般については、中谷礼仁「近代　ひながた主義との格闘」『日本建築史』(美術出版社、一九九九年) 参照。茶室について江戸期からの連続で捉えられる文献は、泉幸次郎『新撰茶席雛形』(一九〇二年)、山本麻溪「茶室庭園」(一九〇四~一九〇八年、『好古類纂』に断続的に連載) などがある。
(22) 村居銕次郎編『洋画先覚本多錦吉郎』(本多錦吉郎翁建碑会、一九三四年)。他に、針ケ谷鐘吉『庭園襍記』(西ヶ原刊行会、一九三八年)、佐藤昌『日本公園緑地発達史(下)』(都市計画研究所、一九七七年) を参照。
(23) 『茶室構造法』一頁。
(24) 本多錦吉郎の他、浅井忠、小山正太郎、松岡寿、松井昇、高橋源吉、長沼守敬が創立会員として名を連ねる。上野不忍池畔で第一回展開催。明治三四年(一九〇一) 解散。
(25) トーマス・テート著、本多錦吉郎訳『画学教授法(梯氏)』(文部省、一八七九年)。なおこれは訳本であるが、直訳ではないことを「例言」で断っており、そして文中、国沢新九郎の校正と記されている。また、これはのちに『梯氏画学教授法』(木村巳之吉、一八八七年) として再版されている。
(26) 『英和対訳袖珍辞書』(徳川幕府洋書調所、一八六二年)。
(27) 「建築」の呼称に関しては、中谷礼仁他「「造家」から「建築」へ　学会命名・改名の顛末から」(『建築雑誌』一四一〇号、一九九七年八月、一三~二一頁) 参照。

(28) 本多錦吉郎『図解庭造法』(団々社、一八九〇年)。本書はコンドルが『日本庭園術』を著す際に大いに引用していたという(佐藤昌『日本公園緑地発達史』下、都市計画研究所、一九七七年、三〇八頁)。
(29) 針ケ谷『庭園襍記』(前掲註(8)参照)によると、本多は、明治三十年(一八九七)、津和野の吉田三介氏庭園を皮切りに多数の庭園を設計している。
(30) ここで旧字体を新字体に改めている。また略字等も改めている。以下の引用文においても、固有名詞に関わるものを除き、同様に扱っている。
(31) ここでは、「数奇屋」と「数寄屋」が混用されているが、そのまま記した。
(32) 一般には「星岡茶寮」であるがここでは「星ケ岡茶寮」と記されている。
(33) 本書では「利休」と「利久」の混用がみられる。引用文中では「利久」あるいは「利休」と表記のまま記すが、本文では「利休」と記す。
(34) 「宝形」のこと。
(35) 堀口捨己「書院造りについて――様式的特徴とその発達」『清閑』一五冊(一九四三年)。これは学位請求論文『書院造りと数寄屋造りの研究――主として室町時代に於けるその発生と展開について』(一九四四年)としてまとめられ、のちに『書院造りと数寄屋造りの研究』(一九七八年、鹿島出版会)として出版された。
(36) 洛南紅染山鹿庵子『古今茶道全書』(一六九四年)(以下『茶道全書』と記す)。
(37) 『茶道全書』に関する研究としては、林屋辰三郎「『茶道全書』の成立――家元制度への道づくり――」(『藝能史研究』一号、藝能史研究會、一九六三年)がある。また、『茶の湯文化学』二号、茶の湯文化学会、一九九五年、に翻刻されている(解題・熊倉功夫)。
(38) 田中正大『日本の公園』(一九七四年、鹿島出版会)によると、日本三公園と呼ばれるのは、明治十八年から二十四年ころまでの間ではないかと、記されている。
(39) 前掲註(5)『茶室構造法』二頁。
(40) 斎藤兵次郎『茶室構造』(信友堂・須原屋、一九〇五年)、なお、本書は国立国会図書館の検索などでは『茶室構造篇』となっている。

(41) 斎藤兵次郎『日本建築規矩術』(信友堂、一九〇四年)。
(42) 斎藤兵次郎『大工さしがねづかひ』(信友堂、一九〇八年)。
(43) 杉本文太郎については、矢野環氏に多くのことをご教示いただいた。
(44) 杉本文太郎『茶室と茶庭図解』(建築書院、一九一一年)。
(45) 杉本文太郎『茶室構造法図解』(建築書院、一九一六年)。
(46) 本多契山(錦吉郎)『閑情席珍茶室図録』(六合館、一九一八年)(以下『茶室図録』と記す)。
(47) 前掲註(7)山本麻溪「茶室庭園」など。
(48) 武田五一の茶室研究については、足立祐司「武田五一の建築観とその形成期について 武田五一研究Ⅰ」(『日本建築学会計画系論文報告集』三五四号、一九八五年八月)一〇五～一一六頁参照。
(49) 足立は上記論文において、芝川邸が茶室の精神を生かしたものとして挙げている。
(50) 小川清次郎「茶席建築の發展を望む」『建築雑誌』五二号、一八九一年四月。
(51) 堀口諊静「茶席建築」(『建築雑誌』五四号、一八九一年六月)。
(52) 残りの一編は、亭主が牧長富で、松田宗貞を正客に計五名の客によるもので、その場所が「麹町区寶田町三番地於官宅」とある。この住所は木子の住所であり、牧が木子と同じ官舎に住んでいたのか、あるいは木子の住居を提供したのかとも考えられるが、この場合前者であると見る方が自然であろう。また牧は「うち水」掲載のふたつの茶会に際して正客を務めており(一編には牧永富とあるが、牧長富の誤りであろう)、木子が次客となっている。これらから木子は牧の影響によって茶の湯を学び始めたのではないか、という可能性も考えられる。
(53) 木子清敬については、稲葉信子「木子清敬の帝国大学(東京帝国大学)における日本建築学授業について」(『日本建築学会計画系論文報告集』三七四号、一九八七年四月)一一一～一二一頁参照。
(54) 星岡茶寮は料金を支払えば見学できる施設であった。また伊東忠太の日記によれば、明治二十四年五月十一日に星岡茶寮の見学が計画されたが、木子清敬が来られなくなったために見学できなかったとのことが記されている(稲葉の前掲註(53)論文による)。
(55) その後、伊東忠太等により日本建築においては、とりわけ寺院建築にその重心がおかれるようになる(藤岡洋保「昭和初期の日本の建築界における「日本的なもの」――合理主義の建築家による新しい伝統理解――」『日本建築学会計画系論文集』四一二号、一九九〇年六月、一七三～一八〇頁、参照)。
(56) 武田の茶室研究の契機として、足立氏は前掲論文（註(48)）において、茶の湯の復興を直接的なものとして挙げているが、もちろんこれも重要な指摘であると考える。
(57) 建築雑誌掲載時になぜか「渡邊時代」と誤記され、その後の論文選集にも「渡邊時代」と著されている。
(58) 本文中においては「利休」と記すが、引用文においては「利久」等、掲載通りとする。また「わび」についても「侘」「侂」等引用文通りとする。
(59) この引用には原本を用いた。また引用に際しては便宜的に句読点を挿入した。以下、本節においては同じ扱いである。
(60) 熊倉功夫『南方録を読む』（淡交社、一九八三年）参照。
(61) 本多錦吉郎『茶道要訣　茶室構造法』（團々社書店、一八九三年）。
(62) 拙稿「創設期における星岡茶寮について――星岡茶寮の建築の研究　その2」『日本建築学会計画系論文集』五一二号（一九九八年十月）。しかし後に武田は北大路魯山人時代の星岡茶寮との関わりを深めることになる。『星岡』八八号（一九三八年三月）には、中村竹四郎が「武田五一先生を憶ふ」との追悼文を寄せている。つまりここで述べるのは、若い時期の武田に関して、ということである。
(63) 宣言文は『分離派建築会作品集一』（岩波書店、一九二〇年）の冒頭に掲げられたもの。
(64) 『堀口捨己の「日本」――空間構成による美の世界』（彰国社、一九九七年）。
(65) 堀口捨己『現代オランダ建築』（岩波書店、一九二四年）。
(66) 堀口捨己『紫烟荘図集』（洪洋社、一九二七年）。
(67) 堀口捨己「利休の茶」『思想』二三一号、二三三号、二三五号（岩波書店、一九四一年八月、九月、十一月）。
(68) 堀口捨己『利休の茶』（岩波書店、一九五一年）。
(69) 『思想』二三一号（岩波書店、一九四一年八月）四五頁。
(70) 何ヶ所かにその記述があるが、前掲註(68)『利休の茶』では一九六頁に記されている。
(71) 松浦詮の死去（一九〇八年四月）に伴い、その後、細川潤二郎が社長に就く（第三編第十一集、一九〇八年七月）。

(72)宮崎幸麿編、小杉榲邨校閲『茶道宝鑑』全三帖(青山堂書房、一九〇八年)。
(73)明治時代の桂離宮については、井上章一『つくられた桂離宮神話』(弘文堂、一九八六年)を参照。
(74)西村兼文『桂御別業明細録　全』一八七八年。
(75)西村兼文『洛西桂御別荘明細図』一八七九年。
(76)前掲註(74)『桂御別業明細録　全』あとがき。
(77)『好古類纂』二編第一集(一九〇三年十一月十五日)三～四頁。
(78)『好古類纂』二編第一集(前掲)八～九頁。
(79)第六章参照。
(80)たとえば本章第四節で扱った武田五一など。
(81)『好古類纂』二編第一集(前掲)三頁。
(82)たとえば前掲註(73)『つくられた桂離宮神話』など。
(83)『好古類纂』においては、不昧公品川邸あるいは大崎雲州邸、また他の文献では大崎園などと記載されているが、本章においては大崎茶苑と記す。

第四章　大正期の茶室の文献

第一節　大正期の雑誌にみる茶室

（1）建築家の茶室への関心

近代における茶の湯復興に際して、博覧会や博物館、公園などに設置された茶の湯の施設が大きな意味を持っていたことを述べてきた[1]。しかしそれに素早く反応を示したのは、数寄者たちであり、それを支えたのはいわゆる数寄屋建築家である。また先章では武田五一の茶室研究を考察し、のちのモダニズムにも一部通ずる内容を武田が見出していたことを示してきた[2]。一方で明治期においては、武田を除いて茶室に興味をもった建築家はほとんどいなかったようである。しかし大正期の建築家たちは、少しずつ茶室への関心をもちはじめ、雑誌にさまざまな角度からの言説が掲載されるようになった。これはのちの昭和期の建築家による日本的なもの[3]への関心、そして茶室および数寄屋の流行に繋がるものと考えられる。ここでは大正期の建築の雑誌における茶室あるいは茶の湯に関する記事を紹介し、その内容の傾向を探りたいと考えている。

表1は、大正期における建築関連の雑誌から、タイトルによって茶室、数寄屋もしくは茶の湯関連の内容とわかるもの、あるいは記事の投稿者が明らかな茶の湯関係者に限ってリストアップしたものである。また参考として図書についても記載している。

表1　大正期における茶室・数寄屋に関する文献

和暦	西暦	月	内容
明治45（大正1）	1912	2	(叢) 1－1 茶室説　今泉雄作[a]
			(叢) 1－1 我が家の茶室　早水友阿彌[b]
			(叢) 1－1 解説：京都大徳寺孤篷庵茶室
			(叢) 1－1 写真：安田善次郎氏本邸茶室、竹内專之助氏邸茶室寒翠庵外部、安田善次郎氏別邸茶室「又隠」外景、早水友阿彌氏茶室六畳、同「天の川」同一畳半、同平面図
		3	(叢) 1－2 我が家の庭と茶室　高橋義雄[c]
			(叢) 1－2 解説：京都鹿苑寺夕佳亭
			(叢) 1－2 写真：高橋義雄氏邸内茶室寸松庵入口、同外景、同濶遠亭、同紅蓮軒、同林泉
		4	(叢) 1－3 茶室明々庵　指馬生[d]
			(叢) 1－3 解説：京都桂離宮引手
			(叢) 1－3 写真：茶室明々庵、松原新之助氏邸林泉、茶室明々庵入口、京都村井吉兵衛氏邸茶室の窓、明々庵待合平面図、茶室明々庵平面図、明々庵布置図
		5	(叢) 1－4 解説：慈照寺東求堂、同茶室、金地院茶室
			(叢) 1－4 写真：東本願寺枳殼邸、高橋義雄氏邸庭園
大正1	1912	7	(叢) 1－6 解説：東京高橋義雄氏邸内寸松庵茶室内部
			(装) 2－6 茶室趣味とセセッション趣味　ゴギウ[e]
		8	(叢) 1－7 解説：桂離宮御幸殿妻戸引手金具
			(叢) 1－7 写真：仙台荒井氏邸茶室、同庭園一部、京都桂離宮引手金具と釘隠、京都桂離宮御幸殿真の棚の図、京都桂離宮矢の根形引手
		9	(叢) 1－8 解説：京都本願寺飛雲閣、同歌仙の間
			(叢) 1－8 写真：本願寺飛雲閣歌仙の間、本願寺飛雲閣
		10	(叢) 1－9 解説：京都遺芳庵茶室
		11	(叢) 1－10解説：猿面茶室
			(叢) 1－10写真：猿面茶室、同上古図、猿面茶室入口の扉
大正2	1913	1	(叢) 1－12写真：東京岩村男爵邸客間及茶室の外部
		2	(叢) 1－13解説：東京帝室博物館六窓庵
			(叢) 1－13写真：本多博士邸茶室、同邸平面図、茶室六窓庵(東京帝室博物館内)
		3	(叢) 1－14解説：茶室遼廓亭(京都仁和寺内)
		4	(叢) 1－15写真：東京喜多村氏邸茶室
		5	(叢) 1－16好文亭(一)大澤三之助
			(叢) 1－16解説：好文亭
			(叢) 1－16写真：水戸好文亭何陋庵の門、待合、同詳細図、何陋庵の扁額、東京三井男爵邸山雲床の額、桂の棚、外景、内部
			(画) 4－5 写真：星ヶ岡茶寮庭園
		6	(叢) 1－17好文亭(二)大澤三之助
			(叢) 1－17解説：茶室心月庵(東京松浦伯爵邸内)、松月斎室内
			(叢) 1－17写真：好文亭茶席何陋庵、東京安田善次郎氏邸内茶席「又隠」内部
			(画) 4－6 写真：星岡茶寮の椽
		7	(叢) 1－18解説：実相院茶室
			(叢) 1－18写真：東京溝口伯爵邸茶室外景、同上内部
		8	(叢) 1－19茶の会の趣味と住宅建築　古宇田實[f]
			(叢) 1－19写真：東京益田孝氏邸茶室「太郎庵」、同上「椎の茶屋」、同上「幽明亭」、大阪吉野五雲氏別墅茶亭「乍庵」、同上庭園萱門、同上茶亭「雷雪庵」

大正3	1914	1	(叢) 1 -24写真：東京磯野敬氏邸茶室「無月庵」
		4	(叢) 2 - 3 続日本庭園雑話(三)本多錦吉郎 (叢) 2 - 3 写真：茶室図三葉、大正博覧会茶道協会出品茶室
		5	(叢) 2 - 4 茶室の話(一)本多契山[g] (叢) 2 - 4 写真：茶席四葉、東京大正博覧会杉材建茶席
		6	(叢) 2 - 5 茶室の話(二)本多契山[g] (叢) 2 - 5 写真：正伝院織田有楽斎茶室
		7	(叢) 2 - 6 茶室の話(三)　本多契山[g] (叢) 2 - 6 写真：茶室松庵平面図、茶室松庵内部、同全景
		8	(叢) 2 - 7 写真：堺市南宗寺内座雲亭、堺市南宗寺内実相院茶室
		9	(叢) 2 - 8 茶室の話(四)本多契山[g] (叢) 2 - 8 写真：妙喜庵並に明月堂室内見取図、妙喜庵並に明月堂地絵図
		11	(叢) 2 - 9 茶室一斑　木村清兵衛 (叢) 2 - 9 写真：慈照寺東求堂、鹿苑寺夕佳亭
		12	(叢) 2 -10井上侯爵家邸内内田山の茶席　北邨竹軒[h] (叢) 2 -10本阿彌光悦　高橋義雄 (叢) 2 -10写真：東京市井上侯爵家内田山本邸利休好み茶席、同上茶席茅門、同上利休好み茶席及腰掛待合平面図、同上腰掛待合、同上寄付待合及図平面図、同上茶席図、同上寄付待合、同邸内花月亭、同上茶席八窓庵、同上八窓庵寄付内部、同上花月亭内部
大正4	1915	6	(叢) 2 -13茶室　杉本文太郎[i] (叢) 2 -13写真：光格天皇御遺愛の茶室飛濤亭、光琳遺愛の茶室遼廓亭
大正5	1916	2	(叢) 2 -16写真：山崎妙喜庵豊公茶席内部
		3	(叢) 2 -17写真：山崎妙喜庵入口、建仁寺々中織田有楽斎茶席外景
		4	(叢) 2 -18写真：高台寺傘の御茶屋、黒谷別荘茶席、醍醐三宝院茶席
		5	(叢) 2 -19写真：黒谷別荘茶席入口、高台寺時雨御茶屋
		7	(世)10- 7 写真：久米民之助氏邸茶室
		8	(叢) 2 -22茶室と其主旨　杉本文太郎[j]
		9	(叢) 2 -23写真：夕佳亭茶室、八木與三郎氏邸庭内茶席入口、同邸茶席
		10	(叢) 2 -24写真：慈照寺東求堂茶室、鹿苑寺夕佳亭茶室床之間 (世)10-10茶事及び茶室構造の改良　長岡安平[k]
		12	(住) 1 - 6 茶人になれ　林愛作[l] ■高橋由太郎：茶室および数寄屋造(『建築写真類聚』 1 - 3) ■杉本文太郎：茶室構造法図解 ■夕暉庵主人(岡本定吉)：茶室庭園画帳
大正6	1917		
大正7	1918		■岡本定吉：茶室と庭園 ■本多契山(錦吉郎)：閑情席珍茶室図録 ■田中仙樵：日本住宅及茶室建築の栞
大正8	1919	11	(報) 1 - 7 我観建築　高橋箒庵[m] ■高橋由太郎：茶室巻二(『建築写真類聚』 2 -12)
大正9	1920	9	(画)11- 9 写真：根津嘉一郎氏邸茶室
		10	(画)11-10写真：根津嘉一郎氏邸茶室
大正10	1921	1	(画)12- 1 写真：根津嘉一郎氏邸茶室
		4	(世)15- 4 図：某氏茶室設計図 (住) 6 - 4 茶道の精神と茶室　阪元芳雄[n]

		5	(住) 6－5 静寂な茶室の趣　大野三行 (住) 6－5 茶室の意匠　阪元芳雄[o]
大正11	1922	2 3 4 5	(画)13－2 洛陶会大茶会拝見の記　金子安治 (画)13－3 洛陶会光悦会大茶会拝見の記　金子安治 (住) 7－4 図：新らしき数寄屋風　山本拙朗 (住) 7－5 新しき住宅と茶室造　市島謙吉[p]
大正12	1923	2 5	(世)17－2 建築と茶味　大澤三之助[q] (世)17－5 写真：某邸茶席　保岡勝也 (住) 8－5 西行庵の茶室　廣幡妍子
大正13	1924		
大正14	1925	5 11	(住)10－5 茶室内部の一隅　木村幸一郎 (潮) 6－11写真：柴田邸内茶亭・嶋藤本店 ■川上邦基：茶式建築及庭園 ■伊藤虎三：数寄屋建築図案
大正15	1926	8 9	(研) 2－8 写真：湘南亭 (研) 2－8 湘南亭行　服部勝吉[r] (雑)40-486猿面茶室及び松月齋に就て　木村幸一郎他

註）■：図書
（　）：雑誌名、あとの数字は「巻-号」を示す、アルファベットは第四章における記事に該当する。
（叢）：建築工芸叢誌、（装）：建築ト装飾、（画）：建築画報、（世）：建築世界、（住）：住宅、（報）：建築新報、（研）：住宅研究雑誌（新建築）、（社）：建築と社会
写真：写真ページ・口絵・グラビアなど、図：図面、解説：特に「建築工芸叢誌」における「建築工芸画鑑」の解説

全体を見渡すと、大正五年までの前期と同八年以降の後期に便宜的に分けることができる。そのうち前期に目を向けると、『建築工芸叢誌』および『建築工芸画鑑』がその大半を占めている。いずれも建築工芸協会が発刊する会員頒布の月刊誌であり、『叢誌』が論文誌で『画鑑』が図集という関係にある。その協会は建築および美術を専門とする学者や博物館員そして古社寺保存会の会員らによって結成された団体で、わが国の建築および美術様式の追求と確立を目指すものであった[4]。したがって自ずと伝統建築に関連する記事が多くなり、茶室についてもまた然りといえるだろう。しかし内容はのちに示すが、必ずしも伝統の賛美だけではない。

後期には『建築世界』誌や『住宅』誌をはじめ、広く各誌において茶室の記事の掲載が認められる。『建築世界』は明治四十年（一九〇七）から[5]、『住宅』は大正五年から[6]という、いずれも歴史の古い雑誌である。

（2）大正時代の茶室・数寄屋の記事

傾向を客観的に検証するためには、先に示した表1におけるより多くのデータについて触れる必要もあるが、ここでは冗長になることを避けるため、特徴があり注目したい内容を含むものを選択し、それぞれ概要及び特色を下記に記載する。

a　明治四十五年（一九一二）二月　今泉雄作「茶室説」（『建築工芸叢誌』一―一、一四頁）

内容は、中国の禅宗における茶からはじまって、わが国における茶の湯と茶室の歴史の解説したもの。茶室の平面が縮小されていく過程を当時において合理的に解説しようとしている点は本書第三章第二節で紹介した「茶室考」の論考と同じである。終盤において、「四畳半の内、無用の所を去りて、三畳台目なれり（中略）二畳台目猶広しとして、一畳台目となる」と述べるところは、「茶室考」においてやや冗長に説明されていた部分を簡潔に表現したものだが、間取りが縮小されていく過程の明快な説明は、読者に対して訴える力も強かったと思われる。ただ「茶室説」では先の「茶室考」における現状への否定的視点はない。最後に「茶室考」の参照を促す。

b　明治四十五年二月　早水友阿彌「我が家の茶室」（『建築工芸叢誌』一―一、一二四頁）

内容は、茶の湯の現状への疑問と、自ら好んだ茶室三室を紹介したもの。利休以降の茶に対して、器物に贅を尽くす状況を批判し、特に来歴を重視する傾向が強い当時の茶室を「やかましい面倒なもの」となったと憂える。その傾向によって茶が貴族や富豪だけのものになってしまったかのようにみえるが、それは茶の湯の本筋ではないという。二十坪程度の小さな家に茶室をつくることも可能だということを示す。

c　明治四十五年三月　高橋義雄「我が家の庭と茶室」（『建築工芸叢誌』一―二、三四～三六頁）

内容は、高橋邸の茶室を紹介したもの。新しくつくられた自邸についての記述であるが、各部の来歴を述べ、古材の使用を強調している。

d 明治四十五年四月　指馬生「茶室明々庵」（『建築工芸叢誌』一―三、三一頁）

内容は、松平不昧設計の茶室「明々庵」の解説。移築など、その来歴が重視されている。

e 明治四十五年七月　ゴギウ「茶室趣味とセセッション趣味」（『建築ト装飾』二―六、五六～五八頁）

『建築と装飾』のこの号はセセッションの特集であり、セセッションと茶室構造における趣味との相似点について言及したものである。その共通点として次の内容が挙げられる。①荘厳を避けた淡い優しさのある美、②気が利いた造り方、③装飾が乙である、④自然のままの材料の利用、⑤奇に走って実用でない部分もある、⑥あまりに懲りすぎたものは嫌みである、の六点である。利点のみならず欠点も併せて列挙しているところが特徴である。

f 大正二年八月　古宇田實「茶ノ会の趣味と住宅建築」（『建築工藝叢誌』一―一九、九～一〇頁）

内容は、茶の湯が住宅建築と大いに関係を持っているという前提のもと、茶の湯の歴史と住宅建築における茶の湯の趣味について記述したもの。そして茶の湯の趣味と住宅建築とのかかわりが深いことは、この時期にその見解が広まったと考えられる。茶の湯の趣味を解せないものは、真に住宅建築に興味を持てないものといい、日本においては洋館も同様だと考え、茶の湯の趣味は趣味の根本だと断言する。しかし一方で、かつての茶の湯は侘びを求めたが、当時においてはそれが欠如しているといい、強く批判する。具体的には、道具類に大枚をはたくこと、装飾品を自慢すること、そして無意味に必要もない上段や高閣をつくること、などである。そして住宅建築は茶の湯の趣味を元にすべきであると主張する。

g 大正三年五・六・七・九月　本多契山「茶室の話」一・二・三・四（『建築工芸叢誌』二―四〔二九～三〇頁〕、二―五〔二四～二五頁〕、二―六〔二九～三〇頁〕、二―八〔二二～二四頁〕）

『建築工藝叢誌』二―一より本多契山による茶庭についての「続日本庭園雑話」が連載されるが、その最終回二―三では茶室の間取りについて言及する。それを受けて次の号より「茶室の話」が始まる。二―四の第一回は茶室の歴史を記したもの。二―五の第二回は如庵《じょあん》についての解説と茶会についての説明する。二―六の第三回においては、続いて茶会についての説明と松庵《しょうあん》（湘南亭《しょうなんてい》）についての解説。二―八の第四回は、妙喜庵待庵の寸法書きである。二―五において、茶の湯がわが国の「礼式の一科」で「文明的会合」の一様式だといい、茶室はその茶の湯という実用に応ずる座敷であると、実用面を強調している。二―六においては、庭と茶室内における動線について言及し、茶室の特色として、座の狭いこと、構造の「洒落」にして「脱俗」なことをあげ、利休が当時の驕奢な習慣に反し、「閑雅幽静」の楽しみあることを主張して茶室を営んだ、と記述している。そして、湘南亭の記述においては、庭との関連を強調している。

h　大正三年一二月　北邨竹軒「井上侯爵家本邸内内田山の茶席」（『建築工芸叢誌』二―一〇、五～七頁）

内容は、井上馨が新築した利休好の三畳大目席の解説。特徴として、寄付待合は広間および三畳大目の建築の残材料を用いているという点、新薬師寺や奈良の古材を用いている点が注目される。ここで北邨は古材の利用は茶の湯の故実だという。最後に茶の湯の精神性を通じて現状の批判を行う。茶の湯は「貴賤上下の別なく、衆とともに楽しむ」のが趣意だが、世間の富者（井上を除く）においては、茶室を使用しないにもかかわらず、高価な茶室をつくり、自慢することが目的になっている、と批判する。

i　大正四年六月　杉本文太郎「茶室」（『建築工芸叢誌』二―一三、二七～二八頁）

内容は、「囲」「数寄屋」の言葉の説明からはじめ、茶の湯と茶室の歴史を概観し、近代の茶の湯に言及したもの。杉本は引用の原典を明らかにしていないが、「物整不好、不如意を以て楽となすは、誠にこれ茶の湯の本体、数奇の精神なりとす。（下略）」と『禅茶録』の七章「数寄の事」の一節を元にした一文を書き記している。そして「世間の数奇者は皆物好事者《ものすきしゃ》にて、これを茶の湯の数奇者と思ふは誤りも亦甚だしからずや」と、当時の数寄者を強く批判する。茶室の歴史の概観において、茶室の狭さは時勢の要求であると主張する。最後に『南方録』からの一文「十年を過ぎずして茶の道廃る可し、廃るとは世間にては却て茶の湯繁昌する時分と思ふべきなり、悉く世俗の遊楽に成り行くこと、易（利休の名）に於いては廃ると云ふなり」を記し、茶の湯の衰退を嘆いている。そして最後には古典を模倣する大正時代の茶の湯に対して、さらに強い憤りを記した文で締めくくる。

j 大正五年八月　杉本文太郎「茶室と其主旨」（『建築工芸叢誌』二―二二、五～七頁）

内容は、茶室の主旨を『南方録』より引用し、安土桃山・江戸期の茶の湯の主旨を解説し、現在の茶の湯および茶室を批判したもの。先のものに続いて、これも強烈な茶の湯批判である。はじめに茶室あるいは茶の湯の「主旨」について力説する。ここでも『南方録』を引用して、書院台子《しょいんだいす》の茶が世間法（世俗の現象）であり、露地草庵の茶が出世間法（仏法）であるという。これは「墨引」の巻に記された内容である。ここでは形態の模倣について厳しい目を向ける。それは師資相承からくるものだと断じ、暗に家元制度に対する批判を行っている。また最後には、驕奢を戒め、「世間」の数寄者も批判する。ちなみに杉本は、大正五年（一九一六）に図書として『茶室構造法図解』(7)を上梓するが、そこでは同様の茶室の精神性に言及する文章もあるが、これほどまでの批判は行われていない。

k 大正五年十月　長岡安平「茶事及茶室構造の改良」（『建築世界』一〇―一〇、一八～二三頁）

筆者である長岡は茶人でも建築家でもない人物である。内容は、茶の湯および茶室の問題点を提起し、その改良を提案したもの。本稿は「茶事及茶室は我が祖先の趣味性の発達して来たものであって、将来とても是非之を保存したいと思ふ」という書き出しではじまる。ここでは茶の湯および茶室構造における問題を提起する。とりわけ濃茶の廻しのみに注目する。②洋装もしくは外国人に対しても座式であること。ただし立茶式（立礼式）の普及はその改良点だとみている。③茶の湯そのものが融通の利かないものになっていること。以上の三点をあげている。そして自身の考案したという立礼式の茶室を紹介する。ひとつは三畳大目と土間の立礼席が組み合わされたもので、土間においては亭主も客も椅子式の茶室である。そしてもうひとつは椅子式の土間に座式の点茶席を設けた四阿である。とりわけ後者は、土間と座敷、つまり椅子式と座式の空間が結合した形式の早い例だと思われる。(8) また「現今の世に若し利久《ママ》、遠州のような人があったならば必ずや茶式に大改造を行ひ、硝子を茶室に入れたり」と述べ、現状の茶の湯を、老人の遊び半分の道楽で未だ伝来の方式を固守するのみ。と手厳しく批判する。茶人でも建築家でもない長岡は、最後に茶人の覚醒を促し、建築家諸氏の研究を希望する、と文章を締める。

l　大正五年十二月　林愛作「茶人になれ」（『住宅』一―六、二～四頁）

帝国ホテルの支配人・林愛作が、当時の生活が物質的なものに流れている点を憂え、当時の住宅改良においても茶人としての精神を持って行うべきだと主張したもの。この文章は、当時の生活が「奢侈虚飾の要求のみに忠実であって、実質が全く欠けている」として、「茶人になれ」と啓蒙するものである。当時の住宅は、物質的要求にのみ拘泥して、精神的要求をないがしろにしている、と述べる。

m　大正八年十一月　高橋箒庵「我観建築」（『住宅新報』一―七、六～九頁）

内容は、茶道と建築は密接な関係にあると主張し、高橋自身がつくった茶室についての概要を記述したもの。高橋はまず、茶道は生活の規矩であるという。茶道は、哲学であり、倫理学であり、礼法であり、交際法であり、家事や社交の一切がこれから割り出されたものだという。そして建築においても茶道がその規矩準縄になるという。そして高橋自身が建築を自らの「仕事」と述べる。

[n] 大正十年四月　阪元芳雄「茶道の精神と茶室」(『住宅』六―四、三〇～三二頁)

内容は、大正九年九月から翌年九月までの「日本住宅の変遷史」と題した連載の中の一編である。茶室建築と当時の住宅とのかかわりについて言及し、茶道の沿革と茶室の起源について説明したもの。ここで阪元は、この連載において異例ともいえる、現代建築とのかかわりという視点で前置きを書いている。その内容は次の通りである。当時の茶道は閑人の好事として一般社会から取り扱われている。それは時代後れの標語として、あるいは嘲笑の標的にされているようであった。しかし茶の湯は本来はそういうものではなく、茶道建築の要旨は簡素を旨とすること、そして万事無駄な手数を省くこと、を旨としたものであり、むしろ現代の住宅建築に応用されるべき点が少なくないものだと主張し、当時流行の「住宅改善」の要旨と一致しているという。そして井伊直弼(宗観)の『茶道極意』の中の一文を引用し、精神論を展開する。そして本文では、茶室の本旨は簡素恬淡であり決して美麗精緻ではないことを主張し、茶の湯は紹鷗と利休が純日本風のものへと変えたとしている。

[o] 大正十年五月　阪元芳雄「茶室の意匠」(『住宅』六―五、二六～二八頁)

内容は、茶室の本来の精神を示し、各部意匠についての各論を記述し、最後に現代とのかかわりを示したもの。茶室は本来、清楚閑雅で軽快自由なもので、簡素平淡を旨とし、「功に走らず極めて無造作に成されなければならない」という。それは茶室も我々現代人の生活となんらかけ離れたものでなく、我々が学ぶべき多くの点を具備していると述べる。そして茶室の寸法に規則が本来ないことを述べ、江戸期およびそれ以降の批判を行う。

[p] 大正十一年五月　市島謙吉「新しき住宅建築と茶室造」(『住宅』七―五、六～九頁)

内容は、茶室がこれからの新しい住宅建築に役立つとの考えを示したもの。冒頭に、日本趣味は茶道に端を発しており、住宅建築の発達も茶の湯に負うところが多いと記す。その茶室は純国風で、「実用上の暗示」を求めることによって、今後の住宅改善に役立てることができると述べる。ここでは「国風」、「実用」、という側面が強く語られている。茶と深く関連する日本庭園が世界に影響を与えることも今後考えられるとみている。「日本民族の間に生れた浮世絵が一、二世紀を距てた西欧に後期印象派のチャムピオン達を目覚めしむるに大いに力有った」というように日本庭園が、世界から注目されるという。そして変わりゆく建築とその庭園との調和が望まれると述べる。

q　大正十二年二月　大澤三之助「建築と茶味」（『建築世界』一七—二、四～六頁）

内容は、茶味という言葉の解説と建築とのかかわりについて記述したもの。茶味を帯びた建築を数寄屋といい、よい意匠を凝らした家という意味と述べる。茶味には、上品と下品との両者から超越した美的要素があるといい、茶味の要素である侘は、平民的な意義を持つという。それは農民の生活ぶりや海女の伏屋などから暗示を受けたもので、閑雅静寂な趣の中にプリミティブな気持ちが存しているという。しかし後世になると形式に陥って滑稽になると批判する。茶味は英語のアーティスティックに匹敵しないかと意見を述べる。つまり茶味のある建築は数寄屋に限ったことではなく、さらに日本の建築にのみこれを求めるものではないという。そこから日本の数寄屋における田舎趣味の建築と近代の西洋の田舎趣味の建築は、茶味という言葉で括られると述べる。それはフランク・ロイド・ライトの作品（帝国ホテル）にも通じるものだという。

r　大正十五年八月　服部勝吉「湘南亭行」（『住宅研究雑誌』二—八、四〇～四七頁）

内容は、湘南亭の概要と、茶の湯および茶室の歴史。そして近代の住宅建築との関連について記述したもの。茶道および茶室の持つ精神的特徴について言及している。安土桃山時代の草庵茶室の発生を「反動運動」、すなわち近代における様式建築に対する造形運動と同根のものとしてとらえている。その意味において、安土桃山時代に比べ、江戸時代以降、近代の茶室は類型化し堕落したものとみている。しかし湘南亭においては安土桃山時代の理想と近代に通ずる意匠的特徴があるという。つまり、飾りがなく簡素であること、窮屈でなく開放的であることなどが主張されている。前者は安土桃山以来の特徴で、後者は近代における理想である。最後には、近代に発達したサマーハウスと湘南亭の精神は一致するとみて、これからの住宅建築に湘南亭の精神は活かされるであろうと結ぶ。

（3） 大正期における茶室についての論調

さて、前項で示したそれぞれの記事の特徴を概観すると、次のような特徴が見出される。便宜的に分類しておきたい。

①　茶の湯あるいは茶室の精神性　a b e f g h i j n o q r
②　現状の茶の湯の批判　b f h i j k n o
③　茶室の来歴　c d h
④　住宅とのかかわり　f l m n p
⑤　生活とのかかわり　g l m o
⑥　茶室近代化の要望　k
⑦　近代建築とのかかわり　e q r
⑧　茶室と庭あるいは自然とのかかわり　e g r
⑨　純国風であること　n p

近代の茶室は、特に明治期においてはこれまでに筆者が示してきたように[9]、数寄者たちが伝統的なものの移築や改築を施していったという大きな傾向がみられる。この流れに沿うものとして茶室の来歴を語るものがある。これは数寄者たちの茶室についての言及したものであり、ここでは高橋義雄（箒庵）がその代表であろう。もっとも今回は建築の雑誌を元にした論考なので、数寄者たちの言論は必ずしも多く見出されないが、先に記載したもののほか、工匠としての立場で木村清兵衛が自身の作品をその由来を重視して記述したものもある。[10]

一方、その現状の茶の湯あるいは茶室に対して強く批判する記事も多い。たとえば「（茶室の建築について）何か曰く来歴のある者でなければならないかの如く思って是をやかましい面倒なものとしてしまった［b］」との主張があり、あるいは数寄者たちの贅を尽くした茶室に対して批判記事なども散見される。また家元制度を含め、旧来のものに拘泥しようとする姿勢を強く戒めるものもある。杉本文太郎は「其の師の跡を金科玉条と崇め、其の師の跡乃至古人の跡を摸し得ば、足れりとなして、毫も自己の惟思を加るを許さなかった［j］」として強く批判している。

この茶の湯批判の記事には、そのほとんどが茶室の精神性を強調した内容が伴う。ここに示すように茶の湯あるいは茶室の精神性を示した記事は大変多い。侘あるいは寂の言葉より、具体的な表現として、「簡素であること」、あるいは「無駄を省いていること」などが強調されることが多い。たとえば「四畳半の内、無用の所を去りて、三畳台目なれり［a］」のように千利休あるいはその時代における草庵茶室の創造過程、つまり茶室の草体化に着目したものが多い。「無用の所」を省くということは、すなわちその建築用途の単純化あるいは純粋化を示している。これはのちの昭和初期における合理主義を奉ずる建築家たちが、「日本的なもの」と考える建築の概括的な特徴を語る言葉でもある。[11]

精神性を示したものの中には、茶書を直接引用あるいは参照しているものもある。ここにあげた記事の中には『南方録』『禅茶録』『茶道極意』が引用されている。『南方録』は利休没後百年の頃、利休への回帰を説き、茶の湯が禅に基づくべきだと主張し、その当時の茶の湯の繁栄に対する批判を含んだ内容である。明治二十二年（一八八九）の『國華』での今泉勇作の「茶室考」にはじまり、武田五一に引き継がれたもので、近代を通じて大きく影響を与えた茶書だといえる。『禅茶録』は文政十一年（一八二八）に刊行されたものだが、当時の「遊芸や娯楽でないまでも、単なる茶儀茶礼に堕し去った」茶の湯に対する批判と茶の湯が禅に基づくべきことを強く主張した茶書で、茶即禅の考え方が全編にわたって溢れんばかりに盛り込まれているのがその特徴である[12]。残念ながら筆者は『茶道極意』は未見であるが[13]、同内容のものは、大正三年刊の『井伊大老茶道談』の解説ページに記載されている[14]。この内容は、井伊直弼が茶の湯および禅の修行を行い、茶禅一味の蘊奥を極めたことを詳細に述べたものである。ここにあげた茶書は、偶然という側面も否定できないが、いずれも禅とのかかわりが深いものである。そして茶室についてみるならば、それら文献を引きながら、近代を含む利休以降の時代においては茶室に変化が乏しく、また驕奢なものが生ずることへの批判を孕んだものとなる傾向がある。

　またこの精神性を訴えたものの中には、茶室建築の住宅建築への応用についての言及に至るものもある。「（茶道建築の要旨は）簡素を旨として主客の利便を計り、万事無駄な手数を略く事を旨としているのである。従って、茶室建築は寧ろ現代の住宅建築に応用されるべき点が尠くないのである（n）」との言及もなされる。茶室ではないが茶の湯が住宅に影響を与えていることを述べた「茶の会は住宅建築と大いに関係を持つていると云うことは、一般に認められて居るが、其趣味に至つては、一層密接の関係を有するもので（f）」というものもある。

　一方、茶室の近代化を訴える声もあった。長岡安平は茶室の非衛生的側面を憂うとともに、椅子式の茶室を推奨している（k）。これはのちの藤井厚二の展開を彷彿とさせるものである。また「セセッションとの近似性（e）」や「数寄屋の理想はライトの作品にみることができる（q）」、「サマーハウスとの精神と一致する（r）」などと記され、近代建築との関連を示唆するような内容のものもあった。近代においては自然と建築との関連の意識が強くなるが、西芳寺湘南亭に対する言及がここでは二点みられる（g、r）。

そして必ずしも多くはないが、国風ということを意識したものもある。「我民族趣味の伝統を汲むと云へば誰でも首肯するであらう茶室から実用上の暗示を求め（p）」とあるが、この項目には「純国風住宅の極致を示す茶室」とのタイトルがついている。多少誇張のある表現かもしれないが、この大正十一年頃においては、茶室が純国風の極致として、誰もが納得していたということが読み取れるものである。

以上、大正期の建築の雑誌に掲載された茶室に関する思考について考察を進めてきた。ここで、一部の数寄者たちを除き、当時の茶の湯に対する大きな批判がみられたことは重視せねばならない。第三章において、武田五一が茶室の研究を行いながら、しかし積極的に茶室の設計にかかわらなかったことを、武田の研究における利休以降の時代、ひいては近代における否定的な視点をあげたが、大正期においても武田と同様、あるいはさらに厳しい批判的な視点を多くの建築家たちが共有していたことが理解された。もちろんその視点は、大正期における数寄者と建築家との茶室に対する意識の差となって表れていたとみることができる。

しかし一方、多くの記事において、主として簡素で無駄を省いたものとしての茶室の概念、すなわち本来の茶の湯あるいは茶室が持つと考えられている精神的な意味が称揚された。その考えは明治期より続くものであるが、ここではそれが補強されたとみることができる。さらに茶室と生活や住宅とのかかわり、あるいは近代建築とのかかわりが示され、さらには純国風であるというような、のちの日本的なものに通ずる主張がなされた。ここに茶室のその後の展開につながる大きな布石が打たれたものとみることができる。この思考の広がりは大正後期にいたってより多くの種類の雑誌にみられる傾向となる。それらを建築家がこの時期に茶室の設計にあまりかかわらなかったことを併せて考えるとき、のちの展開の雌伏期間と位置づけることができる。昭和期に入って飛躍的に注目を浴びる茶室に関する言論の下地が、この大正期に大きく形成されていたということがうかがわれる。

第二節　田園都市と田舎家と茶室

（1）数寄者と建築家をつなぐ視点・分ける視点

明治から大正にかけて茶室建築を支えてきたのは数寄者と、それを支える数寄屋建築家や棟梁たちであり[15]、一般に建築家たちがかかわることは少なかった。だが大正時代頃には、建築家たちが茶室に対して少しずつ興味を示し始めたことは前節で観察してきた。この数寄者たちと建築家たちを結んだもののひとつが「田園都市」と考えられる。茶室の伝統として古くから造られていた茅葺《かやぶき》茶室。これは田舎の家のたたずまいを町なかに造ったもの、すなわち市中の山居と表現されるものである。一方、西洋では都市郊外において住宅が造られ、また一部では茅葺などの田舎家が注目されるが、日本の建築家たちも、その考えを取り入れた作品に取り組む。ここに、数寄者と建築家の比較的大きな接点が生ずるのであった。

周知の通り、英国のハワードによって提唱された田園都市は、わが国においては明治四十（一九〇七）年、内務省地方局有志による『田園都市』[16]の出版によって紹介された。この書籍の性格は諸先学[17]によって明らかにされているように、ハワードの『田園都市』を大きく離れて、当時の日本の地方対策・民衆敬化の書であり、その本来の核心部分である田園都市論にしても曖昧な概念に基づいたものとみることができる。ここで特に注目したいことは、第十三章以下に記された日本における事例である。その幾つかを以下に紹介したい。

平安京は「山紫水明もっとも天然の風光に富み」と表現され、「田園都市の実態が夙に我邦に現実せられ」たものだとする。また東京においても「大厦高屋のあいだ、おのずから天然の風物を配して」田園都市の様態を備えているという。大都市ですらこのような状況であることから、地方においては「天然の光景よりこれをいえば、多くの都市はおのずから田園の趣を帯びざるなし」としている。徳川斉昭が創始した偕楽園、徳川光圀が開いた西山荘は、それぞれ「民とともに楽しむ」あるいは「貴賤の別を離れて、親しく農民等と談話を交えんとする」という精神的側面において意味を持っているという。

つまり、すでに日本において田園都市が実現しているというのである。ハワードの『田園都市』[18]は、「田園からなる都市」あるいは「田園のなかにある都市」を意味しており、美しい農村に囲われた都市のことであるが、この日本的な解釈では農村に囲われた場所のみならず都心部においても勘案しているところが、大きな特徴である。その称揚している建築のイメージは、広く在来の日本建築であるが、とりわけ庶民の住宅である民家、そして数寄屋とみることができる。もっとも数寄屋といっても民家にその範を求めた簡素なものから、技巧的な構造や意匠を駆使したものまで幅の広い概念であるが、ここではもちろん前者である。そしてこれ以降に記す「田園都市」は、内務省地方局有志が記した、このあいまいな日本的解釈における意味である。

「市中の山居」といわれるように、茶室は田舎のわび住まいを、そのひとつの理想としたのであり、数多くの茅葺の茶室が造られてきた。いうまでもないことだが茅葺の茶室は決して珍しいものではなかった。裏千家の又《ゆう》隠《いん》、桂離宮松琴亭《しょうきんてい》の茶室、藪内家《やぶのうちけ》燕庵《えんなん》、高台寺の傘亭《かさてい》時雨亭《しぐれてい》と吉野窓の席など枚挙にいとまがない。特に明治のはじめ、奥向きにあった茶室が、公園として、あるいは博物館、博覧会場において、一般に公開された。金沢兼六園の夕顔亭、のちの東京国立博物館に移築された六窓庵、あるいは京都博覧会時に公開された桂離宮の松琴亭や笑意軒《しょういけん》など、田舎のわび住まいを範とした建築も、これを機に多くの人々に対して、その姿を現すのであった。そこでは、のちに活躍する数寄者たちの多くも、その印象を強くしたことであろう。ここでは大正期前後における建築家たちの田舎家への視線、言説を考察するに際して、当時の数寄者たちの田舎家への動向について触れておきたい。

このような茶人たちによる田舎家に関しては、土屋和男による一連の研究[19]がある。それを参考にして概要を以下に示す。近代数寄者の茶会記における田舎家の記述は、明治二十年頃から始まり、その後多数のものが記録されたが、明治中頃より昭和初期に至るまで一貫して益田孝（鈍翁《どんのう》）の田舎家が事例としてみられ、彼が実践的主導者であったとみられる。その益田孝と克徳、英作の三兄弟によって田舎家が広まったと考えられる[20]。特に大正時代においては前半よりも後半、そして昭和初期にそのピークとなることが指摘される[21]。またこの時期、数寄者たちの住宅の所在として特徴的なことは、郊外への展開が挙げられているが、この郊外における住宅の好ましい形態として田舎家がある、と高橋義雄（箒庵）[22]によって記述されている[23]。また農村に囲われた場所としての「田園都市」は、鉄道の発達とも関わりが深かった。日本においては、明治後期になると急激に発達してきた鉄道によって都心と郊外を結び、都市郊外に生活拠点をおき、あるいは郊外に別邸を設けることが、ひとつの流行りとなり、数寄者たちも箱根や小田原、軽井沢などに屋敷を構えるようになってきた[24]。この田舎家の流行が、建築家にどのような影響を与えたのであろうか、あるいは影響を与えなかったのか、次項以降で検討してみよう。

（2） 大澤三之助の田園都市と数寄屋

大澤三之助は前節で挙げたように、大正十二年（一九二三）二月『建築世界』誌に「建築と茶味」[25]を投稿する。ここに大澤は「茶味《ちゃみ》」をもった建築を称賛する。「茶味」とは茶趣味のことをいうが、大澤がここで使用している言葉は、それも含むがもう少し拡大して使用している。すなわち「茶味」のエレメントのひとつとして「わび」[26]を位置付けるが、それは閑雅静寂な趣の中にプリミティブな心持ちが存するものをさすという。そして古来の茶人たちは形式に拘泥しない態度で建築意匠を考えてきたという。一方で茶味ある建築は数寄屋にのみ限ったものではなく、西洋建築にもそれはあるという。特にイギリスのコテージ建築が最も茶味あるものだといい、他に、フランス、ドイツ、イタリアの田舎建築、アメリカのバンガロー建築などを挙げている。先に述べたように、当時の日本は、都市郊外に田舎家風の建築が数寄者によって多数建築されていた時代である。大澤のこの論考では、日本の数寄屋建築と西洋の郊外に建てられた簡雅素朴な建築を同列に扱っており、大変興味深い内容である。そして両者を「茶味」という言葉で括っている。(27)

その考えの元になるものとして大澤は、「ガーデン・シチーについて」を記す。これは『建築工芸叢誌』においてを五回にわたり連載されたもので、明治四十五（一九一二）年二月の第一冊（創刊号）にはじまり、二回目が三月、三回目が六月、四回目が七月、五回目が大正二（一九一三）年一月である。『建築工芸叢誌』は建築工芸協会が発行している会員制の雑誌であり、趣旨には「日欧米建築の様式、精神を以て我が在来建築に加味塩梅して渾然調和するに到らば、これやがて世界建築の枠を抜きたもの」とも記されている。そして大澤は伊東忠太や岡田信一郎らと共にその評議員を務めていた。(28)

この『建築工芸叢誌』の大澤の記事には、じつに巧妙な仕掛けが組み込まれている。主要な内容はハムステッドを中心にした、田園都市の紹介である。その第一回にはハムステッドの計画図が掲載されているが、それ以外にドイツドレスデンのグローセルガルテン入口、リンダーホーフ離宮、そしてミュンヘンのニンヘンブルク離宮の写真が掲載され、さらにそれらに混じり唐突に安田善次郎氏邸本邸茶室および庭園の写真が掲載されている（図1）。また隣のページには京都の南禅寺金地院庭園や内貴甚三郎氏庭園の写真が掲載されている。しかし、これら図版のうちハムステッドの計画図以外は本文とかかわりのない写真である。あえていうと本文でドイツについて少し触れてはいるが、離宮の庭園は明らかに別物である。なぜこのようになったのかは不明であるが、次のような状況が想定される。つまり、雑誌の編集者が無知ゆえにこのようにレイアウトしたのか、あるいは大澤が自らそのように指示したのか、いずれかということである。いずれにせよ、読者にとっては人工物と自然（庭園）の融合を読み取ることになるが、離宮の庭園イメージが刷り込まれ、田園都市と日本の茶室が関連している

図１　『建築工芸叢誌』一九一二年二月　大澤三之助「ガーデン・シチーに就て」（右に直接関連のない和風建築および庭園の写真が並ぶ）

かのような印象を強くすることだろう。

さらに大澤は本文において、田園都市に建てる住宅は「田舎の村落に於ける百姓家若しくは小商売屋[29]」のような風雅なものに限るといっている。また第四回においては、西洋が日本趣味を近年取り入れており、「簡単にして、渋味を帯びた好み[30]」を生ずるような傾向がみられるといい、室内の飾りの方法も部屋中に陳列していたものが、「床の間や棚に飾って楽しむ[31]」というような風に変化してきたという。また日本の住宅の部屋が間仕切りを除くと大きな部屋になるのと同じような構造も、田園都市にみられるという。つまり日本における既存の形態が欧州へ伝播し田園都市に影響していると、読むことができる。

次いで大澤は大正二年五月と六月、「好文亭について」を二回にわたり連載[32]する。先の連載の続きとしての掲載である。また好文亭は先の内務省地方局有志による『田園都市』において日本の実例として紹介されていた水戸偕楽園に位置する建築である。内務省地方局有志の出版が明治四十年であるので、数年後の論考となる。つまり、その内容を十分意識していた文献とみて間違いないだろう。

ここで大澤は好文亭《こうぶんてい》の細部意匠などについて解説を行うが、まず「極めて質素なもので、人目を驚かす様な壮観なる建物ではない[33]」と述べる。ここに記される「質素」あるいは「質朴」などを示す言葉は、二回にわたる本記事においてしばしば散見される言葉である。最後には言い回しを変え、好文亭を「平凡な建築である」「其平凡なる所が此建築の見所[34]」と述べる。

この好文亭に関する記事は、偕楽園周辺の風景のことに言及することから始まる。読者は先の「ガーデン・シチーについて」の連載に連なるものを強く感じとるであろう。この好文亭の記事には特に「田園都市」あるいは「ガーデン・シチー」などの言葉は使用されていない。しかし大澤の考えとしては、のちの「建築と茶味」などを考え合わせると、具体的に詳細においては不明な部分も残るが、数寄屋建築における簡素なものあるいは田舎家と「田園都市」を深く関連付けて考えていたことは間違いないことだと考えられる。

（3）　堀口捨己と田園都市と茶室

堀口捨己は帝国大学の大正九年（一九二〇）の卒業論文で、『都市と建築[35]』を著す。この論文は堀口自身が時間が十分とれなくて「不本意」なものとなったというように、田園都市に触れてはいるものの、特に卓出した内容を含むものではない。

同年、分離派建築会が設立されるが、その宣言文のなかにはのちの茶室研究に繋がる文言が含まれている。すなわち「過去建築圏内に眠っている」そして「溺れつつある」すべてのものを目覚めさせ救う、という文言である。

そして大正十二年からヨーロッパ旅行に出かけ、帰国後の大正十三年、『現代オランダ建築[36]』をまとめる。ここでは「田園」あるいは「田園都市」という言葉が頻出している。以下にそのうちの幾つかを示しておこう。

「（オランダでの忘れがたい場所として）ヒルベルシュームとワッセナールの田園都市でした」またワッセナールの田園都市には「草屋根の住家パデステールと名のついたものがあります」などと記されている、田園都市についていずれも肯定的にひとつの理想郷のようなイメージを持って記している。

また茶室に関して、次のような文を記している。「（草屋根を建築に使用した芸術的意味において価値の高い建築としてフランスの小トリアノン宮殿を挙げ、豪奢なヴェルサイユ宮殿との対比において）わが国の藤原時代の金閣銀閣の絢爛たる華美の官能的蠱惑から、「さび」、「わび」の世界に徹しようとする茶室の閑雅幽玄の致にいたる変遷を思い浮かべます」と述べる[37]。ここでは茶室は草屋根を使用した芸術的意味において価値の高い建築とし、驕奢なものの対極としてとらえている。

堀口はその後、昭和二年（一九二七）、「建築の非都市的なものについて」をまとめる。論考は、『紫烟荘《しえんそう》図集』[38]の設計者の感想として書いたものである。この紫烟荘が都市郊外（埼玉県蕨市）に建つ草の屋根をもつ住宅建築であることから、非都市的な建築の試みについて記した文章である[39]。

その「はしがき」で堀口は、都市的な建築が当時の住宅政策や都市計画そして建築材料の問題などさまざまな近代的な課題を担っているのに対し、非都市的な建築は、それらとなんら干渉するところのない消極的な存在に過ぎないものだという。非都市的なものを期待して読み始めた読者はいきなり面食らってしまうだろう。非都市的なものは、当時の建築界からは、歓迎されない存在であるというような書き方である。しかし文章は徐々に非都市的なものの巻き返しが図られる。当時、田園的生活への要求が盛んであることを重視し、それは堀口の言葉では「人間的な当然の根拠」があり、その点から非都市的な建築が認められるとする。

つまり、本文にいたっては、非都市的な視点が優位に立つ。非都市的な「原始的にして端的にあらわれたる欲求」「本然的な性向」は、「不完全な」「人為的な」「病的な」都市生活の視点から、「歪められている」とする。また、都市生活について、必要以上の競争的興奮と疲労とを課して、官能的で抹消的な強い刺激の多い慌ただしさ、イライラした煩雑さであるという。また都市では多数の火急の問題に囲まれ、住宅とは何かという本質について考える暇がなく、個人の人間ではなく集団的・人為的な約束から出発し、人工的に誇張された経済的な制約の極端な影響の下に計画されている、と断ずる。(40)

そしてここから田園という場所に視点を移す。田園とは生活の本質的な欲求を自然のままに満たすことができる場所だという。出発点が一個の人間から始められる可能性があるとして、休息のため、食事のため、育児のため、保養のためなど、人間的な欲求が充たされるための設備として考えられる。そうした生活を充たす家、そうした生活と調和した家が非都市的なものだという。また生活が科学的に保証されているものよりも不便で原始的な田園生活を恋うる心情があり、それは人間の心の中に宿っている性情で「自然愛慕の浪漫性」を作り出すという。

さてその浪漫性であるが、この浪漫性が田園の住宅になって近代的な衛生設備や利便性の高い工業製品を取り入れ、近代の生活と調和し、時代錯誤に陥らない妥当な手法と材料で作れば現代に意義のあるものだと、堀口はいう。ここでは具体的に示さないが、その意義あるものは紫烟荘だと主張していることは明らかである。不便で原始的なものを恋うる浪漫性と工業製品の関係をどのように理解すべきかという問題に対して、詰めが甘いようにも思う。しかし、この論理的とはいい難い展開は、次に示すような具体的な西洋での建築事例を示すことによって、それを超えて読者を納得させるのではないかと思われる。すなわち、堀口によると、非都市的な傾向をもつ住宅建築は増加してきており、なかでも最も非都市的な部材である草の屋根の建築についてもその数は少なくないという。当時の事例として最初にオランダのベルゲンのパークメールウクの住宅を挙げ、その後、欧米各地の建築や建築家を列挙(41)して、論考の前半を閉じる。

後半は一転して、茶室についての論考となる。それは「非都市的な建築は我国においては都市的なるものに何等見るべきものがないのに比して非常に優れた精錬された徹底した伝統を作り上げている(42)」という堀口の考えからくるもので、非都市的な具体例として、京都裏千家の又隠《ゆういん》、桂離宮の松琴亭《しょうきんてい》八窓庵《はっそうあん》を挙げる。この十八ページの論考のうち、後半部分の茶室については、じつに十一ページをあてている。

堀口は、茶室を利休や宗旦や遠州が好んだがゆえに敬意を払うのではなく、優れた「建築的イデア（本質）」や手法のためだという。また単に田園的なものではなく、すべての住宅に十分な示唆を提供するものがあるともいう。茶室のもつ「わび」や「さび」を、木や土や草など自然そのままの材料で、最も自然に、象徴的に表現される世界という。その対立的にみられる人為的なもの、たとえば釉かけの陶器や金襴の小裂なども「わび」のコントラプンクト、すなわち対照的な様式・発想などを組み合わせて構成する方法の一方で、「わび」を強調する手段であるという。そして堀口は、山村の農家の手法や材料を使用した茶室を、いくらかの意志的な表現があるにしても、自然そのもののひとつとしてある、と賛美する。それは都市的な視点、すなわち建築における社会的問題を解決する手段としては、茶室のもつ特殊な材料や技巧は時代錯誤とみられるが、非都市的な建築としては、具体的な社会問題ではなく、抽象的に考察するとき現代に示唆する所が多いと述べる。そして茶室の水屋を、機能と表現の一元的な完成とし、造形的に高く評価されるものという。

続いて床の間についての記述となる。書画や彫刻を室の装飾としてではなく「鑑賞という生活に対する空間的設備、床の間において受容している」[43]と堀口は考える。つまり、西洋における建築と絵画や彫刻が一体化しているのに対し、日本では建築を書画や彫刻と切り離し独立性を発展させてきた。それは他国において成しえなかったことだとし、床の間の存在することによって、それら美的価値のあるものを建築空間に自由に組み替えることができるようになったという。一方で床の間は床柱や落掛によって、その内部に設置される品目の大きさに制限が加えられることになる。その考え方に対し堀口は、床の間が様式化しているからで、それは本来の姿ではないと考える。もっとも建築である以上、必然的な制限が加わることは当然あるとも付け加えている。じっさい紫烟荘では、その付属屋には六畳の茶室を設けているが、いわゆる原叟床の形式であり、そこにはおよそ一間半の地板に角をはずして竹の床柱を立て、落掛も高い位置にある。地板の角の部分をはずして立てた床柱は、それ自体が自由な位置にあるもので、比較的大きな床の間空間には、自由に書画や置物を置くことができるようになっている[44]。つまり、この紫烟荘付属屋の茶室の床の間を、理想的に語った文章と読むことができる。

最後に、建築の自然との調和の重要性を、海外の事例を借りて強調する。必ずしもそれは論理的な展開ではない。すなわち、自然の材料は燃えやすく破損しやすく都市的ではなく、また田園であっても外界からの防備としての住居の意味からは適切ではないという。しかし現今においても「英国やオランダの田舎や田園都市に近代的な住宅として茅屋[45]」が造られていることをみると、自然との調和というものがいかに大きく評価されているか、ということが理解できると述べる。

このように見てくると、堀口は非都市的な建築の重要性を感じ、その建築としての茶室に着目しているということが、よく理解できる。しかし一方で、当時の茶室あるいは民家を再生した数寄屋に対して、少し距離をとっているところもみえる。すなわち「骨董的な老人の好み癖と合して数寄屋風とか茶風とかなって[46]」と表現しており、また、茶室の表現について注意すべき事[47]として、珍奇なものや意味をなさない伝統に因る表現、そして山家や農家の安易な模倣や再現あるいは部分の組みあわせを戒めている。堀口は当時の数寄者による民家を利用した茶室や民家風の数寄屋を理解していたことであろう。それらすべてに対して、というわけではないだろうが、一定の否定的な視点を持っていたことは、上記の言葉などから明らかである。逆にみるならば、当時の数寄者たちの茶室や数寄屋は、堀口に刺激を与えたことも確かである。歴史的な又隠や松琴亭の茶室のみをもって非都市的な「伝統[48]」とはいえない。ここの文章が記された昭和初期に至るまで、田舎家風の茶室が連綿として造られており、さらに近代に至ってその傾向が大きくなっていった、ということが堀口がこの論考を記す大きな要因となったことは確かであり、一方で当時の茶室や数寄者の田舎家に対するもどかしさが、この文章を書かせたとも読むことができる。

（1）拙稿「近代数寄屋建築の黎明――公に設置された明治期の数寄屋建築――」（東京大学提出博士論文、二〇〇〇年一月）、拙稿『近代の茶室と数寄屋』（淡交社、二〇〇四年六月）において上記を一部抜粋。

（2）第三章第四節。および拙稿「武田五一『茶室建築』をめぐって」（『日本建築学会計画系論文集』五三七号、二〇〇〇年十一月、二五七～二六三頁）。

（3）日本的なものに関して藤岡洋保による一連の論文がある。以下に示す。

藤岡洋保「昭和初期の合理主義の建築家による「日本的なもの」」（『日本建築学会大会学術講演梗概集・計画系』一九八三年、二五七三～二五七四頁）、藤岡洋保「昭和30年前後の日本の建築界における「日本的なもの」」（『日本建築学会大会学術講演梗概集・F』一九八五年、九〇九～九一〇頁）、藤岡洋保「明治・大正期の日本の建築界における「日本的なもの」」（『日本建築学会大会学術講演梗概集・F』一九八七年、七八一～七八二頁）、藤岡洋保「昭和初期の日本の建築界における「日本的なもの」」（『日本建築学会計画系論文報告集』四一二号、一九九〇年六月、一七三～一八〇頁）、藤岡洋保「昭和10年代の知識人による「日本的なもの」」（『日本建築学会大会学術講演梗概集・F-2』一九九五年、四一～四二頁）。

（4）菊岡倶也『日本近代建築・土木・都市・住宅雑誌目次総覧』一―五（柏書房、一九九〇年）六頁。

（5）菊岡倶也『日本近代建築・土木・都市・住宅雑誌目次総覧』一―二（柏書房、一九九〇年）七頁。

（6）菊岡倶也『日本近代建築・土木・都市・住宅雑誌目次総覧』一―六（柏書房、一九九〇年）七頁。

（7）杉本文太郎『茶室構造法図解』（建築書院、一九一六年三月）。

（8）中村昌生「立礼の空間」（『茶道聚錦八座敷と露地二』小学館、一九八六年）一七九頁には、立礼の建築家としての先駆的試みとして、小間と板間、すなわち座式と椅子式の結合形式の茶室として、藤井厚二の聴竹居の「閑室」を紹介している。長岡がここに紹介したものは、座式部分が点前座だけなので、厳密には異なるものであるが、大掴みに見てその先駆けをなすものと見ることができよう。
(9) 前掲註(1)拙稿「近代数寄屋建築の黎明」および拙稿『近代の茶室と数寄屋』。
(10) 木村清兵衛「茶室一斑」(『建築工芸叢誌』二―九、一九一四年十一月)二五～二七頁。
(11) 前掲註(3)藤岡洋保「昭和初期の日本の建築界における「日本的なもの」」一七六頁。
(12) 谷晃「禅茶録」(『茶道雑誌』二〇〇五年五月)五四～五九頁。
(13) 『国書総目録増補版』(岩波書店、一九八九―九〇)、および『古典籍総合目録』(岩波書店、一九九〇)にも掲載されていない。
(14) 中村勝麻呂編纂『井伊大老茶道談』上巻(箒文社、一九一四年)二七頁。復刻版『続日本史籍協会叢書井伊大老茶道談』(東京大学出版会、一九七八年)三三一～三三三頁。
(15) 木村清兵衛、仰木魯堂、木津宗詮など。
(16) 内務省地方局有志『田園都市』(一九〇七年、博文館)。
(17) 渡辺俊一「日本的田園都市論の研究(2):内務省地方局有志(編)『田園都市』(明治40年)をめぐって」(『都市計画別冊』一九七八年版、都市計画学会、一九七八年十月)二八三～二八八頁など。
(18) E・ハワード(長素連訳)『明日の田園都市』(SD選書28、鹿島出版会、一九六八年)三九頁。
(19) 土屋の研究を以下に挙げる。
「松永耳庵の茶会記録に見られる仰木魯堂の建築作品」(『日本建築学会大会学術梗概集』二〇一六年)八五一～八五二頁、「旧一条恵観山荘茶屋に対する近代数寄者の関心」(『日本建築学会大会学術梗概集』二〇一五年)六七三～六七四頁、「御殿場における田舎家について:井上準之助別邸:秩父宮御別邸を中心に」(『日本建築学会大会学術梗概集』二〇一四年)四八九～四九〇頁、「高橋箒庵の茶会記録に見られる仰木魯堂の初期作品に対する評価」(『日本建築学会大会学術梗概集』二〇一三年)八六七～八六八頁、「近代数寄者の茶会記録に見られる「田舎家」に関する記述」(『日本建築学会計画系論文集』二〇一三年五月)一一五一～一一六〇頁、「益田鈍翁小田原別邸・掃雲台における茶室等について:近代別荘における「田舎」への志向」(『日本建築学会大会学術梗概集』二〇一一年)五～六頁、「木村久寿弥太河津別邸について:近代別荘における「田舎」への志向」(『日本建築学会大会学術梗概集』二〇一一年)二四三～二四四頁、「『大正茶道記』に見られる近代数寄者の住宅の所在と立地」（『日本建築学会計画系論文集』二〇〇七年十一月）一七三～一八〇頁、「『大正茶道記』に基づく東京における近代数寄者の住宅とその敷地の変遷」（『日本建築学会大会学術梗概集』二〇〇七年）四四一～四四二頁、「『東都茶会記』に基づく東京における近代数寄者の住宅の敷地とその変遷」（『日本建築学会大会学術梗概集』二〇〇六年）五六三～五六四頁、「『東都茶会記』に見られる近代数奇者の住宅の所在と立地」（『日本建築学会計画系論文集』二〇〇六年三月）一九一～一九七頁。

(20) 前掲註(19)土屋和男「近代数寄者の茶会記録に見られる「田舎家」に関する記述」一一五四、一一五八頁によると、『松翁茶会記』明治十八年（一八八五）の記事にみられる「成島柳北氏の建碑追福会」の大倉氏別荘の数寄屋が「田舎家造」と記録されているのが最初だという。その後、明治二十年代以降昭和初期に至るまで、益田孝の田舎家が事例としてみられ、彼が実践的主導者であった。また益田孝、克徳、英作の三兄弟によって田舎家を広めたという。

(21) 前掲註(19)土屋和男「近代数寄者の茶会記録に見られる「田舎家」に関する記述」一一五八頁。

(22) 高橋義雄（箒庵）『大正茶道記』三巻（慶文堂書店、一九二二年、一九二五～一九二六年）。

(23) 前掲註(19)土屋和男「『大正茶道記』に見られる近代数寄者の住宅の所在と立地」一七七頁。

(24) 前掲註(19)土屋和男「近代数寄者の茶会記録に見られる「田舎家」に関する記述」一一五八頁によると鉄道による物流の発達とともに、大規模民家が放出される事情があった、と指摘する。

(25) 大澤三之助「建築と茶味」（『建築世界』一九二三年二月）四～六頁。

(26) 同右論文、五頁、大澤は「侘」と記すが、後述する堀口がひらがなで「わび」としており、本節においては「わび」で統一した。

(27) 大澤は「末世の茶人が法則のみ拘泥して趣味の本意を失して仕舞った」（『建築世界』一九二三年二月、五頁）と述べる。この「法則に拘泥」というのは江戸中期頃からの流派の茶のことだと思われる。明治半頃より流派の茶にとらわれない形で数寄者たちの自由な活躍がみられるが、これは含まれないと考えられる。

(28) 「建築工芸協会の趣旨」および「会長及び評議員」（『建築工芸叢誌』第一冊、一九一二年二月）。

(29) 大澤三之助「ガーデン・シチーについて　一」（『建築工芸叢誌』第一冊、一九一二年二月）八頁。

(30) 大澤三之助「ガーデン・シチーについて　四」（『建築工芸叢誌』第六冊、一九一二年七月）二一頁。

(31) 同右論文、二一頁。
(32) 大澤三之助「好文亭」(『建築工芸叢誌』一九一三年五月)四～七頁、大澤三之助「好文亭二」(『建築工芸叢誌』一九一三年六月)四～五頁。
(33) 前掲註(32)大澤三之助「好文亭」四頁。
(34) 前掲註(32)大澤三之助「好文亭二」五頁。
(35) 堀口捨己「都市と建築」(一九二〇年七月、東京大学建築学科図書館蔵)。
(36) 堀口捨己『現代オランダ建築』(岩波書店、一九二四年)。
(37) 足立祐司「堀口捨己の『現代オランダ建築』について」(『日本建築学会大会学術講演梗概集』一九九七年九月)でも指摘されている。
(38) 堀口捨己「建築の非都市的なものについて」(『紫烟荘図集』洪洋社、一九二七年)一～一九頁。
(39) 戸田穣「堀口捨己の戦前期における理論と活動(その1)――「建築の非都市的なもの」と「床の間」」(『二〇〇二年度日本建築学会関東支部研究報告集』四六一～四六四頁)参照。
(40) 前掲註(38)堀口捨己「建築の非都市的なものについて」五頁。
(41) 同右論文、八頁。
(42) 同右論文、九頁。
(43) 同右論文、一三頁。「鑑賞」ということについては以下の論文を参照。近藤康子『近代建築家の茶室論にみる茶の湯の生活空間に関する研究』(京都大学博士論文、二〇一四年)。尚、近藤によると、堀口は「鑑賞」と「観照」を使いわけており、「鑑賞」は目の前にあるものを視覚的にのみ捉えることとし、「観照」は美や芸術などの語と共に語られる(同書四八～四九頁)とするが、ここでは「鑑賞」と「観照」が混用されていると考えられる。
(44) 紫烟荘の付属屋は前掲註(28)『紫烟荘図集』に、第二十図として「付属屋と其六帖間」とした茅葺の屋根をもつ付属屋の外観写真と床の間周辺の内観写真が掲載されている。
(45) 前掲註(38)堀口捨己「建築の非都市的なものについて」一八頁。
(46) 同右論文、七頁。

(47) 同右論文、一六頁。
(48) 同右論文、九頁。

第五章　昭和前期の茶室の文献

第一節　近代建築家による茶の湯空間の再発見

昭和前期には、数多くの茶室あるいは数寄屋建築に関する記事が建築の雑誌に掲載されている。もちろんそれは先に示した大正期より続くものであるが、とりわけ特集号として全ページにわたって茶室あるいは数寄屋について記された雑誌もいくつか刊行された。建築の雑誌はもちろん、国内外の新しい建築を紹介することが雑誌の重要な役割で、それによって新しい時代を切り開いていこうとすることが大きな使命だといえる。十九世紀末からの西洋の近代造形運動には、その主張を雑誌で紹介することも多くあり、近代建築の発展には雑誌が一定の役割を演じたといっても過言ではない。逆に、古くからある建築を扱うことは、最新の情報を紹介するという雑誌の主旨からみれば、きわめて特異な事例といわざるをえない。にもかかわらず茶室や数寄屋の特輯号が組まれたのであった。もっとも同じ時期には古民家の特輯号も組まれた(1)。ただ、民家の特集は、十九世紀末頃からの近代建築の潮流として田園都市への注目と、アムステルダム派に代表される茅葺の建物への注目などがあり、世界的な視点として大きな意味を持つ。一方、茶室や数寄屋は全く日本独自のもので、普通に考えると世界との接点はなさそうである。しかし、茶室や数寄屋の特集号がわざわざ組まれたのには事情があると考えるべきで、その部分を読み解いていきたいと考える。

なお、ここでは『建築世界』昭和七年（一九三二）七月「茶室と茶庭」特集号、昭和九年（一九三四）四月「近代数寄屋建築」特集号、『国際建築』昭和九年（一九三四）一月「日本建築再検・数寄屋造」特集号、『建築と社会』昭和十年（一九三五）十月「茶室建築」特集号について検討対象とした。なお、これ以外に『建築世界』昭和十一年十一月号および『建築世界』昭和十四年七月号では、数寄屋住宅の写真を多数掲載しているが、いずれも本文としての論考が掲載されていないものなので、ここでは省略する。また『建築画報』昭和二年十月号は「日本住宅」の特集号であるが、巻頭に武田五一設計の山王荘《さんのうそう》が掲載されるなど、数寄屋というより書院造を主とした特集号なので、これも省くこととした。

まずは、当時の近代建築と茶室のかかわりについての概要を示しておこう。

大正九年（一九二〇）七月、東京日本橋の白木屋にて堀口捨己ら六名は、分離派建築会を開催し、「過去建築圏より分離」すると高らかに宣言する。一方、昭和三年（一九二八）、スイスの古城ではＣＩＡＭの第一回会議が行われ、ル・コルビュジエ原案による「過去の時代や過去の社会構造の形成原理を、自分の作品へ転用することを拒否する」などを含む内容が、ラ・サラ宣言として採択された。近代の建築を方向付けるこれら内外の宣言には、いずれも「過去の様式」からの分離が主軸として語られている。茶室はいうまでもなく「過去の様式」とみなされる建築である。しかしながら近代においても大きく注目された建築でもあった。その矛盾に応えるため、これまでにも述べてきたがもう一度上記の宣言文を見てみたい。

分離派建築会の宣言文には、上記の後段に「過去建築圏内の眠って居る」ものを目覚めさせ、「溺れつつある」すべてのもの救う、ともある。「過去の様式」の茶室は、明治・大正期、一部（茶室建築家）を除き建築家の携わるものではなかった。その意味で茶室は、多くの建築家から見れば「眠って居る」もので「溺れつつある」ものであった。それは、目覚めさせ救うべき建築であった。

一方、ラ・サラ宣言においては、「合理化と規格化」の重要性、「美的および形式主義的なもの」の否定も謳われている。茶室は、無駄を省いた合理的な手法を用い、畳や炉といった規格化された構成要素で平面を造り、不足の美を求めたものと考えることもできる。「過去の様式」ではあるが、まさに近代の建築家にとってこれからの建築となりうべきものとして意識されていたのであった。内外の多くの建築家たちは、茶室そして茶室の影響を強く受けた数寄屋建築にたいして、直接あるいは間接的に興味を持っていたのである。

また、ブルーノ・タウトの存在も大きかった。昭和八年（一九三三）五月二日、タウトはナチス・ドイツから逃れるため、シベリア鉄道に乗ってウラジオストクを経由し、日本海を船で渡り、敦賀に入港した。これは上野伊三郎ら日本インターナショナル建築会が招待したものであった。到着二日後には京都で桂離宮を見学している。その桂をタウトが絶賛したことは周知のことである。その影響は建築界のみならず、一般へも波及するのであるが、建築界においては当時の新しい建築の動向と桂離宮が同じ視点で語られる、というところが興味深い（2）。

第二節　「茶室と茶庭」特集号（『建築世界』昭和七年〔一九三二〕七月号）

（1）空間構成の意義

まずは、概要を示しておきたい。本書は最初に、「図譜」としてグラビアが九十六ページある。歴史的なものと当時の新しいものを併せて、三十件の茶室および庭園で、物件によって掲載の仕方が違うが、写真の他、スケッチや図面、概要などが記されている。次に「主張」として、「空間構成の意義」と題して二ページにわたって本書刊行の意義を記載しているが、記名がないので同書の編集者によるものと思われる。その後「資料」として、服部勝吉の「茶室建築の変遷を顧みて」、猪野勇一の「茶室建築雑抄」、造園家龍居松之助による「茶庭に就て」、形骸化した既成茶道を批判して大日本茶道学会を創設した田中仙樵による「茶道より観たる茶室と露地」

と論述が続く。

本書刊行の趣旨は、本文篇の最初に「主張」として掲載されている「空間構成の意義」に記されている。本文の最初に、数寄屋建築が、「最も優れた木造建築様式として世界の建築史に再録されるべきもの[3]」と記されている。つまり、数寄屋建築が世界的な視点から重要な建築であることを主張しているのである。じつは数寄屋建築が世界的視点あるいは近代的視点で述べられることは、とりわけ昭和前期において時折みられるものであるが、先に示した明治末頃[4]より大正期[5]においても同様の視点はあり、また一冊の出版物としては岸田日出刀《ひでと》が『過去の構成』[6]に「モダーン」の極致を日本建築に観る[7]として、そのなかに数寄屋や茶室も掲載している[8]。しかし、ここでは別の視点もあると考えられる。それはブルーノ・タウトの存在である。本特集号は昭和七年の刊行であるが、タウトの名が記載されているのである。上述したがタウトの来日は昭和八年であり、これはそれに先駆けての掲載である。しかも本文章に記載されている建築家はタウトひとりである。もちろん、タウトの名はそれ以前からある程度知れ渡ってはいたが、それはドイツ工作連盟ケルン博覧会でのガラスパヴィリオンやベルリンのジードルング（集合住宅）などであった。ここでは「著名な建築家タウト氏は好んで日本建築を研究しているが、その対象の一半はこの数寄屋建築である[9]」と記されている。本文章の著者はタウトが、日本建築、とりわけ数寄屋建築に興味を持っていたことを来日以前に知っており、そこから「世界的視点」を見いだしたものと考えられる。

さて、ここで著者が主張することは、空間構成という視点である。日本においては欧米の建築を短時日に取り入れることに成功したが、空間構成は看過されてきたというのである。その中でも室内構成が重要であるが、立面すなわち外観に比較してずいぶんと見劣りするとしており、その室内構成の部分に関して完成されたものが数寄屋建築であるので、その部分を研究せよ、という主張である[10]。

（2）南方録の視点

「資料」として、服部勝吉が「茶室建築の変遷を顧みて」との論考を掲載するが、ここでは、そのタイトルの通り、茶室建築の歴史が述べられている。ただ、本書においては次の論考の猪野勇一、そして龍居松之助においてもその展開は違うものの茶の湯と茶室あるいは茶庭の歴史を記述しているという事態が読み取れる。もう少し著者への依頼時に調整すれば良いと思うのは、現代からの視点で、当時としてはやむを得なかったのかも知れない。それより、それぞれの文章の展開に興味を感じる。すなわち、それぞれ室町時代あるいはそれ以前から書き始めているが、いずれも近代に到るまでの記述であり、程度の差はあるが、近代の茶室あるいは茶庭を否定的に扱っていることである。

服部の論考をもう少し詳しく見ていこう。服部は茶室の歴史を、「小書院時代」「過渡時代」「利久《ママ》時代」として、千利休の後は特に「時代」の名称を用いずに論述する。この時代分類は武田五一の茶室研究[11]にみられるものである。そこで述べたことであるが、武田の茶室研究には南方録をその参考文献として重きを置いており、千利休への称賛とその後の時代への否定的視点が含まれているところが重要である。具体的には服部は「利久時代」に「茶室建築は完成された[12]」と述べ、利休の目指したものを「究極まで限定した生活動作に一転して自由無碍の境地を開かんとした」として茶室建築意匠を「常にあらゆる方面から極限され緊張せしめられている」と記す。一方でその後の時代については、「黄金時代」と称するものの、当時の茶の湯を「「わび」の精神は次第に去り」「自由無碍の道はやうやく跡をせばめ」「徒に古器の弄玩」「好奇の道に堕し」とし、茶室を「規矩をさへ制定する（自由がなくなった）に至ってまた振はざるに至った」と否定的である。さらに明治以後の茶室建築については「寧ろあまり云ふを用ひないと思ふ」と述べる。このように服部の論考は武田の茶室研究を引き継いだ面がみられ、さらにその考え方の基本には近代に注目度が増した『南方録』の視点があることが理解される。

しかし服部は最後に武田が示さなかった提案を記す。すなわち「日本が風雅の世界的誇として持つ茶室建築」これを科学的に研究すべきであること繰り返し述べ、稿を結んでいる[13]。

猪野勇一の「茶室建築雑抄」は、先に述べたように茶室建築の歴史を述べるところから論述を始める。やはり利休以降の時代について、利休の法則に囚はれて「大成時代の方式に脱する様式」は生まれなかった[14]として、今日までそれが続いていると述べる。猪野の論考の中心は「茶室の平面と細部」で、間取りや細部について詳述し、現存する著名な茶室について簡単に述べ平面図を添えている。

龍居松之助の「茶庭に就て」は、最初に「茶庭は実用から生まれたもの」として実用ということを強意することから始まる。その後、千利休から織部、遠州へと茶庭の歴史を記述するが、ここで多く参照されている文献は『南方録』である。やはり、千利休の時代は自由な考えを持っていたのであるが、その後の時代においては実用的条件より「終に」典型を生じるに至った[15]とするが、その典型の概要について淡々と述べている。

「資料」篇の最後は田中仙樵による「茶道より観た茶席と露地」の論考で締める。田中仙樵は当時の茶の湯を形骸化したものと考えるのである[16]が、その考え方の基本にあるのは『南方録』であった[17]。ここでは茶道の故実を知らずして茶室や茶庭を設計すべきでないといい、本来は茶人が建築や庭園の総ての設計を行うべきであるということを説く。

このように、本書におけるそれぞれの論考には『南方録』がその視点の中心にあることがわかった。その『南方録』は千利休を称賛するものの、その後の時代への否定的な視点が存在し[18]、まさに本書が刊行された近代における茶の湯や茶室においても否定的な視点が存在する。おそらくそれは当時の家元制度における画一化した茶室と、一方で数寄者たちの自由すぎるとも考えられる茶の湯への批判であったが、他方で利休の茶室に対して最大限の賛辞を送り、近代の視点や世界的な視点において利休の茶室は大きな意味を持ち、今後更なる研究の必要を説く内容となっている。

第三節　「日本建築再検・数寄屋造」特集号（『国際建築』昭和九年〔一九三四〕一月号）

（1）　世界の中の日本建築、そして数寄屋

本書の構成は興味深いものとなっている。それはグラビアでは新旧の茶室や数寄屋の写真が五二ページにわたって掲載しているのであるが、本文は、五九ページのうち、蔵田周忠《ちかただ》の「日本建築の国際性」から始まり、その過半が茶室や数寄屋に限定しないないようになっているのである。もちろん堀口捨己の「有楽の茶室・如庵」など本格的な茶室の論文も掲載されてはいるが、とりわけ蔵田の記事などは、ほとんど茶室や数寄屋に触れずに終始したものである。他の茶室や数寄屋特集号ではこのようなことはない。なぜこのようになったのだろうか。それは「日本建築再検」(19)のなかの「数寄屋造」の特集号であるからということからくるものと考えられるが、より強く、国際的な視点から日本建築そして数寄屋造を再検しようという意図からくるものではないかと感じられる。

概要を示しておきたい。グラビアでは如庵や待庵などの古典の遺構の他、堀口捨己や佐藤武夫ら近代の建築家およびいわゆる数寄屋建築家の茶室などが掲載されている。論考としては蔵田周忠「日本建築の国際性」、瀧澤眞弓「「日本的なもの」とは何か」、岸田日出刀「日本の古建築を見直す」、および岸田日出刀の訳になるブルーノ・タウト「予は日本の建築を如何に観るか」、藤島亥治郎《がいじろう》「純正日本建築」、佐藤武夫「蔵の中の祖父」、板垣鷹穂《たかお》「一つの警告」、堀口捨己「有楽の茶室・如庵」、木村槃二郎「曲がり木」が続き、木村槃二郎「数寄屋建築の材料」、堀口捨己「茶室用語」、「茶室名称図解」解説が続き、最後に本野精吾のエスペラントによる「日本古建築の機能的要素と近代思想」と題する論考で締めている。数寄屋といえば堀口の名が挙がるのは当然であるが(20)、

ここで着目したいのは蔵田周忠と瀧澤眞弓が名を連ねていることである。いずれも分離派建築会のメンバーである。ご承知の通り、いわゆる分離派は大正九（一九二〇）年、東京日本橋の白木屋で第一回作品展を開き、「我々は起つ。過去建築圏より分離し」という文章で始まる分離派宣言を行った近代建築運動のグループであった。(21)

（2）　中柱への着目

グラビアページでは、写真を中心に三十八点（目次に図版としてその名が記されたもの）の古典の茶室の図版とともに、新しい茶室や数寄屋住宅などが掲載されている。古典だけにとどめず新しいものを掲載するのは、茶室が過去のものというのみならず、まさに現代に生きているものとして大きな意味があることを示しており、この傾向は他の特集号においても同様の視点がみられるため、これは時代の傾向ということができよう。

さて、このグラビアを詳しく観察すると、いくつかの不思議な視点がみられる。順を追って主要なものを観察したい。まず如庵であるが、この頃は東京麻布今井町の三井家に位置していた。これは後に堀口が論考を記していることもあり、五ページにわたって掲載され、八枚の写真と平面図一枚を掲載する。最初の「内部」の写真は床の間を中心にしたものであるが、部分的に躙口と中柱《なかばしら》が写り込んでいる。躙口の部分はまだしも、中柱は見方によっては、中途半端とも見えるものである（図1）。カメラの画角のこともあるかも知れない。しかしよく観察すると、如庵の茶室内部の写真がここには四枚掲載されているが、そのうちすべてに中柱が写っているのである。また、そのうち三枚は中柱と床柱がセットで写っている。このあたりは堀口の意図することと考えられるが、後の堀口の論考を述べた節で考察を行いたい。(22)

次に、やはり三井家に移築されていた前後軒であるが、これは外観写真と内部写真、それぞれ一枚ずつ、そして平面図が掲載されている。着目したいのは内部の写真である。一枚だけの内部写真であるが点前座を写したも

図1　如庵内部

図2　前後軒

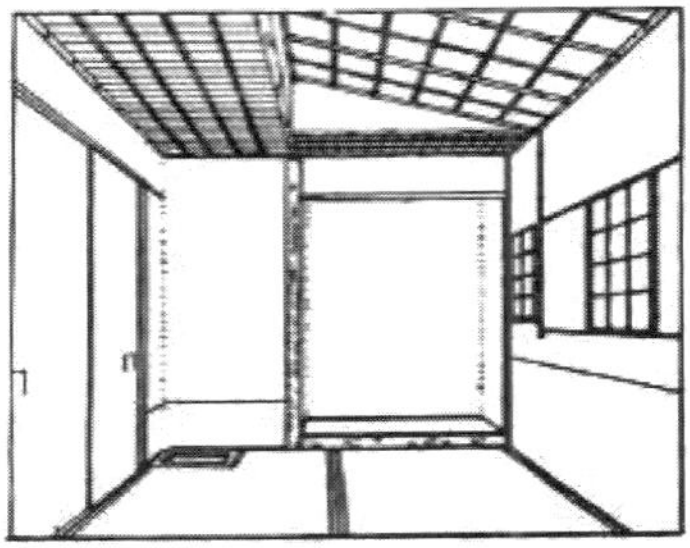

図3　待庵　内部透視図

図4　A邸　居間より庭園

の（図2）となっており、一般に注目される床の間は床柱を含むがごく一部だけが写ったものである。ここでも曲柱《ゆがみばしら》である中柱が中心にくる。

裏千家の又隠の写真は興味深い。躙口と突上窓《つきあげまど》を開けた外観と水屋の写真の二枚である。通常掲載される床の間正面などの内部の写真は全く掲載されていない。裏千家には多くの茶室が存在するが、ここではもうひとつ、無色軒《むしきけん》が掲載されている。写真は点前座《てまえざ》を意識した写真が一枚であり、風炉先に立てられた柱と袖壁《そでかべ》に開けられた下地窓の構成は、先の如庵の中柱に準えた写真の構図である。庭玉軒《ていぎょくけん》（大徳寺真珠庵）においても、床柱を含む床の間の一部分と中柱を含む点前座の過半が写っている。このようにみていくと、このグラビアにおける中柱への執着は極めて大きいものと言わざるを得ない。蓑庵《さあん》（大徳寺玉林院）においても床の間は掲載されず、点前座を含む中柱と、中柱と天井との納まり部分の写真が掲載され、閑《かん》隠席《いんせき》（大徳寺聚光院）でも床の間は無視され、茶《さ》道口《どうぐち》から炉を含み躙口《にじりぐち》側をみた構図のものと中柱を含む点前座の写真が掲載されている。また、松向軒《しょうこうけん》（大徳寺高桐院）でも中柱を中央にした点前座の写真、猿面茶室（愛知県商品陳列所庭園内）も猿面の由来である床柱ではなく中柱を中心とした点前座の写真一枚である。さらに桝床席《ますどこのせき》（大徳寺聚光院）でも床柱ではあるが風炉先に立てられ、下部が吹き抜かれた袖壁と下地窓の構成は、先に挙げた如庵や裏千家の無色軒にも準えられるものである。

桂離宮は、従来、そして現在よく使用される桂棚や月字崩しの欄間あるいは松琴亭の市松模様などは掲載されず、岸田日出刀撮影(23)の、斜めの延段からのアプローチを含む御輿寄《おこしよせ》と、藤島亥治郎撮影の、御幸殿（新御殿）からの中書院、中書院からの御幸殿（新御殿）の二枚である。いずれも外観で、立体的な構成を感じるような写真となっている。

待庵《たいあん》（妙喜庵）は二ページ使用し、二枚の写真と一枚の平面図、そして堀口捨己による床の間を正面にした内部の透視図が一枚掲載される。この二枚の写真が異様である。通常待庵といえば、細い床柱や節を見せた桐の床框あるいは塗回しにした床の間の写真がまず思い浮かぶが、それはあっさりと全体の透視図（図3）で片付けられ、二枚の写真は、二畳隅炉《すみろ》の茶室本体ではなく、次ノ間から勝手境の写真、そして西側の外観のみである。おそらく多くの読者は拍子抜けしたことだろうと思われる。

一方で近代（目次には「現代」）の作品においては床の間を含む写真が数多く掲載されている。藤井厚二、木村清兵衛、仰木敬一郎、柏木助三郎、清水組設計部、木村棨二郎、佐藤武夫そして堀口捨己の作品である。グラビアページの締めとして、堀口捨己のA邸（岡田邸(24)、東京郊外）が掲載される。この作品は強く茶室や数寄屋が意識されたものとは見えない。床の間こそ掲載されているが、炉が写った写真はない。むしろ和風が意識されたモダニズムの住宅といった方が良いだろう。ここには四ページにわたって六枚の写真で構成されている。コンクリートで幾何学的に囲われた小さな池とそこに自然石であるマグロ石を沓石《くついし》（根石《ねいし》あるいは束石《つかいし》）とした捨柱が立ち、立体的な組み立ての土間庇が見どころとして表現されている。最後の写真は、縁を持たない形式の座敷から、池の中に据えられた加茂川石の沓脱石、水面、コンクリートで直線的な池の縁石を見せたものである（図４）。

このようにみていくと、このグラビアページはおそらく堀口捨己の意向が大きく反映されたもの考えられる。あるいは堀口が直接かかわらなくとも、堀口の意図するところを忖度した結果といえるのではないだろうか。もちろん写真の扱いは、その時の許可の問題や、その時に手元にあるかないかという問題などもあると思われるが、古典の主要茶室において床の間が重視されない写真構成は尋常ではない。このあたりについても、後述する堀口の有楽研究の条において考察したい。

（3）日本建築の国際性

本文の最初は蔵田周忠の「日本建築の国際性――一つのレポルタージュ――」から始まる。蔵田は、大正十一（一九二二）年の平和記念東京博覧会の施設建設の技術員となり、ここで堀口捨己と出会う。堀口はここでパビリオンの設計を行っていた。これを機に蔵田は、堀口らの分離派建築会に、当初のメンバーでこそないが、参加することになる人物である。本書において、本文の最初のページへの蔵田の起用は、堀口の影響とみることができる。さて、このページは、茶室や数寄屋住宅の写真が並んだグラビアページが続いた後にくるもので、最後の堀口捨己の近代住宅A邸（図４）とは見開きの構成である。この堀口の作品が、数寄屋というよりモダニズムを感じさせる住宅で、この見開きだけをみると、数寄屋造特集とは誰も感じないかも知れない。内容を吟味してみよう。

蔵田の論考の最初は、「国際建築」すなわち新しい時代の建築の国際性を明確にしたワルター・グロピウス

『現代の小住宅』の言葉の引用から始まる。[25] 次にオウトの言葉、ル・コルビュジエの言葉と引用を続ける。その引用は、建物の「型」は建物の特定の性質と「機能」とによって定まる（グロピウス）など、いわゆる機能主義の時代をまさに反映したものとなっている。そして蔵田自身の言葉として、機能に忠実であるためには、簡潔にして単純なもの尊ぶ点を重視する。[26] そして「材料」の性質を生かして駆使する「構造」を発揮する必要性を述べる。その結果として行われた建物の「忠実な実現」は国際的な「主潮」に合致し国際性を持つが、一方でそれが各国各地の郷土性への適応を尊重するとも述べる。のちに民家研究[27]も行った蔵田らしい言葉である。

蔵田は「新しいザハリヒ（筆者註：即物的、余計な修飾を省いたもの）な要求は工場建築から工芸品まで行きわたった。これ等の事実は現代の neue sachlichkeit（筆者註：ノイエザッハリヒカイト、新即物主義）思想の基底をなすに至る」[28] と述べる。そして新即物主義について論攷を進め、最後に日本へとその視線を向ける。

「そこ（筆者註：日本建築）には不思議な位の近代性があるのに今更驚嘆する」、と蔵田はいう。日本建築の伝統は、材料の自然の性質に適した使用法、簡単明瞭な架構、そしてそれがつくる清澄な室内、であると主張し、素朴で健康な「日本」の姿は、そのまま現代の美の体現であると述べ、上代の神社建築と書院造、茶室、民家を挙げる。[29] この蔵田の文章においてここに始めて「茶室」の言葉が出る。七ページにわたる論考の、じつに六ページ目である。さらに蔵田は続ける。床・棚・柱・内法・畳、それらがつくるプロポーションや日光と新鮮な空気を多量に吸入する開口部は、日本建築が自然の事物のように扱っているところ、また縁側の有機的な緩衝帯を設けて室と庭を結合する空間構成にも注目する。そして先に挙げたグロピウスの言葉を思い出し、「日本建築の要素的な点を顧みると、氏（筆者註：グロピウス）が指示した「近代美」の具象のひとつを確かにここに見出すことが出来る」[30] という。日本建築の自然材料による組み立てによって、「ザハリヒな「質」を生かしている点で、理論的でなく悟性的な合理化を実現」していて、「材料の素地を生かすことは習慣性」となっている。その点において「日本建築は、そのまま新しい構造的なザハリヒカイトの一面を具象する」という。つまり蔵田は、日本建築が現代建築の国際的な傾向に合致するものと指摘し、「過去の日本建築に新しい国際性が見出される」(31)と結論づける。

この蔵田の論考には、「茶室」という言葉は、先に述べた一ヶ所だけであり、「数寄屋」は出てこない。しかし『徒然草』の引用から、「かりのやどりとは思へど興あるもの」として「家居のつきづきしくあらまほしこそ」日本の家の伝統と述べ、間接的には数寄屋住宅をイメージするものを記している。日本建築が現代の国際性を有するもので、その重要な部分に数寄屋が位置する、と間接的に示したのがこの文章とみることができる。『国際建築』誌における「数寄屋造」特集の重要な部分を担った論考、と位置付けることが出来よう。

蔵田の論考に続いて、瀧澤眞弓が「「日本的なもの」とは何か」を記す。瀧澤は、日本で発生して日本で展開してきた「純粋な」日本的なものはない、ということをまず述べる(32)。つまり、海外から伝えられた文化は、さまざまに混じり合い、日本独自の展開として「日本的」な味を浸透させ、醇化させたものが「日本的なもの」であるという。瀧澤は門松《かどまつ》に中国的なものを感じ、茶が中国から伝えられ、能楽にも古代の神楽からの伝統を感じつつ、一方で崑崙《こんろん》や西域に通じる伎楽《ぎがく》の伝統もひいていることを述べる(33)。これらの多くが室町頃に成立し、続く安土桃山時代に社会が国際的に進展するなかで、反比例して「日本的」な展開を遂げることに着目する。そして日本的なものの確立は、国際的外来的なものへの対極として発生し発展すると考える。そして現代における主張として、日本的なものは、いわゆる「型」の継承や模倣ではないとし、現実生活より発せられるものであるとして文章を結ぶ(34)。

（4）岸田日出刀とブルーノ・タウト

続いて岸田日出刀が「日本の古建築を見直す」を記す。岸田は溯ること五年、昭和四年（一九二九）に『過去の構成』を上梓しているが[35]、ここから論考を始めている。『過去の構成』は、その後の昭和十三年に、写真や一部の文章を変更し改訂版を出版した。そして昭和十三年版と同様の内容のものは、昭和二十六年に再版されている。少し寄り道することになるが昭和四年版の『過去の構成』を中心に、比較のため昭和十三年版を参照し、この岸田の論考を読み解いていきたい。もちろん昭和四年はブルーノ・タウト来日（昭和八年）以前であるし、昭和十三年は来日後である。そして本特集号は来日直後、ということをあらためて記しておきたい。

近代の新しい視点から日本建築の魅力を見出そうと試みた『過去の構成』は、神社・民家そしていわゆる数寄屋だけではなく、寺院建築についても多くのページをさいているところがひとつの特徴といえる。この時代の合理主義を奉ずる建築家の一般的な論考では、中国建築の影響を受けていないと考えられる神社・住宅・茶室に注目していたが[36]、岸田のこの著作ではむしろ寺院建築に多くのページをさいており、他の論考とは大きな違いを見せている。じっさい図版七十五ページ中、仏像などを含んだ寺院に関しては五十ページ程度を費やしている。もちろん岸田も「現代人の構成ともいうべき観点から眺めようとしたもの[37]」としており、「「モダーン」の極致を却ってそれら過去の日本建築その他に見出して今更らに驚愕し、胸の高鳴るのを覚える者は決して自分丈けではないと思う」としており、合理主義を奉ずる他の建築家たちと立場を同じくする。岸田の寺院建築への視点の一端をここに紹介しておこう。「法隆寺伽藍」では、最初に「変化とバランス。統一と秩序。その形。その色」と記述し[38]、具体的な記述はないものの、左右非対称など近代の視点からこれを観察していることを強く示している。「大仏殿の軒裏」では、天竺様（大仏様）の特色について言及するところであるが、「この挿肘木《さしひじき》は深い軒を支えるに斗栱《ときょう》による最も合理的な手法だと思う」として「従来の和様の手法に較べれば、極めて豊富な創意である[39]」

としている。一方「日光五重の塔初重軒裏」においては「五重の塔も陽明門《ようめいもん》も、法隆寺の五重の塔と中門に並べられて、その醜悪な形を一々指摘される例に挙げられる位がおちであり(40)」とさんざんな表現である。そして「こんな建築は二度と経験したくないものである」と結んでいる。もちろんこのような厳しい言及のされ方はこの日光だけである。ちなみに昭和十三年版ではこの部分は「日光の眠猫」に差し替えられる。その解説の文言は変更されているが、「蟇股《かえるまた》の中の装飾彫刻として猫が眠るのではなく、眠った猫を飾るために蟇股が利用されたとしか思へぬ(41)」というような皮肉を込めた言葉が記述され、否定的に記述していることには違いはない。

他の合理主義を奉ずる建築家たちが着目した茶室についてはどうであろうか。昭和四年版では聚光院《じゅこういん》茶室の一ページのみである。特に名称は記されていないが、江戸中期の利休百五十年忌に千家によってつくられた三畳下座床の閑隠席《かんいんせき》で、中柱を含む点前座の写真で、床の間は写っていない（図5）。「茶室建築から材料の活用とその神秘とも見ゆる構成の美を強く教えられる」とするが、一方で「茶室建築もそれが形式化されて所謂数奇を凝すと云ふやうな堕落に陥ったもの(42)」としている。岸田は安土桃山時代から江戸初期頃にかけてのものは驚嘆すべき、としていることから、この文章は、逆に江戸中期以降から同書が記された昭和初期に至るまでを否定したものとみることができる。すなわちそれは、武田五一が『南方録』に影響を受けて記した茶室研究と同様の流れの中にあるものとみられる。強調しているわけではないが、この写真の閑隠席を岸田はあまり評価していなかったのかも知れない。なお、のちの昭和十三年版では写真が三溪園春草廬《しゅんそうろ》に差し替えられているが、春草廬は三畳大目、安土桃山時代、織田有楽の好みとの伝承をもつ茶室である。相変わらず床の間を伴わない点前座のみの写真である（図6）。本文では「壁の色や天井の張方をそのまま真似て何にならう。利久（ママ）の茶室・遠州の茶席に座して利久を想ひ、遠州を偲ぶことに価値があるのではあるまいか(43)」とその表現を変えてきている。ちなみに遠州作と伝わる茶室孤篷庵忘筌《こほうあんぼうせん》のページは昭和十三年版に新しく組み込まれている。すなわち、茶室に関して岸田は、他の多くの建築家たちと同様、確固たる価値基準を持ち合わせておらず、その評価については揺れ動いていた、と考えられる。

　またいわゆる数寄屋造では桂離宮と修学院離宮、そして飛雲閣《ひうんかく》が掲載されている。修学院と飛雲閣はそれぞれ一ページずつで、修学院離宮では「技巧を弄しすぎた」として桂離宮に遙かに及ばないとしている。一方で一九二〇年頃に建築されたM・デ・クラークのアムステルダムの共同住宅[44]にも準えられているところは興味深い。すなわちこの意見は、一九二〇年代後半の合理主義が主流となった時の考え方で、その少し前に流行した表現主義への少しの皮肉を含んだ批評とみることができる。そして桂離宮は四ページを費やし、「このやうな名建築が離宮として完全に永久に保存されるといふことはこの上ない喜びである」[45]とし、檜皮葺の軽い屋根、高い床に軽快と清楚を見出し、その間の白く変化に富む障子に最大級の美を感じるなど、最高の賛辞を送る。

　さて話題を元に戻そう。この特集号の論考はブルーノ・タウト来日以降であり、タウトによって桂離宮や伊勢神宮が絶賛され、多くの日本人がそれに共感したあとであることに着目したい。岸田は「異国人の語るのを聞い

図５　聚光院茶室（岸田日出刀『過去の構成』構成社書房、昭和４年版）

図６　茶室春草盧（岸田日出刀『過去の構成』相模書房、昭和13年版）

てはじめて自国の建築のもつよさを認識するというやうな種類の人もないではないやうに思はれる」と皮肉を込めて述べるが、先の『過去の構成』で岸田が述べていた桂離宮への賛美と日光への批判は、そのままタウトの言説に引き継がれたようなところがある。[46] 岸田の言説は自身への自負があったのだろう。そして岸田の言説をタウトが参考にして桂離宮を賛美し、それから急激に桂離宮の評価が高まった。しかし桂離宮の評価の高まりには、もうひとつ小さな壁があった。それは当時、桂離宮が小堀遠州作と考えられており、一部の人たちには千利休以降の茶人、そこには遠州も含まれるが、彼らに対する評価が必ずしも高くはなかったからである。『過去の構成』昭和四年版には、当時信じられていた桂離宮を除いて遠州の作品は掲載されていない。ただ昭和十三年版には、孤篷庵忘筌が掲載され、また本文中でも遠州について触れている。[47]

昭和初期頃まで、とりわけ建築家たちにとっては千利休以降に活躍する茶人たちに対する評価は必ずしも高いものではなかった。それは古田織部、織田有楽、小堀遠州、さらにはそれに続く江戸期の茶人たちに対してであって、建築家たちの多くは利休によって高められた茶室建築は、その後大きく変化せず、近代に至っていると、把握しているのであり、その結果として多くの建築家が茶室には関与しなかったと考えられるのである。[48] つまり『南方録』の「滅後」の巻によって利休以降が否定的に考えられていたという側面があったからである。それを破ったのは堀口捨己であった。堀口は昭和七年に「茶室の思想的背景と其構成」[49]を記すが、ここに利休以降のみならず、黄金《きん》の茶室など、茶室のさまざまな側面を肯定的に捉え、小堀遠州についても、むしろ利休の茶に近いものとして積極的に取り上げている。[50] これが昭和七年の著述であり、当時は一般に桂離宮が小堀遠州の作だと信じられていたことを勘案するならば、翌年のタウト来日によって、桂離宮が急激にその評価を高める要因として、建築家の立場からは、この堀口の論文の存在があり、当時の建築家や一部の知識人たちの意識の中に刷り込まれた利休以降に対する否定的な視点が払拭されたことは、少なからぬ意味があったと考えることができる。

さて岸田はタウトのみを奉る日本人に対しては批判的ではあるが、一方でタウト自身に対しては特に批判的とはいえず、むしろ外国人でありながら似た観点をもっている彼に親近感を感じていたかも知れない。あるいは『過去の構成』の昭和四年の初版と昭和十三年版との比較において見出される、茶室や数寄屋に対する揺らぎのある表現をみれば、岸田自身もタウトに影響された側面があると思われる。本特集号においても「日本の古建築を見直す」に続いて、岸田日出刀訳になるブルーノ・タウトの論考「予は日本の建築を如何に観るか」を掲載しているからである。ちなみに岸田は、そのタウトの文章を掲載することを多少皮肉を込めて、「世界の建築家ブルノ《ママ》・タウト教授の言とあらば、すべての人がなるほどと肯くだらう」(51)と記している。そのタウトの言説は次のようなものである。まず日光を他国にある装飾の多い建築と比較して、同じ形式のものであり顧みるに値しないと述べる。そして桂離宮を「世界の傑作」とし、それを造った小堀遠州(52)の別の作品、大徳寺孤篷庵に対して、「余剰のない簡単」「比例の完全な調和」があるとする(53)。この孤篷庵への視点は新しいものである。遠州によって「日本建築をバロック的又は異国的な影響から、開放することを可能ならしめる信念を与へた」としている。また伊勢神宮の外宮をアクロポリス以上のものと評価し、他国に決して例のない驚くべき事実とし、世界の建築家はここを「巡礼の聖地」とせねばならない、とまで言い放つ(54)。

このあたりは日本の建築家ではいえなかったことだろうと思われ、岸田がタウトに託したことも頷ける。岸田自身もこのタウトの言葉に力強いものを感じ、影響を受けたのであろう。『過去の構成』の昭和四年と同十三年版との比較をするならば、岸田は、最初写真四枚で四ページであった桂離宮を、写真九枚で五ページに増加し、また当初組み込まれてなかった孤篷庵忘筌のページを挿入している。岸田は「孤篷庵は桂離宮の建築に比し概して低調のものではあるが、忘筌のこの縁先あるが故に、孤篷庵も現代建築家の聖地のひとつである」(55)と、微妙な言い回しながら、先のタウトの言説を受けた表現となっている。最後にタウトは、伊勢神宮の精神の上に立って、日本建築を最初に革新した最初の偉人が小堀遠州だとする。つまり再び桂離宮に対する最高の賛美で、この文章を終える。

再び特集号の「日本の古建築を見直す」に戻ろう。岸田は『国際建築』誌の小山某に次のように話したという。「国際建築はあまり西洋のもの、紹介研究のみに片より過ぎはしなかつたか。受けいれるだけが国際の使命ではあるまい。日本の建築のよい点を西洋に知らせる企てもしてこそ始めて国際的といふ本誌の本領を発揮する所以ではあるまいか。今後ともこの方面で大いに努めて貰いたい(56)」と。まさにあとに続くタウトの論考を意識したものだということができる。そしてこれからの日本の建築を進めるために西洋建築の知識が必要であるが、それは日本建築の良否を知った上でなければならないと述べる。それが岸田の言わんとするところだという。

(5) 堀口捨己の有楽研究と近代建築空間

本書における論述で、茶室について深く切り込んだものは、堀口捨己の「有楽の茶室・如庵」である。本論考は有楽の茶室について如庵について、ただ単に建築史的に考察したものではない。むしろ建築家・堀口捨己として空間構成などの視点によって有楽の茶室について論じているものである。少しのちのものになるが、昭和十五年（一九四〇）、堀口は利休三百五十年忌に際して次のような文言をのこしている。「今ここに現代建築の立場で、利休の茶室をとり上げる(57)」。堀口にとっての茶室研究は、現代建築の研究でもあった。では「有楽の茶室・如庵」に戻ろう。まず「はしがき」には面白いことが書いてある。「私は小山氏が茶室全般に亘って新しい角度から見た一文を依頼されたのであった」が、三井邸の如庵を取材してより、急に如庵を中心に有楽の茶室を書いてみたくなった、とのことである。本文を読み進めると堀口がなぜ急に書きたくなったのか、堀口の興味がどこにあるのかが見えてくる。また「はしがき」には、茶室を外部からみた全般的な事項に関する文は昨年の『建築様式論』に書いているという。この『建築様式論』は板垣鷹穂と堀口捨己の編輯で、昭和七年（一九三二）、六文館より発行された論文集である。瀧澤眞弓や森田慶一らの分離派メンバーから、一世代後学の谷口吉郎ら、十四名、十五の論文が掲載されている。(58) この内、堀口は二本の論文を書いているが、茶室を外部からみたと称する論文は「茶室の思想的背景とその構成」(59) である。「有楽の茶室・如庵」は明らかに「茶室の思想的背景とその構成」と関連しているので、これに少しに触れておきたい。

「茶室の思想的背景とその構成」において堀口は、茶の湯の意味を問うことから始める。ここで堀口は茶の湯を宗教や礼儀から見ていては理解できないものとして、芸術的な側面を重視している。さらにここでは、茶の湯が日常生活の形式を借りて美を求める芸術であるとして、「生活構成の芸術」と呼んでいる。ここでの堀口の視点は、武田五一に始まる『南方録』に囚われたものではない。正確に言うと『南方録』は随所で参照しているが、その核心ともいえる、「滅後」の段、すなわち千利休没後、茶の湯が栄え、一方でその精神性が失われるとした部分を重視することはなかった。これは茶の湯のもつ精神性に重きを置かない態度がそのような視点を取らせたと考えられ、例えば、豊臣秀吉の黄金の茶室でさえ、芸術的な側面から論じ、非難することはしていない。「色彩の調和として金と朱と、緑（茶の色）のごとき正統的な美しさ」は、露地における花咲く樹木（侘びの茶の禁木）、そして素材の人物としての秀吉を取り合わせを考えるとき、十分にひとつの美しい茶の湯の「構成」ができていた、と合目的的に考察する。また利休以降の小堀遠州は、当時の千家の視点からは非難されることもあったが、(60) ここにおいてはむしろ利休の茶に近いものとして積極的に取り上げていることは、前条で述べたとおりである。

その後堀口は、具体的に茶室についての言及を始める。まず反相称性である。この特性を出雲大社や法隆寺に見出し、日本の民族性の好みと位置付ける。この意味で茶室は日本らしい建築の一面の完成であるという。そして茶室がこの反相称性ゆえに、「ずれ」をもち「不正形的形体」をとり、歪める線や凹凸ある空間的立体になると指摘する。それは一見無秩序になりがちであるが、茶の湯の動作が限定されていることや、建築の要素として規格化された畳を使用していることから、無秩序に陥ることを救っていると考える。そして反相称主義の必然的帰結として構成的であり、そのため材料的には多素材主義であるとも述べる。茶室の平面では堀口は炉をその中心であると考える。四畳半の正方形平面も炉が少しずれることによって卍形のもつ「螺旋的動感」を避けているという。それは反相称の顕れとなって表現されている。そして特殊な技巧として中柱と袖壁が重視されている。正方形である二畳の今日庵では、この袖壁と中柱によって「正方形の中心を壊している」と表現する。正方形の中心を壊すというのは、従来の様式建築からの離脱を意味すると思われる。室空間の正方形感の否定は、中柱に曲材を使うことによって最高潮に達する、とする。

と、ここまで読み進めると、本項『国際建築』の「日本建築再検・数寄屋造」特集号のグラビアの意味が見えてきた。すなわち、おそらく堀口が主導していたと考えられる本特集号、このグラビアに中柱が多く掲載され、床の間の写真があまり使われていないのであるが、まさに堀口の意志からくるものだということが理解される。じっさい「茶室の思想的背景とその構成」では床の間は、その考察は文章の終わりに近づいたところに記述されているだけである。「茶室においては、炉と中柱が室空間の重心をなしているが、また「床の間」が重要な役割をしている」(61)と記して、堀口の思いとしては炉と中柱が、室空間のみならず堀口の心の中においても重きをなしていたとみることができる記述である。また床の間の記述の前には窓について、そして天井について考察がある。いずれも反相称性の表現としての言及である。

最後に堀口は、パルテノンとの比較を行う(62)。パルテノンの相称性と茶室の反相称性は著しく相反する特性であり、パルテノンを戒律的様式主義をただはらんでいるだけだとする。つまり様式的に確立された形式をもつものがパルテノンである。一方、茶室には建築的に自由無礙なる手法が約束されているとし、茶室のその構成的手法は純粋な建築美を掲示し、美の世界における建築性の独立自主を自覚せしめ、それは建築美の理念発展の最高の段階であると絶賛する。まさに近代の視点である。そして彫刻や絵画を伴わない建築については、最近になってこそ欧州の建築思想にそれは顕れた、と示している。堀口は、近代建築が茶室に追いついてきた、とでもいいたかったのだろうか。そして、この茶室の影響によって、わが国の一般住宅が徒な記念性と無意味な装飾から免れていることは、非常に大きな寄与だとする。

では、「茶室の思想的背景とその構成」を踏まえて、再び「有楽の茶室・如庵」に戻ろう。本文は五章から成る論考である。まず有楽の人物像から始まる。『茶話指月集』[63]『松風雑話』[64]などでは、利休や織部を英雄化するため引き合いに出され、有楽は否定的な側面を記述されているが、有楽の茶室の創作力は利休や織部に劣るものではなく、それら過去の文献を一方的な著述であると断ずる。そして九つの茶室の平面図の解説が続く。平面において堀口は、有楽は、いわゆる祇園座敷の二畳（図7）を造っていたが、これを除いて二畳半以下のものはなく『織有伝』より「客を苦しめるに似る」との言葉を引いて堀口は説明する。この九つの平面図の中には、茶室内の一部を板敷にしたものが四つみられることに着目するが、それらは相伴席として使用するものと解説される。

茶の湯空間に上下を付けることは、「茶の湯の傾向」から見たとき、「没理想的に退歩したもので反目的的」とするが、一方で、徳川による治世が始まった時代において、差別を無視する茶の湯を甚だ反逆的とし、有楽の茶室にみるこれら傾向を、封建時代の世においては、自然なあたりまえのことと評する。また有楽がいくつか試みている亭主床についても、有楽の織田家の人間としての矜持がそうさせた[65]と、合目的的な視点から観察する。もっともここにおける目的は若干の齟齬が感じられるものであり、また一般には素直には受けいれにくい内容と思われるが、後述するが論文の後半にそれが解決される。

次に如庵についての考察が始まる（図8）。先の祇園座敷の二畳は、亭主や客の動線が似通っており、それに一畳半を加え、静的な「床の間」を合わせると、如庵になると述べる[66]。すなわち二畳と三畳半大目（三畳半）の茶室が同じであると、その動線と静的な要素から指摘している点は興味深い。また床脇の斜めの壁面とそこに入れられた三角の地板（鱗板あるいは筋違板）によって、六つに区画された平面を堀口はみる。その六つとは点前座、炉、点前座前方の半畳、客座二畳、床の間、そして三角の板、であり、小さな平面に違った要素が区画され、それが構成されている様に着目したものである。他に、中柱や袖壁のアーチ型の窓、腰貼などに着目している。その中で堀口は中柱と床柱が室内に突き出ていることを注視する。八角形の杣ナグリの床柱と磨き丸太の中柱、この異なった柱が相対立して、躙口から入ってくると「目の前に突っ立っている」と記し、茶室の動線の交わるところに立つ「門の如き」とみる。この反相称の表現は、その背景の窓や腰貼によって造られる複雑なスパンヌング効果（シュパンヌンク効果、心理的な均整や緊張感をとる構図）の前面に行われ、最も重要な空間構成上の役割を演じている、と記す[67]。

　そして窓の記述である。特に注目するのは、点前座勝手付に設けられた「目なし竹櫺子《れんじ》窓」、いわゆる有楽窓である。先の「茶室の思想的背景とその構成」では、有楽の茶室について、この部分につい

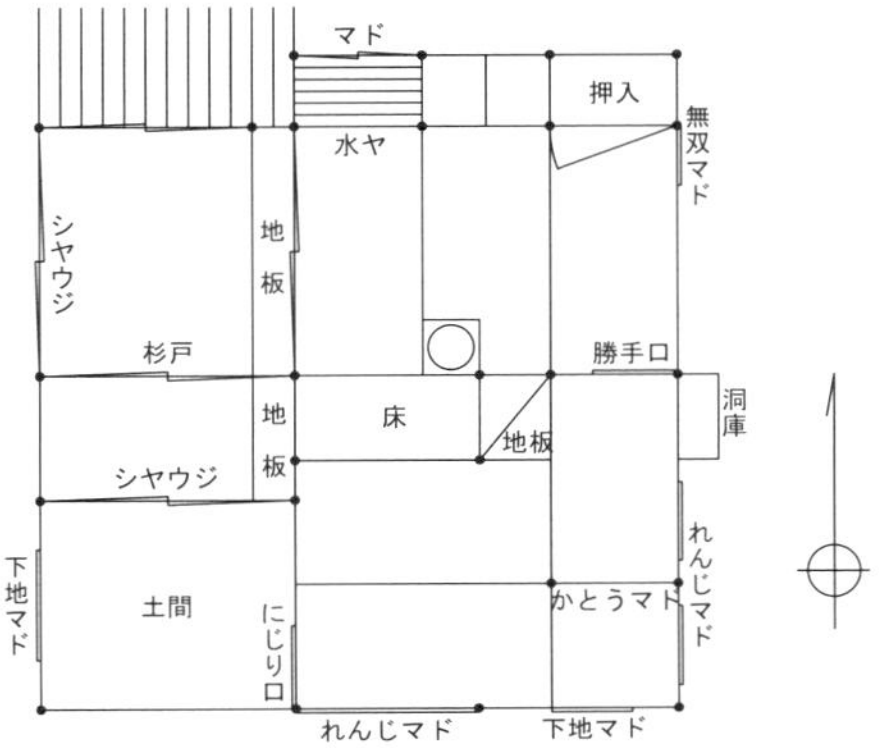

図8　如庵

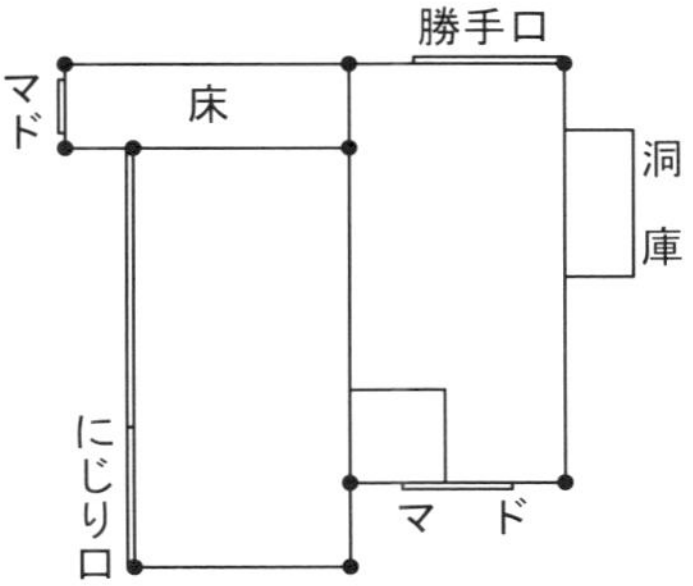

図7　二畳　祇園座敷

ては触れていない。外部から詰めて打ち付けられた竹連子は節があるため、その空隙から少量の光と、かなりの通風ができるようになっており、明る過ぎることを防ぎ、内側の障子に映る陰影に着目する。なおグラビアページには、この写真が掲載されているが、かすかに陰影が映っている。(68) また窓障子、暦張り、太鼓襖による壁面の分割に着目する。通常ならば腰張りは、紙の大きさに規格があることから、その段数を数えるのであるが、ここではその高さに関心をよせ、細い切れを上部に張り足している点を注視する。

そして、先に挙げた相伴席や亭主床《ていしゅどこ》による客の差別化や亭主の優位性に関しては、如庵では一切が清算されているという。(69) 最初に感じた、素直には受けいれがたい堀口の記述は、ここで一気に溜飲を下げる。ここに堀口は、有楽の茶室がしだいに高められ、晩年の如庵において「露地の一境浄土世界を打開き、一宇草庵」に侘びすまして「一碗の茶に真味ある事」を悟る境地に至ったと思われるとして、「完成された古典」と評している。

最後に、茶室は建築芸術として発達してきたことを述べる。すなわち建築の環境、構造そして耐火的視点は、全く顧みられなく、茶人の「好み」の言葉の中に含められたあらゆる感覚的効果の探求に驚くべきものがあり、堀口自身そこに重点をおいて茶室をみてきたという。それは茶の湯の目的のための合目的的建築であり、「侘び」「寂び」の要求から自然発生的に農家や山家を規範とした「用」の顕現だとする。その意味で有楽の茶室は有楽の成長と共に茶の湯における目的を有楽自身が少しずつ変化させ、その完成した形式を堀口は如庵にみた、ということができよう。

第四節　「近代数寄屋建築」特集号（『建築世界』昭和九年〔一九三四〕四月号）

（1）　新時代の数寄屋建築

『建築世界』誌では昭和七年に「茶室と茶庭」特集号を刊行している。その後、ブルーノ・タウトの来日があり、数寄屋をとりまく状況が大きく変化してきた時代である。「近代数寄屋建築特輯号に題す」とした序文でも、「数寄屋建築の架構芸術は今や欧州の近代作品にもその卓越した手法として迎へられ」ているとして、「近来独逸建築家」が数寄屋建築や庭園に着目し、日本の住居文化として多大な興味を持っている、とタウトについて言及している。今特集号の目的は、来たるべき新時代における数寄屋建築のありようについて研究すべきだとの考えに基づいてのものとする。そこで真の日本建築の姿を見出すため、国民性を最もよく発揮している数寄屋建築の構想を、新興日本建築の姿となさねばならないと思う、としている。そしてグラビアページを茶室篇と住宅篇に分類し、本文については、北尾春道の「近代数寄屋建築の展望」、板野香の「数寄屋建築の設備」、吉田五十八の「饒舌抄」、木村清兵衛の「数寄屋建築の話」と続く。「編集後記」には「数寄屋建築は世界の建築舞台へ進出し、純粋の日本住宅の姿として迎えられつつある」として、本特集号が「斯界に燦然」として、有意義なものと確信する、としている。

さてこのグラビア部分で注目されることは、特に茶室篇部分で顕著であるが、庭園と建築が写された写真が多いことである。とりわけ庇が大きく張りだし、捨柱《すてばしら》が立ち土間庇《どまびさし》を構成した形式である。人工物である建築と、人手にかかるものであるが自然を表現した庭園が複雑に構成されている様を表現しようとしているように読める。例えば小田原の益田孝（鈍翁）別邸では、閑雲亭《かんうんてい》、為楽庵《いらくあん》、心弘庵《しんこうあん》、幽月庵《ゆうげつあん》、寒松堂《かんしょうどう》、掃雲台《そううんだい》の茶室が掲載されるが、閑雲亭では六枚の写真の内、四枚が外部で、あと一枚も土間部分、為楽庵では二枚とも外部、心弘庵では四枚のうち二枚が外部、一枚が雪隠《せっちん》外部、幽月庵では四枚の内二枚が外部、寒松堂では二枚とも外部、掃雲台では三枚すべてが外部、となっている。しかし内外の空間が複雑に構成されている写真などを見ると、二十世紀初頭の近代建築の傾向として自然を取り入れようとした建築空間を求める傾向と軌を一にするものとみることができる。住宅篇ではこの時期新進の建築家吉田五十八の作品が多く掲載されている。住宅篇では十八件の住宅が

図９　関谷弥兵衛邸　外観

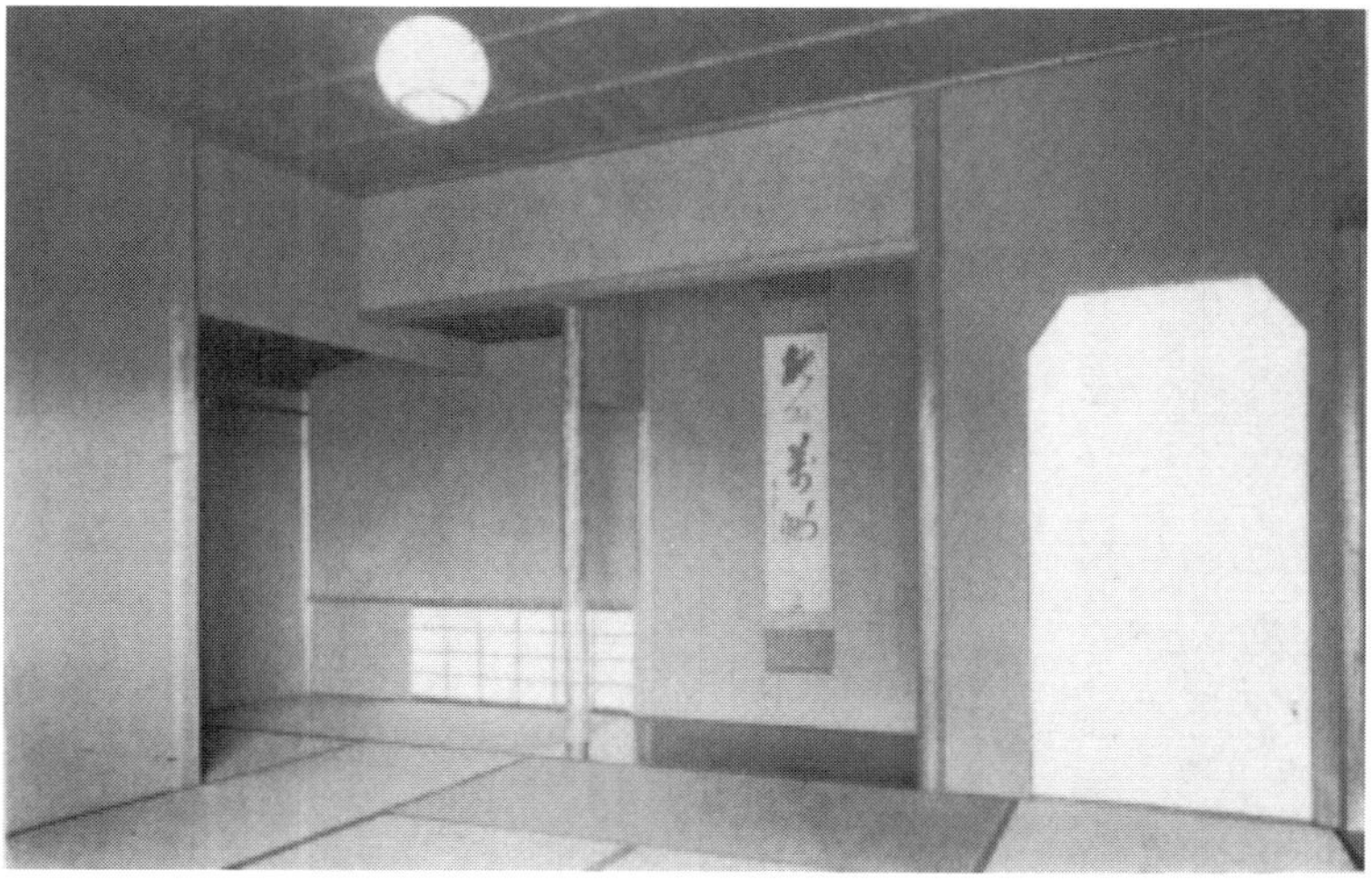

図10　関谷弥兵衛邸　茶室内部

掲載されているが、そのうち設計者が記載されたものは、七件で、ひとつが清水組設計部、あとの六つが吉田五十八設計である。

そのうちのひとつ関屋弥兵衛邸を見てみたい。ここでも庭園と建物の立体的な構成が重視されており、大きな土間庇の写真には腰板をもたない障子がその白い面を並べている姿が、まず興味をひく（図9）。通常、外部に面しては板戸あるいは昭和初期ならばガラス障子がよく建てられている。ここでは明障子《あかりしょうじ》が表現され、見る者を表千家の残月亭さらには桂離宮の御殿に引き込む。茶室は複数あるようだが、そのうちのひとつ広間（図10）は、床柱がセットバックし原叟床に似た踏込床が、棚などを省き掃き出しの窓を備えた床脇と一体化し、立方体としての部屋から壁面をL字形に掘り込んだ形式で、その写真は当時としては清新なイメージを与えたことと思われ、構成的な表現とみることができる。同様の床の間の構成は、続いて掲載される客間においても、床の間と付書院と地袋《じぶくろ》を備えた床脇がL字形に一体化した写真にもみることができる。本誌に掲載された写真の数々は、じつに複雑で立体的な構成を見せるものが多く掲載されているが、同様に構成的ではあるが、一方で従来の数寄屋の要素、例えば、棚や床の間の框などを省略することによって、のちに吉田が主張するように[70]、明朗性を増し「うるささ」を抑制することに成功している。

（2）　近代数寄屋建築の展望

本文篇では、北尾春道の「近代数寄屋建築の展望」から始まる。その序において、茶室建築が「我国民性」を最も真実に表したものとし、「その明快な真実性に富む構成美と、純真なる日本国民性をもつ数寄屋建築の手法を、日本住宅の形式[71]」として、茶の社交的儀礼や約束された方式を離れ、簡雅、清楚な禅味ある茶趣味の表現性として、その架構や装飾意匠にまで構成しようとする最近の傾向が、いわゆる「近代数寄屋建築」であると、まず定義付ける。その後北尾は、茶の湯と茶室の歴史をたどるが、ここではやや『南方録』的視点が見え隠れし、利休の茶の湯と茶室を絶賛する。一方でその後の時代の退歩的な視点は薄められ、とりわけ小堀遠州には高い評価を与えている。おそらくこれは、先の項で取り上げた堀口らの主張の影響や、何よりもブルーノ・タウトの桂離宮賛美に影響されてのことである。北尾は桂離宮、仙洞御所《せんとうごしょ》、修学院離宮を小堀遠州作とし[72]、「独逸の新進建築家ブルノウ《ママ》・タウト氏も松琴亭や、月波楼の建築に絶賛の言葉を残し」数寄屋建築に対して高い評価を行っているとし、数寄屋建築は小堀遠州によって「最高潮に達した[73]」と記す。

しかし江戸中期より明治に至る歴史は、北尾にとって否定的なものであった。ただし例外もあった。明治になって数寄屋建築を復興した人物として、井上馨、益田孝、原富太郎、前山久吉、根津嘉一郎、高橋義雄らを挙げる。また「茶の本」の著者岡倉覚三も評価が高い。そして彼らの尽力によって、明治から大正時代に数寄屋建築は保護され、その結果、数寄屋建築が世界に誇るべきものであることを、近年に至って認識できるようになったと北尾は記す。「欧州の近代的作品にも我数寄屋の手法を取り入れた例も少なからず[74]」と述べる。この数寄屋の手法とは、空間の構成、建築の機能的構成、技術の美的構成、単純化、原始化、などが挙げられ、これは単なる茶人の範疇に収まるものではなく、真の日本趣味的な住宅建築として、来たるべき時代の生活様式に適合しつつ進展してゆくべきもの、と北尾は信ずる。そして、より具体的に数寄屋の各部分において論述を展開する。外観の屋根、庇、窓、入口、側壁、内部においては庭園（後述）、床の間、材料、壁面、窓などについて詳述する。

ここで内部構成として庭園、とあるのは少し不思議な気がするが、北尾の説はこうである。すなわち「庭園は室内の延長」とみて、数寄屋住宅においては庭園が室内まで進入しており、面皮や皮付きの柱、档《あて》丸太やさび丸太などは大自然の妙趣が室内の構想となっている、との考えからである。近代建築の視点で、人工的な建築と自然世界との関わりは重要な視点である。結論として北尾は、近代数寄屋建築を「珠光や利休や、遠州の残して往《ママ》った茶道の精神が永久不変に日本精神となって且つ民俗に根強く確守すると同時に、悠久な最も恒久性に富み、流行を超越した純日本住宅建築として進展してゆかねばならぬ大使命をもってゆかねばならぬ」とする。そして独逸の文献より引用し、外国人が如何に日本の住居文化として数寄屋建築を眺めていたかということを掲載して本文を終える。

　引用文の主要な部分について、以下さらに引用しておきたい。「ヘルムートヘントリッヒ（ドウツセルドルフ）、（独逸デイフオルム）一九三三年七月所載抜粋」[75]には次のようにある。「家屋と庭園は相互に行き互った密接な関係にある」「数寄屋なる名称を存する家屋は同時にシンメトリーに欠けている場合を意味する」「日本の家屋は甚だしく規格のある組みあわせ建築」「日本の建築構成の原則である建物と風景、家屋と庭園の密接な結合は又我々にとっても大都会の発展に対するひとつの自然的な反動と見做される」「殆ど装飾を必要としない原料のもつ感触と云うものはむしろ材料を余すところなく芸術的に利用活用することによって、その目的が達せられた」「此の価値を最初に早くから認めたのがアメリカ人フランク・ロイド・ライトであって、彼の作った建築に於いては、日本の形式は恐らく模倣はされないであらうが、此の原則が多澤（筆者註：沢山か？）用いられて効果を挙げている」。

　ここでライトについて補足しておきたい。日本を度々訪れ、浮世絵のコレクターとしても知られたフランク・ロイド・ライトは日本贔屓の建築家であった[76]。しかしここに「日本の形式は恐らく模倣はされないであらうが」としているのは、当時の建築家として、何かを模倣するということは恥ずべき行為であると信じられていたことから、この文言を入れたものと推察される。前後の文脈からは「日本の形式を取り入れた」と読むのが自然であろう。続けると、そのライトは「彼の作品によって明白に決定的な影響を欧州に及ぼしている」という。「日本的な要素が（欧州に）相当の影響を及ぼしてゆくことだけは明白である」。近来日本の建築が欧米を志向することに対して「望むらくは、世界の最高の文化に属する日本の住居文化が消滅せないこと」と述べ、しかしながら日本は欧米の影響を受けいれないわけにはいかないとしながら、「本質的なるものは形式ではなくして内容」とし、「根底に於いては貫徹するもの」と記している。(77)

（3）「饒舌抄《じょうぜつしょう》」

本特集号は、吉田五十八が大きくかかわっていたとみられる。先に挙げたようにグラビアでは六つの作品が掲載されていた。本文中四ページにわたって記された吉田五十八の「饒舌抄」はいくつかのエピソードからなるエッセイで、吉田五十八の数寄屋に対する考え方を知ることのできる重要な文章である。ここに、逸話のいくつかを抜粋してみたい。

ある人がある有名な建築家に住宅建築の極致を尋ねたという。それに対し建築家は、「特に褒めたり貶したりするような目立つところはないが、長居したくなるような住宅」、と答えたという。吉田は、これはパリで聞いた話にも繋がるという。ブルバールですれ違った女性に対して、その時は強く惹かれるものが無かったが、通り過ぎたあと、そして家に帰ったとき、あのなりはよかったと思う、それがパリの粋人というのだそうだ。そのふたつの話題から吉田は数寄屋建築に転じて述べる。「私は数寄屋普請を主張しはしない。だが親しみ深い家、住んでみたいと思う家は決してしゃちほこばった家ではない」として、その意味でコルビュジエやライトの住宅は親しめる家ではないかと述べる。(78)ここで吉田は、他の論客とは違って、「数寄屋普請は近代性に乏しい」という。しかし一方で「非常に住みいい日本住宅を作って見ると、数寄屋普請に近いものになる」とも述べる。

また、ある人からの質問を受けた。それは、数寄屋普請にガラスとかタイルなどの近代の建築材料を使ってはいけないのかというものであった。それに対し吉田は、「使ってもかまわない」、と答えたそうである。それは茶室建築ができた昔、もしガラスやタイルがあったなら千利休は便利だから使ったに違いない、と考えてのことである。吉田自身、障子にガラスを使ってきた。しかし数寄屋建築の雰囲気を害しては困る、という。またその部屋に入って来た人の眼につくような使い方は失敗だという。逆に使い道さえよければ近代建築の新材料ばかりでも、数寄屋普請はできることになると思う、と述べる(79)。

この「饒舌抄」はのちに『吉田五十八作品集』(80)に加えられ、また単行本(81)にもまとめられている。それはその後の吉田のエッセイや対談などを加えてまとめたものである。のちの作品や著作のことはここでは論じないが、昭和九年のこの記事は核になっており、建築家吉田五十八の基本的な考え方が示されたものとみることができる。これまでにみてきたように、この時期の建築家の論調として、数寄屋建築が近代性をもつという視点があるが、吉田は自ら数寄屋を創作しながら、その近代性について否定的であった。もちろん近代の建築家である吉田としては、近代性を有しないものを創作し続けることはできないと思ったことであろう。翌年の『建築と社会』において、近代性に乏しい数寄屋を近代化する具体的な手法について、吉田が記している(82)。

第五節　「茶室建築」特集号（『建築と社会』昭和十年〈一九三五〉十月号）

(1)　新興建築と茶室

「茶室建築」特集号の説明に入る前に「新興建築」特集号について少し触れておきたい。「新興建築」特集号は、『建築と社会』昭和八年（一九三三）六月に刊行されたもので、ブルーノ・タウト来日を記念した特集号であった。想像されるように、いわゆる「新興建築」とともに日本の歴史的建築について語られる部分も多い。

まずグラビアページではブルーノ・タウト夫妻の写真から始まる。タウトの作品写真が、集合住宅や一九一四年のケルン博のガラスパヴィリオンなど八ページにわたり掲載され、その後、ミース・ファン・デル・ローエの一九三一年ベルリン博のモデルハウスやヨセフ・オルブリッヒのルドリヒ大公成婚記念塔など「新興建築」が十三ページにわたって掲載されている。その後ブルーノ・タウト来日を記念して同年五月十日開催された「新興建築講演会」の記事が続く。注目したいのは中西保の「日本に帰れ」、瀧澤眞弓の「神話より空想へ」、タウトの「日本建築と西洋建築との関係に就ての第一印象」（通訳：上野伊三郎）である。

中尾は、建築がインターナショナライズ（国際化）されると、一方でローカリティの問題を考えなければならないという(83)。それはその地域の自然や地理的な関係においてということで、「日本の古代建築」を見るとローカリティに即した建築となっているため、それを研究し、現代建築の参考とせねばならないという。桂離宮や法隆寺の形体を写すのではなく、そこにはその機能や技術が遺憾なく発揮されているため、そこに美を感じ愉快を感ずるのであり、その点に着目しなければならないという。

瀧澤は古事記の一節を引き、この精神は神社建築の精神であり、茶室建築の精神であり、しかもモダン日本のアーキテクトの精神の中にもひそんでいると考えるという(84)。またル・コルビュジエは少なからぬ暗示を日本建築から得ているとし、ル・コルビュジエの住宅と土佐光茂の「桑実寺縁起」の写真を提示する。また建築専門書ではないがイギリスのポール・ナッシュの『書物と部屋』(85)には日本の室内と、モダン・フランスの室内が非常に似ていると記されていることを紹介する。つまり論理的には西洋から学ぶべきところがある一方、日本建築が西洋人に教えるところもあり、我々は日本文化を深く顧みなければならないと述べる。

講演会のメインはもちろんタウトである。タウトは、自身の日本文化への興味は少年時代からだといい、英国人のウィリアム・モリスが日本のことを詳しく知っていることに尊敬の念をいだいていたという(86)。そのタウトが興味を持ち始めた頃の十九世紀末の欧州では、日本の芸術を模倣することがあったが、それは日本の芸術が自然物を非常に立派に芸術化しているところにあるという。当時は日本が欧州へ影響を与えた。そして日本は欧州から多くを学んで、日本の近代化が進んだ。しかし一方で、欧州的なデザインを日本の土地で作ると、どこか「妙な」ところを感じるという。このあたりの言説から勘案すると、具体的には述べていないが、直接的な引用を戒め、他の演者と同じく、その精神を生かしたいと考えていたとみられる[87]。そして桂離宮について言及する。その技術が卓越していることを述べ、それが芸術に繫がると説明する。また茶室のデザインは、その形や色、間取りなど、茶道の作法という目的にかなうように作られたと、タウトは考える。いわゆる合目的的な視点であった。

　さてここから「茶室建築」特集号について考察を進めよう。まずはその概要について述べておきたい。最初にグラビアページとして、近代に建てられた茶室が芦屋の某氏邸茶席と鴻池板谷橋別邸茶席がそれぞれ四ページずつ掲載され、そして沢島英太郎の「桃山時代の茶室遺構」の参考写真として待庵《たいあん》や飛雲閣《ひうんかく》など歴史的な遺構を十七ページにわたり掲載、そして最後に一心寺《いっしんじ》茶室を一ページ二点掲載している。本文は、木津宗一の「茶室建築と茶人」、北尾春道の「織部好茶室の一考察」、沢島英太郎の「桃山時代の茶室遺構」、藤原義一の「松向軒《しょうこうけん》と蓑庵《さあん》」、吉田五十八の「近代数寄屋住宅と明朗性」、佐古慶三の「道慶作三畳大目数寄屋指図解説」と記事が続く。

　グラビアページの最初の写真が木津宗一作の芦屋の某氏邸茶室である（図11）。四ページを使い、七枚の写真と平面図を記載する。木津については後述するが、茶人として木津宗詮を嗣ぎ、一方で茶室建築家としても大正から昭和前にかけて活躍した人物であった。この木津の作品を巻頭に持ってくることは、本特集において、茶室はこの時代に生きるものとしてあり、そし

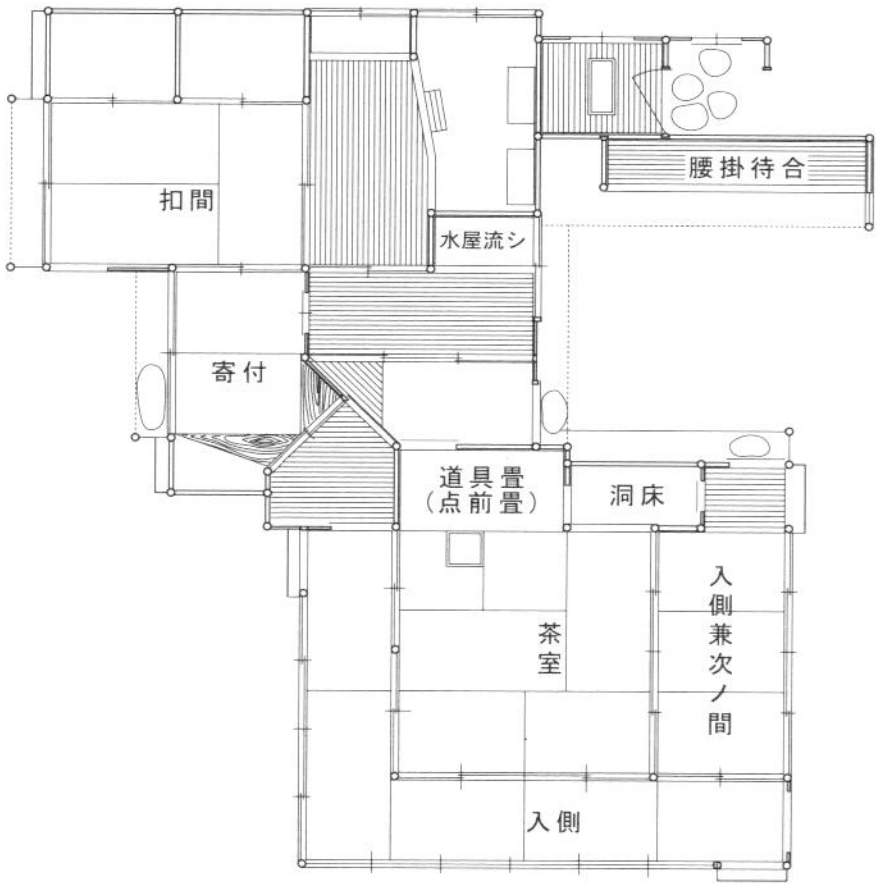

図11　芦屋某氏邸茶席（木津宗一作）

てまさに造られつつあるものである、という主張と読むことができる。

このグラビアの二六ページを概観すると、気になる部分がある。それは開口部を開放した写真が多いことである。現代の茶室の写真では、出入口の太鼓襖や窓の障子などが閉じた状態で写されることが一般的である。しかしここでは、もちろんすべてではないが、開放的な姿が写し出されたものが多数ある。さらには壁面の扱いが弱い。現代の認識では、茶室は閉鎖的で壁に囲われた建築だとの見方が強いように思われるが、ここではそのようには表現されていない。他の特集号にも若干似た傾向はみられるが、この『建築と社会』誌がもっとも特徴的だとみられる。これは時代の視点といったところと考えられる。

明治の文明開化の時代より以降、建築は絶えず明るいものが求められるようになり、開放的なものが好まれるようになってきた。元は別の名称で呼ばれていた茶室が、六窓庵、八窓庵、九窓亭といった、窓を意識した呼称が使用されるようになった。おそらくこの時代、昭和前期においても明るさや開放性、といった要素が求められていたのだと考えられる。

また壁の扱いが弱いといったが、それはより立体として複雑な構成を示した写真、と表現した方がよいかも知れない。複雑な天井、点前座をあいまいに囲う袖壁、座敷と縁との組みあわせ、床の間など、より立体的な構成としてみせている。室内を幾何学的な立体構成として組み立てることは、日本建築の得意とするところである。ここではその視点で写真を掲載している。

(2) 木津宗一

本特集号の最初の記事は木津宗一の「茶室建築と茶人」である。まず、木津宗一について概観しておこう。(88) 茶人としての木津家は、初代の松斎が松平不昧に認められて江戸大崎の松平家下屋敷に引き取られ、のちに不昧のとりなしで官休庵武者小路家の門弟となったことがはじまりだという。宗一はその第三代、号を聿斎《いっさい》といい、文久二年（一八六二）に生まれ、昭和十四年（一九三九）に永眠する。宗一が活躍をはじめた明治前期は、茶の湯は厳しい状況に立たされており、武者小路家のパトロンでもあった平瀬露香《ろこう》が開いた第三十二国立銀行に勤めることになった。しかし近衛篤麿の薦めもあり、やがて茶人としての道を歩み出し、さらに興味のあった建築を木子清敬から学ぶことになった。大正から昭和時代にかけ、武者小路関連のものを中心に多くの建築作品を手がけていた。

『建築と社会』誌においては、昭和二年一月に「茶趣味から観た日本住宅」を記す。そこでは興味深い内容について語っている。茶室の天井が低いことを、帝国ホテルの天井が低いことと並べて記し、当時流行のバンガロー建築と久保権大夫《ごんだゆう》の茶室や松花堂の茶室が似ていると述べている。(89)この書き方は、茶室が「過去の様式」ではなく、先進性を有するものとの視点である。そのような木津宗一の着眼点を、当時の『建築と社会』誌の編集担当者も認識していたことであろう。この度の特集の最初に木津宗一の記事を掲載する。

さて「茶室建築と茶人」であるが、ここでは最初に茶室の概要、そして各部の名称についての解説、と坦々と説明を続ける。最後に松平不昧の江戸大崎の下屋敷にあった茶室の図を三ページにわたって掲載する。独楽庵《どくらくあん》、利休堂、そして御茶屋の眠雲《みんうん》である。本文に木津宗一は「茶室は質朴を要とするも、又た美化せしむるも宜しからん(90)」とあり、簡素であることと、「美化」することは矛盾しないという認識を示す。この「美化」が何を意味するかは不明であるが（本文では、このあと切壁下地について記されるが、何らかの混乱があったものと思われる）、大崎の下屋敷のそれぞれの図は、複数の茶室を持つ複雑な図で、先に挙げたグラビアの芦屋の茶室の平面図にも通ずる面がみられる。先の写真やこの構成から想像をたくましくすると、複雑な形態を美しくまとめ上げていくことが、彼にとっての「美化」だと考えられるのである。

(3) 吉田五十八と近代数寄屋

すべての建築家が茶室や数寄屋建築に近代的性格がある、といって手放しで称賛していたわけではない。前項で紹介したように、一年前の『建築世界』の「近代建築」特集号では、吉田五十八は「数寄屋普請は近代性に乏しい[91]」と述べている。当時四十歳、新進の「数寄屋建築家」吉田は、ここでも苦言を呈し、自らの創意をここに示す。茶室建築においては明朗性が欠如しており、従って、そのまま住宅へ導入するには無理があるという。彼のいう住宅はル・コルビュジエやグロピウスのいうところの明朗性を持った建築でなくてはならない。当時の建築家たちが、数寄屋住宅の明朗性を備えない性格に関して無関心であることには遺憾であると記す。

吉田は住宅の明朗性を向上させるために、平面、広縁、天井高、柱と壁の部面、の四つに分けて解説する（図12）。広縁は当時流行した形式で、のちに吉田の作品にもたびたび登場する。ただここでは、最後の「柱と壁の部面」に力が入る。それは吉田五十八の真骨頂ともいえよう。そもそも一般の和風住宅の側面構成は、畳面、内法、内法状の小壁、天井、の四つに分割され、それが柱、建具などでさらに分割され、非常に「うるさく」なっているという。吉田はまず、大壁として柱を消し去ること、次いで天井と壁面とを同一材料で造ること、そ

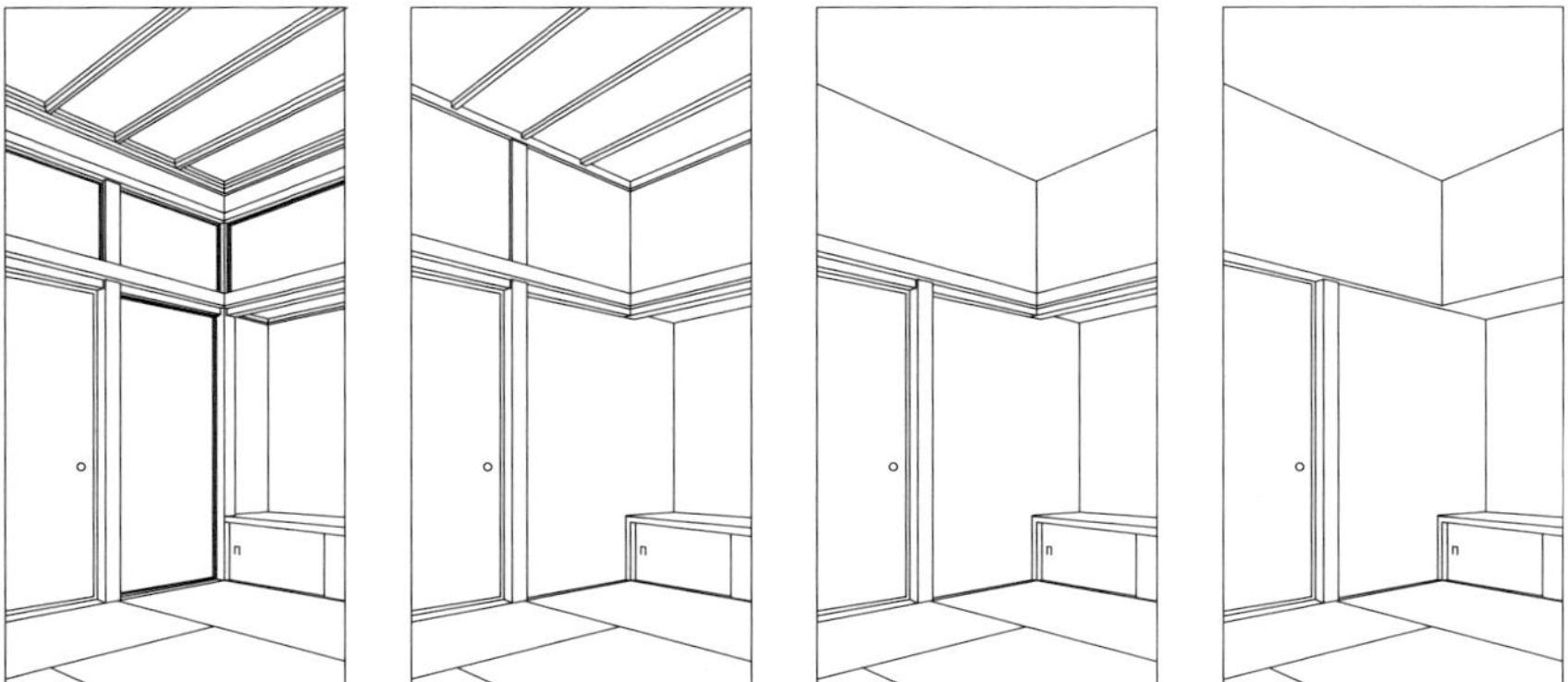

図12　吉田五十八　明朗性を増加させるための柱と壁の説明

して長押《なげし》や鴨居《かもい》を見せない手法を提案する。これによって順次明朗性が増すことになる。この手法は、のちの吉田の作品に大いに応用されることになる。またそれは多くの模倣が生まれるほど世間の注目をあびる。数寄屋建築の新しい展開ともなった。

茶室は過去の建築であり、その時代に生きるものとしての意味を併せ持った建築であった。この特集号においては、歴史的な研究や概観と共に、作り手の立場から、当時老練な茶室建築家であった木津宗一の作例、そしてこの世界ではまだ若手の吉田五十八の数寄屋への提案が掲載されたことに、大きな意義があった。またタウトやインターナショナル建築会の例を出すまでもなく、茶室の具体的な意匠や構成、そしてその精神は、近代建築へ応用しうる側面があったことを考えると、単調ともみえる歴史的な茶室の叙述も、欠かせない重要な視点だったはずである。

それら多面的な意味において、この「茶室特集号」やこの時代の茶室記事は読まれたことであろう。それは当時の建築思潮の主要な一部分であり、来たるべき時代の建築動向を占うものでもあった。

（1）　民家に関する特集号として以下のものが挙げられる。『建築と社会』（「郷土建築」特集号、一九二九年四月号）、『国際建築』（「日本民家」特集号、一九三四年七月号）。
（2）　ブルーノ・タウトについては、次節以降で詳述する。なお、井上章一『つくられた桂離宮神話』（弘文堂、一九八六年、講談社〔再版〕、一九九七年）には、タウトの桂離宮再発見を「つくられた」ものとみている。この件に関しては後述する。
（3）　「空間構成の意義」『建築世界』一九三二年七月、一頁。
（4）　第四章参照。
（5）　コギウ「茶室趣味とセセッション趣味」（『建築ト装飾』明治四五年七月）。

(6) 岸田日出刀『過去の構成』(構成社書房、一九二九年)。同書については後述(第三節)。
(7) 同右書、「自序」。
(8) 初版の『過去の構成』(承前)においては茶室が一頁、桂離宮が四頁の掲載である。
(9) タウトが日本に興味を持っていたことは、後の講演会で明らかにされる(『建築と社会』昭和八年六月号、四九頁)。なお第五項で詳述。
(10) 前掲註(3)「空間構成の意義」二頁。
(11) 第三章第四節参照。
(12) 服部勝吉「茶室建築の変遷を顧みて」『建築世界』一九三三年七月、四頁。
(13) 同右論文、七頁。
(14) 猪野勇一「茶室建築雑抄」『建築世界』一九三三年七月、八頁。
(15) 龍居松之助「茶庭に就て」『建築世界』一九三三年七月、一八頁。
(16) 仙樵は、本来茶人が行うべき茶室や茶庭の設計を茶人でない建築家や庭師が行うため弊害が生じるという。田中仙樵「茶道より観たる茶席と露地」『建築世界』一九三三年七月、一二頁。
(17) 熊倉功夫『近代茶道史の研究』(日本放送出版会、一九八〇年)一七三頁〜一九二頁。
(18) 第三章第四節参照。
(19) 第一集が、ここで扱う「数寄屋造」、第二集は、昭和九年七月号「日本民家」の特集である。
(20) 堀口捨己の茶室の論考は、本書の昭和九年以降、多く著されるのであるが、この頃までに茶室にかかわる以下の論考等を著している。「建築の非都市的なるものについて」(『紫烟荘図集』洪洋社、一九二七年)、「茶室の思想的背景と其構成」(『建築様式論叢』六文館、一九三二年)、「茶の湯座談会」(『瓶史』七月緑蔭号、一九三三年)。
(21) 第一節参照。
(22) 近藤康子「堀口捨己の建築思想における中柱の意味」(『日本建築学会計画系論文集』七三八、二〇一七年八月)参照。ここで近藤は中柱を非相称の問題として捉える。
(23) グラビアの一部には撮影者名が記されている。

(24)　後に刊行される文献に、この建物の具体名が掲載されている。例えば、『ＳＤ』堀口捨己特集号（昭和五七年一月号）五〇頁～五六頁など。
(25)　蔵田周忠「日本建築の国際性」『国際建築』一九三四年一月、一頁。
(26)　前掲註(24)蔵田周忠「日本建築の国際性」三頁。
(27)　蔵田周忠『民家帖』（古今書院、一九五五年）など。
(28)　前掲註(24)蔵田周忠「日本建築の国際性」三頁。
(29)　同右論文、六頁。
(30)　同右論文、六～七頁。
(31)　同右論文、七頁。
(32)　瀧澤眞弓「「日本的なもの」とは何か」『国際建築』一九三四年一月、八頁。
(33)　同右論文、一二頁。
(34)　同右論文、一四頁。
(35)　参考文献として、岩崎信治：「日本美を知らせた岸田日出刀とブルーノ・タウト：著作「過去の構成」と「日本美の再発見」より」（『日本デザイン学会研究発表大会概要集』五六、二〇〇九年）。
(36)　藤岡洋保「昭和初期の日本の建築界における「日本的なもの」」（『日本建築学会計画系論文報告集』四一二、一九九〇年六月号）では、以下の論文を参考に、昭和初期の合理主義を奉ずる建築家が「日本的なもの」として着目するものに、中国建築の影響を受けていないと考えられる神社・住宅・茶室に着目した、とある。
藤島亥治郎「純正日本建築」（『国際建築』一九三四年一月号）、堀口捨己「建築における日本的なもの」（『思想』一九三四年五月号）、市浦健「日本的建築と合理主義」（『建築雑誌』一九三六年十一月号）。
(37)　岸田日出刀『過去の構成』（構成社書房、一九二九年）自序。
(38)　岸田日出刀『過去の構成』（一九二九年、前掲）六頁。
(39)　岸田日出刀『過去の構成』（一九二九年、前掲）四四頁。
(40)　岸田日出刀『過去の構成』（一九二九年、前掲）六一頁。

(41)岸田日出刀『過去の構成』(相模書房、一九三八年)六八頁。
(42)岸田日出刀『過去の構成』(一九二九年、前掲)五八頁。
(43)岸田日出刀『過去の構成』(一九三八年、前掲)六四頁。
(44)M・デ・クラーク(Michel de Klerk, 1884-1923)、アムステルダム派(表現主義)の建築家で、一九二〇年頃にアムステルダムおよび周辺において集合住宅を多く手がけた。
(45)岸田日出刀『過去の構成』(一九二九年、前掲)五二頁。
(46)同様の指摘は、前掲註(2)井上章一『つくられた桂離宮神話』にもみられる。しかし井上の言説には、資料の選別など、作意的なものを感じざるを得ない。たとえば、岸田日出刀の『過去の構成』は、昭和四年版と同十三年版ではその内容に違いが見られる。後述するように、十三年版ではタウトの影響を受けたと思われる部分が含まれるが、言及されていない。あるいは第五節で示すタウトの言葉として、少年時代から日本文化に対する興味を抱いていたとの内容は、井上が当然見ていたはずの資料に掲載されているが、それに対する言及もない。
(47)岸田日出刀『過去の構成』(一九三八年、前掲)五八、六二、六八頁。なお、春草盧は織田有楽作と伝えられている茶室。
(48)第三章第四節参照。
(49)板垣鷹穂、堀口拾己『建築様式論叢』(六文館、一九三二年)所収。
(50)堀口捨己「茶室の思想的背景とその構成」『建築様式論叢』(前掲註(20))二一一~二二二頁。
(51)岸田日出刀「日本の古建築を見直す」『国際建築』一九三四年一月、一七頁。
(52)現在では小堀遠州がつくったことは否定されているが、当時はそのように信じられていた。
(53)ブルノ・タウト(岸田日出刀訳)「予は日本の建築を如何に観るか」『国際建築』一九三四年一月、一九頁。
(54)同右論文、二〇頁
(55)岸田日出刀『過去の構成』(一九三八年、前掲註(41))六二頁。
(56)前掲註(51)岸田日出刀「日本の古建築を見直す」一六頁。
(57)堀口捨己「利休と現代建築　三百五十年祭にあたって」『現代建築』一三、一九四〇年七月、日本工作文化連盟、二頁。

(58)板垣鷹穂、堀口捨己『建築様式論叢』(六文館、一九三二年)。内容は以下のようになっている。「茶室の思想的背景とその構成」堀口捨己／「パルテノンとピタゴラス学派」滝沢真弓／「唐招提寺金堂」金原省吾／「ウィトルーウィウスの「理論」」森田慶一／「ヨーロッパ総本山造営史考」板垣鷹穂／「トーキー映画館の構成について」市浦健／「生活最小限の住居」山田守／「ジートルングの新形態」蔵田周忠／「現代都市における航空港の諸問題」斉藤寅郎／「新議院建築の批判」中村鎮／「ウクライナ大衆樂劇劇場の構築」川喜田錬七郎／「東京市都市形態の変遷」渡邉紳一郎／「摩天楼の経済的高度」相内武千雄／「コルビュジエ検討」谷口吉郎／「現代建築に表れたる日本趣味について」堀口捨己

(59)以下の文献を参考にした。近藤康子『近代建築家の茶室論にみる茶の湯の生活空間に関する研究』(京都大学博士論文、二〇一四年)、志柿敦啓、中川武「堀口捨己一九三〇年代の方法論的視座とその特質：日本近代建築における表出史の研究1・3」(『日本建築学会学術梗概集』一九九三年、一四九三～一四九四頁)、戸田穣「堀口捨己の戦前期における理論と活動(その1)：「建築の非都市的なもの」と「床の間」」(『日本建築学会関東支部研究報告集Ⅱ』二〇〇三年、四六一～四六四頁)。

(60)『南方録』には古田織部の茶会などに見られる鎖の間を使用した茶会に対して、「毎々小座敷すみて又此座にて会」をする風潮に対して「後世に侘茶湯のすたるべき基」と批判し、「とかく一日に座をかへての飾所作」を戒めている。この鎖の間を使用した茶会は、小堀遠州にも受け継がれる。

(61)前掲註(50)堀口捨己「茶室の思想的背景とその構成」四三頁。

(62)同右論文、四六～五〇頁。

(63)久須美疎安『茶話指月集』(一七〇一年)。筆者は千宗旦の弟子で四天王のひとりといわれた藤村庸軒の娘婿。

(64)稲垣休叟『松風雑話』。著者の稲垣休叟は、江戸時代後期の茶人で表千家八代啐啄斎に師事した人物。

(65)堀口捨己「有楽の茶室・如庵」『国際建築』一九三四年一月、三六～三七頁。

(66)同右論文、三七～三八頁。

(67)同右論文、三九頁。

(68)『国際建築』一九三四年一月、三、四頁。
(69)前掲註(65)堀口捨己「有楽の茶室・如庵」四四頁。
(70)吉田五十八「近代数寄屋住宅と明朗性」(『建築と社会』昭和十年十月)。
(71)北尾春道「近代数寄屋建築の展望」『建築世界』一九三四年四月、一頁。
(72)桂離宮と修学院離宮は、現在の研究では、小堀遠州の関与は認められていない。
(73)前掲註(71)北尾春道「近代数寄屋建築の展望」六頁。
(74)同右論文、七頁。
(75)同右論文、一二〜一五頁。
(76)谷川正己『フランク・ロイド・ライトの日本』(光文社新書、二〇〇四年)参照。
(77)なお、ここではもう一篇、「日本の庭園(マルタ、ハイジンゲル(ボン))」(チューリッヒ「ダス・ウエルク誌」一九二三年第二号より抜粋)が掲載されているが、建築についてほとんど触れていないので、これについては省略する。
(78)吉田五十八「饒舌抄」『建築世界』一九三四年四月、一二頁。
(79)同右論文、一五頁。
(80)『吉田五十八作品集』(新建築社、一九七六年)別冊。
(81)吉田五十八『饒舌抄』(新建築社、一九八〇年)。吉田五十八『饒舌抄』(中央公論新社、二〇一六年)。
(82)第五節。
(83)中尾保「日本に帰れ」『建築と社会』一九三六年六月、三三〜三四頁。
(84)瀧澤眞弓「神話より空想へ」『建築と社会』一九三六年六月、三九頁。
(85)Paul Nash「Room and Book」(Soncino Press, 1932).
(86)ブルノ・タウト(上野伊三郎訳)「日本建築と西洋建築との関係に就ての第一印象」『建築と社会』一九三六年六月、四九頁。
(87)同右論文、五〇頁。
(88)松本康隆「三代木津宗詮の職能と茶室の全体的把握のための基礎的研究」(『日本建築学会計画系論文集』六〇二号、

二〇〇六年四月）参照。
(89) 木津宗一「茶趣味から観た日本建築」『建築と社会』一九二九年一月、一五四頁。
(90) 木津宗一「茶室建築と茶人」『建築と社会』一九三五年十月、三〇頁。
(91) 吉田五十八「饒舌抄」『建築世界』一九三四年四月号。

第六章　近代の安土桃山イメージ

第一節　猿面茶室と愛知県博覧会

明治維新による価値観の変化、人々の消長によって多くの茶室は廃棄された。廃仏毀釈による寺院の荒廃に伴って、悲惨な運命を辿ることになった茶室も少なくなかったと考えられる。しかし一部の茶室は理解を示す人々によって保存され、移築され、のちに伝えられた。あるいは新たに復興されることもあった。やがてそれらが影響し、近代数寄者たちの活躍もみられ、殷盛を極めることになる。そのときの茶の湯における凋落と復興の状況が、まさに茶室において如実に反映されている(1)。

この凋落から復興へのプロセスは、本書において何度か述べてきたことである。第二章においては、公という場における茶の湯の施設、とりわけ明治になって西洋に習ってつくろうと試みられた公園に茶の湯の施設が創設された経緯をみてきた。第三章から第五章では、近代における茶室の復興と興隆に関連して、文献をとおして茶室の近代的側面が語られていく経緯をみてきた。それに対し本章では、近代における茶の湯と茶室が復興し興隆する展開を、近代において創出された安土桃山イメージとのかかわりについて、そのイメージの創出、及びそこから受けた影響の両面において、検討を行うものである。

尚、ここでいうイメージとは、近代において、史実であるか否かは別にして、安土桃山時代が投影された事象

図1　猿面茶室（復元／名古屋城）

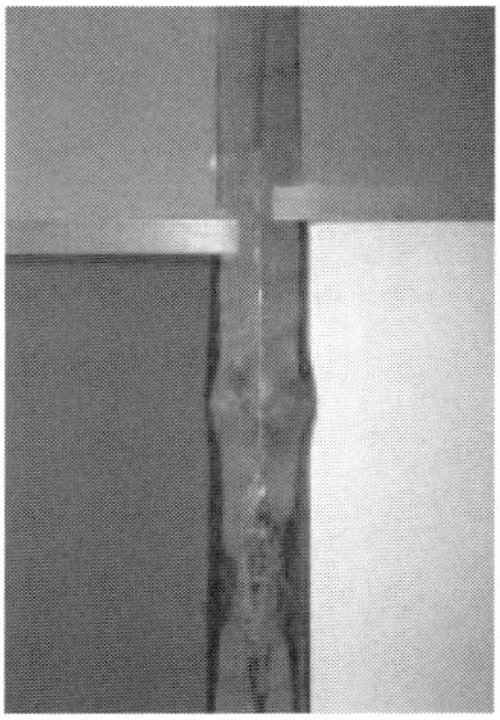

図2　猿面茶室床柱（復元／名古屋城）

を指すものである。

もとより茶の湯は、安土桃山時代に武野紹鷗や千利休ら当時の茶人たちによって、現在の形式の元になるものが生み出されたが、それには織田信長や豊臣秀吉ら武将たちも深くかかわっていた。茶の湯のための建物、茶室が現在のような形態になったのもこの時代であり、茶の湯の大成期といえる。したがって、近代において茶の湯が復興されるに際して、この時代が大きく参照されるのは自明のことのように思われるが、ここには近代、とりわけ明治ならではの事情が隠されている。まずは、安土桃山イメージを帯びた猿面《さるめん》茶室の話からはじめることにしたい。

猿面茶室は、床柱の節の表情が猿の顔に似たところから名付けられた茶室で、四畳半大目下座床の形式をとり、旧法による国宝[2]に指定されていた。長らく名古屋城にあったが、明治になって移築を繰り返し、昭和二十年（一九四五）、戦禍によって焼失した。この茶室はその後、名古屋城や徳川美術館などに復元されていることはよく知られている（図1、図2）。また一方、猿面茶室が存在していた昭和初期、京都東山の太閤坦《たいこうだいら》に、その写しとして桐蔭席《とういんせき》が建てられる。この猿面茶室に向ける近代の眼差しを観察することは、明治維新によって没落した茶の湯復興のプロセスを垣間みることであり、近代の安土桃山イメージの創出経緯の一端をみることにも繫がる。

近代における猿面茶室を詳しくみていきたい。長らく名古屋城にあった猿面茶室は、明治維新を迎え、二の丸が鎮台となる際に払い下げられ、刑部陶痴《おさかべとうち》(3)が末森村入船山（現、名古屋市千種区）に移築した。一方この頃、全国各地で博物館が開館し、博覧会が開催されていた。たとえば東京では、寛永寺境内の一部が博物館の所管地となり、その場所で内国勧業博覧会が行われた。そのような状況に触発され、名古屋でも博覧会の開催と博物館建設の気運が高まった。明治十一年（一八七八）には、織田信長に由緒ある裏門前町の總見寺《そうけんじ》境内に名古屋博物館が開館し、その落成を記念して愛知県博覧会が開催されるに至った。そして翌年の第二回博覧会のとき、博物館の庭内に猿面茶室が移築されたのである。このときのようすを名古屋市史編纂の資料となった『耕南見聞録』(4)が伝える。

> 名古屋城内に高名なる猿面の茶室ハ、天正の頃古田織部正の所好にして、織田右府との茶室なりしを、名古屋城新築の節、清洲城より引移され、上使饗応の時に用ひらるゝ定例なりしに、廃藩の後、鎮台となるの際翫古の好事家愛知郡末森村士族刑部玄氏か払い下けを得て、同所の山荘とせしを、今回斯く有名物の僻地に埋れんを歎き、同氏を始め数名の有志者か名古屋博物舘の庭中江移さんと謀り、松尾宗五氏に依頼して既ニ着手となり。就てハ、来明治十三年四月開館博覧会以前ニハ必竣功の目的なりと、明治十二年十二月廿六日
> 愛岐日報第九百六十三号にあり。

非常に面白いのは、「有名物の僻地に埋れんを歎き」とあるところで、元来茶室は、私的な要素の強い空間として、住居の中でも特に奥まったところに位置するのが通例である。つまり、隠れていること、あまり目立たない場所に位置することが一般的であるにもかかわらず、ここでは埋もれてしまうことを嘆き、博物館の庭内、そして博覧会場という大衆の面前にそれを展示しようとしているのである。既往研究によって示されているように(5)、

ヨーロッパにおいて喫茶の習慣が庶民レベルで普及しはじめた十九世紀後半、かの地の万国博覧会場において、茶は重要な展示、実演品目となっていた。そして博覧会という新しいイベントの手法を採り入れた明治の日本で、ローカルな博覧会においても、茶は重要なデモンストレーション要素となっていた。それにより、一部の茶室はこの頃、その位置する環境を大きく変化させてきたのである。

この博物館に所在していた猿面茶室には、名古屋城内にあった頃の茶室の模写とその由来を小田切春江《しゅんこう》(6)が記した軸があり、またその文章は扁額として茶室内に掲げられていたという。(7)軸の内容はのちの『建築工藝叢誌』(8)に採録される。由来には「明治十七年八月」「小田切春江自識」と記されていた（以下本文では「春江由来記」と記す）。

織田信長公尾張国清洲在城ノ頃（割註略）、大ニ茶事ヲ好マレ、京都ヨリ古田織部正重勝《ママ》ヲ招キ、同人ニ命ジテ茶席ヲ好マセ、城中ニ建築有リシ所ニシテ、其床前ノ柱頭双節両点、克ク猿眼ニ類ス、此レ其名ヲ帯ブ所ニシテ日本三茶席（割註略）ト称セラル、有名ノ茶席ナリ、或時秀吉公イマダ木下藤吉郎ト云テ信長公ニ奉仕ノ頃、此席ノ茶ノ湯ニ連リシガ、公戯レニ床柱ノ双節ヲ指示シテ、汝ガ顔ニ克ク似タリトテ興セラレシト云

ここで注目したいのは、まず日本三茶室という言葉である。引用では省略したが、日本三茶室とは、奈良から東京上野の博物館に移築された六窓庵、大阪一心寺の八窓庵、そしてこの猿面茶室が挙げられている。次に由緒であるが、織田信長が清洲城に古田織部を招いて造らせたとあり、さらに信長が、木下藤吉郎と呼ばれていた頃の秀吉に、この茶室の床柱の節が顔に似ているといって戯れた、との逸話が紹介されている。じつはこの逸話が後に大きな展開をみせる。注意してみていこう。

明治三十四年に記された『門前町誌』(9)に、名古屋博物館に移築された猿面茶室の話題が掲載される。門前町は

現在の名古屋市中区の地名で、名古屋博物館の位置していた場所である。

猿面茶室は弘治、文禄《（ママ）》の頃織田信長茶事を好み、京都の宗匠古田織部正重勝《（ママ）》を招して清須の城内に作りしものにて、床柱に二つの節ありて猿の面の如く見ゆれば、以て室の名をなせり。或時豊臣秀吉未、藤吉郎にてありし頃、此の茶室に連なられしに、信長公戯に其の方の顔に能く似たりと申されしとぞ。後、慶長十五年僊府の時、名古屋城内へ移せり。此の茶室は日本三茶室の一なりと云う。

先の「春江由来記」を参照した内容となっている。そしてこの『門前町誌』の書かれたすぐ後の明治三十八年、博物館として『猿面茶席の記』[10]なるものが記される。これも先に挙げた「春江由来記」をほぼ踏襲し、信長と秀吉の逸話などが記されている。この茶室が博物館という公の場所に位置したこと、日本三茶室という言葉、そして信長と秀吉という、当時注目されるべき人物についての話題が添えられることなどから、このエピソードと共に猿面茶室に対する注目度が、この時期に大きく高まりをみせたものと考えられる。

しかしこの逸話は、あくまでも伝承であって、後に示すように、現在の研究からは、はなはだ矛盾をはらんでいることが指摘されている。まず織田信長の清洲在住は弘治元年（一五五五）から約十年であり、この頃は、一般に四畳半の茶室が主流で、猿面茶室の四畳半大目という特殊な形態はこの時期に現れていたとは考えにくいこと。また信長は天文三年（一五三四）生まれで、その頃の年齢は二十代、天文十三年生まれの古田織部にいたっては、まだ十代かあるいは二十歳になるかならないかの時期であり、両者にとって、このような茶室を創作するにはいかにも時期が早すぎることなど、話が矛盾に満ちている。

この逸話を含んだ矛盾に満ちた解説を、近代における茶室研究の未熟な時期における誤り、と考えることもできる。が、むしろ学術的な側面より時流を重視したもの、あるいは場合によっては意図的な側面があったかも知れない、と考えた方がよいかもしれない。江戸末期に記された『金城温古録』[11]では、現代の研究からみても冷静に記述されている。

御数寄屋四畳半、薄柿葺、蒲天井往初清須御城より御引移の所と云り。然ば清須古城主織田内大臣信雄卿より伝はる所にや。慶長十五年御普請の砌、御本丸へ御引建か。元和六年御本丸より御移徙の節、此所へ御移にや、未だ詳ならず。往昔は此所へ賓客を御招請遊さるゝ御事も間々有ける由、上使の節も、此所にて御手前を給ひしが、今は止させ給ひて、願はれ次第、拝見許りにて、御茶事無しと也。

ここには信長の次男である織田信雄より伝わるとあり、また信長と秀吉の件のエピソードは記載されていない。そして、これまで何の断りもなく「猿面茶室」と記述してきたが、ここでは「御数寄屋」と記されているのみで、「猿面茶室」あるいは「猿」の文字すら記載されていない。だが、内容からして、いわゆる「猿面茶室」に間違いはない。逆に「猿面茶室」あるいは「猿面茶席」など「猿面」を冠して呼ばれるのはいつからかは明らかではないが、その呼び名が普及するのは明治以後、とりわけこの博物館、あるいは博覧会場での展示が大きな影響をもったとも、ここから推察されるのである。

またのちのものではあるが、大正四年（一九一五）の『名古屋市史　風俗編』[12]においては、「床柱に二の節ありて猿面の如しよりて俗に席を猿面の茶屋と云ふ」として「猿面」の語を説明しているが、件のエピソードは記されていない。そして『金城温古録』を参照した文章となっている。

このようにみてくると、冷静な記述がある反面、大衆に対して開かれた場所に位置するところから、話題性を重視した記述が多くなる傾向が認められる。つまり、この茶室は織田信長が造ったものであり、茶室の名前は豊臣秀吉に由来するという物語性が優先された解説記事が採用されるのである。このストーリーの当時における認識の拡がりがいかほどであったかは明らかではないが、公の施設における建物の話題性のある伝承は、茶室内に扁額として掲げられ、それは風評も手伝ってさらに大きく拡がったことは容易に想像できる。その後の拡がりについては、いくつかの文献によって傍証される。

大正七年の本多契山（錦吉郎）『閑情席珍　茶室図録』[13]には次のように記載されている。

其猿面の名は、床柱の松の削りの釿目が顔の皺に類し、木目の節が両眼と見へ、恰も猿面の如くなるより、或時、木下藤吉郎の秀吉が席ありしに、信長戯れに、此柱は其方の面に似たりと云ひしより、遂に、室の名となれりと、席は信長隆盛時の天正六七年頃ろの造営なり。

少し解説を加えておくと、この本多錦吉郎は第三章にも述べたように明治二十六年に『茶室構造法』[14]を上梓しているが、ここに取り上げたものは、その大幅な増補改訂版のような位置づけの書籍である。ただ明治二十六年の出版では扱っている茶室の数も少なく、この猿面茶室は掲載されていない。ここでの扱いは、前述の文献と若干違った表記もあるが、床柱のデザインが猿の面に似ていること、そして信長と秀吉とのエピソードの紹介が記載されているなど、先のものとの類似に注目したい。また昭和十年の北尾春道『数寄屋聚成一　数寄屋建築史図聚　東山・桃山時代編』[15]にもこのストーリーが掲載される。

そして昭和十五年の『裏門前町誌』[16]では次の通りである。

信長は此の名づけに苦労した、彼が新しい茶席を検分したその時、目についたのが床柱の節だ。「ほう」と声を出した彼は近習を反り見て、「この節は藤吉郎の顔そつくりだ、そうだ以後猿面茶席と呼べ」と彼は近頃奇策を以て彼の愛を独占して居る「猿」事、木下藤吉郎を連想していった。

さらに話題性はグレードアップする。後に示すように、すでにその誤りが指摘されているにもかかわらず、である。いかにこのエピソードのもつ意味が大きかったかということを物語っている。

もちろん、先に挙げた大正四年の『名古屋市史』のように、冷静な記述がなされたものもあったが、大きな拡がりをみせたこの説の矛盾を指摘するのは、昭和十年の『門前町史雑記』[17]である。「秀吉公と信長公との猿面云々の雑話は牽強付会の如し」と、牽強付会、すなわちこじつけであると指摘している。そして佐分雄二は『茶道全集』[18]においてこのエピソードを強く否定する。昭和十一年である。

床柱は鉈で削つたもので天井より一尺位下の中央に削り目が垂下して鼻筋とも見られ、その両側に節目が相対し両眼とも感じられ何か動物の顔を思わせる。清須に在つた頃、織田信長が秀吉に、おまえの顔のやうだと譬喩したと伝えられ、猿面茶屋と呼ばれる所以である。これは後世の茶人等が座興とした漫談であらう。城内にあつた頃は単に御数寄屋と呼ばれて居た。

佐分雄二は「猿面茶屋」と題して、『茶道全集』に「全国主要名席解説」のひとつとして五ページにわたっての解説を行い、ここに件のエピソードを漫談と切り捨てる。またこれによると「猿面」の名もこのエピソードと共に伝えられたとのことである。文章はその後、この伝説とその批判、そして仮説を述べている。この後の茶の湯あるいは建築関連の文献においては、ここで示された視点で記述されているものが多い。しかし第二次大戦の戦禍によってこの茶室は焼失し、そもそもの件のエピソードについての注目の度合いも、大きく低下した。

このようにみていくと、猿面茶室に付随していた物語は、あくまでも物語であって歴史ではなかった。しかし一方、執拗なまでに繰り返され語られてきた物語は、近代の茶室、ひいては近代の茶の湯に安土桃山イメージを定着させるのに重要な役割を果たしたのであった。その影響の一端は次節に示すが、近代における茶の湯の隆盛への足がかりとして大きな意味をもったということができよう。

第二節　豊臣秀吉と近代の茶室

名古屋で『門前町誌』あるいは『猿面茶席の記』が記され、信長と秀吉のエピソードが拡がりを見せたちょうどその頃、京都において豊臣秀吉にかかわる重要なイベントが行われている。明治三十一年（一八九八）、東山阿弥陀ヶ峰一帯で行われた豊公三百年祭である。この行事は明治期の京都における重要な行事のひとつとして知られ、近代の京都における位置づけも大きい。まずは茶の湯との関連する部分を記しておきたい。

この行事の盛況ぶりは、津田三郎『秀吉英雄伝説の謎』(19)に詳しい。しかし茶の湯に関してはあまり触れられていない。熊倉功夫の『近代茶道史の研究』(20)では、このときの盛大な献茶の様子の一端が記されている。熊倉によると、このような形で献茶がはじまるのは明治十三年の北野神社の献茶からである。その後、同年には栂尾高山寺での明恵上人六百五十年遠忌の献茶、ついで明治十九年の北野大茶の湯三百年記念献茶、明治二十三年の利休三百年忌において各所で献茶などが行われている。しかしこれらの献茶は、あくまでも茶の湯、あるいは献茶を行うことそのものが、その目指すところである。高山寺の中興の祖としての明恵上人も、ここでは日本最古といわれる茶園を栂尾に開いた人物、としての扱いが大きい。しかしここでみる豊公三百年祭での献茶は、本来の意味からすると必ずしも茶の湯が主たる目的とはならない。豊公三百年祭はあくまでも豊臣秀吉の墓所としての阿弥陀ヶ峰の整備が竣工したことを記念して、秀吉を顕彰する意味で行われた行事である。そこに献茶ならびに茶会がかかわるものであった。

それでは、豊公三百年祭をみていきたい。この行事を詳しく記した文献に、明治三十一年五月に発行された『風俗画報臨時増刊　第一六四号豊公三百年祭図会』(21)がある。これを中心に、行事を追ってみよう。明治三十一年三月二十八日、阿弥陀ヶ峰の墓所の工事が終了し、三十日に竣工式が行われ、四月一日には奉告祭が行われる。そして四月十八日から三日間、山廟において三百年祭が行われる。この三日間を大祭と呼んでおり、三百年祭の行事の中でもっとも活況を呈するところである。

この三日間の大祭においては、第一日は表千家、第二日は藪内家、第三日は裏千家が献茶を行った(22)。とりわけ三日目には、伊集院兼常《かねつね》が蘭奢待《らんじゃたい》を使用しての献香も行ったと記録されている(23)。式能《しきのう》(儀式としての能)も太閤坦に能舞台が建てられ、十九日から四日間行われたとのことである。厳かな式典にあって、茶と能そして香という中世以来の代表的な芸能が組み込まれていることが注目される。茶と能は江戸時代の御成などにみられる迎賓のための芸能セットでもあった。さらにこの式典の中で茶の湯がかなり大きな位置を占めていたことも、「豊公三百年祭図会」から伺い知ることができる。

この大祭は、阿弥陀ヶ峰山腹の太閤坦の周辺各所において、さまざまな行事が繰り広げられた。茶の湯関連では、円山公園の南側に西行庵を復興した宮田小文《こぶん》が、夜会として抹茶席を設けている。明治になって再建された豊国神社においては、四月十六日から三日間祭典が行われた。このとき妙喜庵の茶室を摸した茶室が作られたとのことである。残念ながら詳細は不明である。

また太閤坦とは別に、京都の各所において茶事も行われていた。日程は四月十五日から二十八日、場所に充てられたのは、北野神社、平安神宮茶寮《ちゃりょう》、豊国神社拝殿、妙法院、妙喜庵、大徳寺真珠庵、大徳寺玉林院、高台寺、建仁寺両足院、大徳寺孤篷庵《こほうあん》、表千家残月亭、南禅寺金地院、大徳寺聚光院《じゅこういん》、藪内家燕庵で、それぞれ数日ずつ割り当てられていた。また四月十一日から五月八日まで三条粟田口《あわたぐち》の良恩寺、五月十六と十七日には金閣寺庭園にて茶事が行われた(24)。

このようにみてくると、この豊公三百年祭における茶の湯の占める割合がいかに大きいか、ということが読み取れる。茶の湯は安土桃山時代の重要な芸能であった。近代における安土桃山のイメージづくりに茶の湯が重要な役割を演じていたことが、ここから読み取れるのである。

次にこの太閤坦周辺に設けられた茶室についてみてみよう。豊公三百年祭以来この地では、表千家、裏千家、藪内家によって献茶が続けられており、その場所に有形のものとして常設化された茶室が三軒、建築された。大正十四年（一九二五）に豊国祭、正確には豊国神社再興五十年祭北政所三百年貞照神社鎮座祭が挙行され、茶室の普請はこれを契機として行われたものである。祭事は十一月十八日から五日間にわたり行われた。このとき神社境内に、小座敷《こざしき》と上段のある書院座敷をもった豊秀舎《ほうしゅうしゃ》が藪内家および野村得庵《とくあん》による献納され、廟域内太閤坦に表千家の残月写しの残月舎《ざんげつしゃ》が造営された。また、裏千家はこのとき不幸が続いたため、昭和に入ってから猿面茶室写しの桐蔭席を太閤坦に設けた。(25)

豊秀舎の建築(26)（図3）は、野村得庵の発起ならびに寄付によるものである。大正十三年十一月に竣工し、席開きが行われている。屋根は瓦葺で軒先部分は銅板腰葺、内部は三畳大目の小座敷、七畳敷きに上段の間の三畳、一間半の床の間、そして付書院が備わった広座敷《ひろざしき》、四畳半大目の次の間、八畳の控室、土間、水屋などからなる。小座敷は、藪内家の燕庵にあるように相伴席が付設された三畳大目である。床の間は点前座風炉先《ふろさき》に設けられ、境に開けられた格狭間《こうざま》の塗回し窓は、点前座《てまえざ》の風炉先窓の役割を果たしている。天井は平天井と化粧屋根裏天井、そして点前座上部の落天井からなる。

書院座敷は三畳の上段の間をもち、格天井が張られている。上段の間には一間半の床の間と火灯窓を供えた付書院が取り付いている。これは柳橋の間とも呼ばれ、飛雲閣招賢殿《しょうけんでん》を写したものといわれる。(27)しかしいわゆるコピーではない。上段に取り付いた付書院には花頭窓が付設され、床の間にも窓が開けられており、これは招賢殿の上段と上々段との関係に似た構成となる。豊国会が発行した『豊国祭記要』によると、「豊秀舎は藪内宗家に伝来せし古田織部正の燕庵と、西本願寺に存する旧伏見城内飛雲閣とを模せるものにして(28)」とある。燕庵とのかかわりは先に述べた。飛雲閣は聚楽第の一部だとの伝えもあるが、ここでは伏見城と伝える。もちろんそれらの説は実証されたものではなく、あくまでも伝承ということだが。いずれも豊臣秀吉が造営した建物の遺構だと伝えられていたことが、ここでは重要である。

表千家が建てた残月舎は、いわゆる残月写しであるが『豊国祭記要』には、本歌の残月亭は「豊公より聚楽第

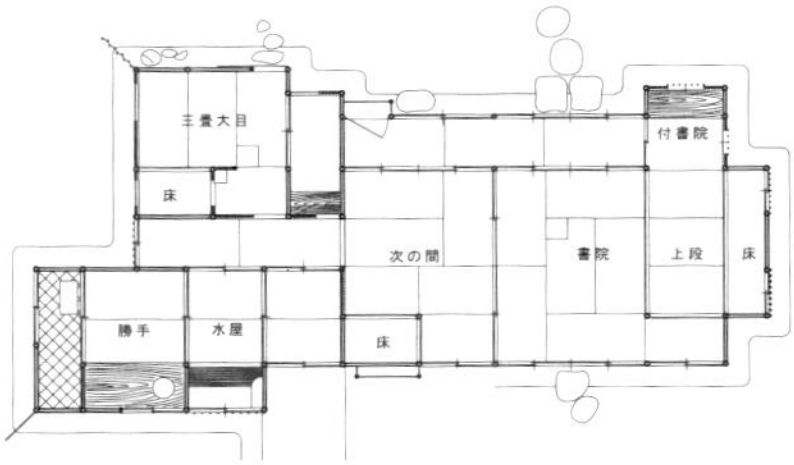

図３　豊秀舎平面図

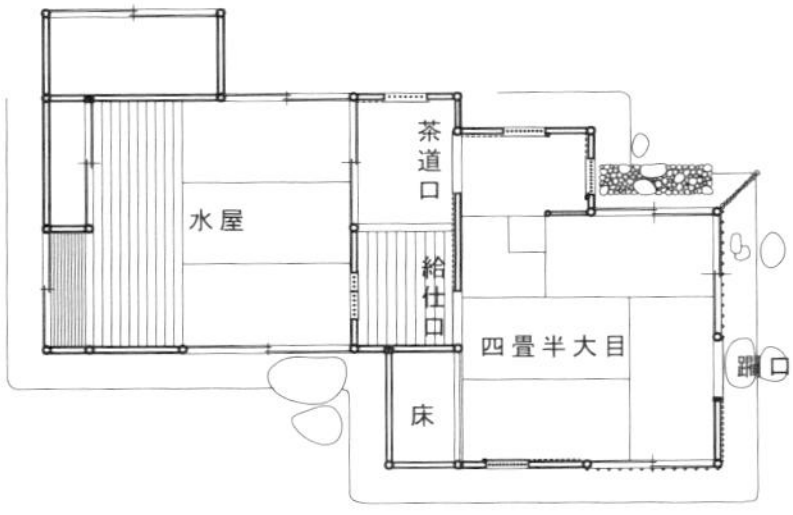

図４　桐蔭席平面図（部分）

にあり残月亭を其祖千利休に賜はりしもの[29]」とあり、当時の認識による、秀吉とのかかわりある建物の写しとなる。その本歌の床柱は、ここを訪れた秀吉がもたれかかり、突き上げ窓より名残の月を眺めたといわれている。いずれも伝承のひとつである。

桐蔭席（図４）は、昭和四年（一九二九）に竣工した。屋根は瓦葺に銅板の腰葺、内部は玄関と寄付《よりつき》、四畳半大目の小座敷《こざしき》、八畳の広座敷《ひろざしき》などからなる茶室で、茶事を行うに際し、非常に機能性の高い茶室で、意匠的にも洗練されている[30]。この四畳半大目の席が猿面茶室の写しである。もっとも躙口の位置や、給仕口《きゅうじぐち》の形態、天井の構成など、本歌との違いもみられるが、床柱には猿の目のようにハツられた（削られた）ふたつの節があり、猿面ということを意識した造形となっている。

この茶室は大正十四年の豊国祭のために建築されるはずであった。しかし第十三代宗匠の圓能斎《えんのうさい》の死去、あるいは敷地の問題などが起こり、建築が遅れたものである。桐蔭席建設に際して、裏千家では桐蔭会が発足している。大正十五年頃、『茶道月報』毎号に、桐蔭会による「豊国廟茶室献納趣意書」が掲載されている。そして一度掲載されなくなったのち、昭和三年三月に「附言」を加えて再掲される。そこには建設の経緯などが記されている、一部引いておこう[31]。

贈正一位豊臣秀吉公ハ、蓋世ノ雄才ヲ天下ニ臨ミ、尊皇撫民ノ志シ厚ク、国威ヲ海外ニ宣揚シ、美術工芸ノ如キ一トシテ公ノ恩沢ニ浴セザルモノナシ

（中略）

先年既ニ不審庵氏燕庵氏ニ依リ完備セル茶席ノ寄進ヲ見タレドモ吾流派ニ至ツテハ当時圓能斎ノ不幸ニ遭遇シテ今日ニ至レリ（下略）

附言

本茶室建築ノ儀ハ、別格官幣社豊国神社再興五十年奉祝並ニ北政所三百年祭挙行迄ニ竣工セシムルノ計画ニ有之候処、其ノ建設セントスル敷地ガ、一旦其筋ノ御許可アリタルニモ係ラズ、京都府知事ノ更迭ニ依リ、該敷地ハ廟域内狭隘ヲ告ゲ、支障アリトノ当局ノ意見ニ依リ空地ノ侭、将来ニ存置ノ必要アリトシテ、他ニ変更スベキコトヲ示達セラレ候為メ、本計画ニ一頓挫ヲ来タシ（下略）

ここでの注目は、秀吉にみる精神性をまず掲げている点である。そして不幸により建設が遅れたこと、さらに知事の更迭により敷地が定まらなかったこと、などが記されている。この時期京都府知事は頻繁に替わっていた。第一五代池田宏は大正十三年十二月から同十五年九月まで、第十六代浜田恒之助は翌昭和二年四月まで、第十七代杉山四五郎は同年七月まで、第十八代大海原重義は同四年七月まで、という具合である。その煽りを食ったことになる。結局、昭和三年十月に地鎮祭を行い、昭和四年五月に竣工式が行われている。[32]

一方、この茶室の建設が一時滞っていた昭和二年二月、『茶道月報』には「猿面の茶室」[33]という記事が掲載される。木村幸一郎、田邊泰によるものである。「その変遷の詳細は、現在茶室内に掲げられて居る小田切春江氏筆の扁額に依って明かである」と第一節で言及した信長と秀吉のエピソードが記されている。また献納茶室披露会における記事[34]においても、この逸話が紹介される。秀吉と本歌猿面茶室、ひいてはこの桐蔭席との結びつきを強く感じさせる内容となっている。滞っていた茶室建設に向けて、モチベーションを高める意味で、少なからぬ影響をもったことであろう。そして茶室は二年後に竣工する。

このように、これらの茶室の建設において、豊臣秀吉との関係はとりわけ強く意識されたものとなった。安土桃山イメージをもった茶室がこの時期建築されたことは、近代茶室のもつ一面を象徴しているとみることができよう。

第三節　近代の利休イメージと茶室

豊公三百年祭は、茶の湯が豊臣秀吉イメージと深くかかわりをもって、クローズアップされる行事であった。このようなイヴェントの開催以外に、近代の茶の湯の復興に際して、もうひとつ忘れてはならないことがある。それは精神的支柱である。

明治維新以後、茶の湯の没落の要因のひとつに、その一側面である遊芸性への蔑視が挙げられる。明治五年(一八七二)、京都府は課税のため、茶の湯の家元に「遊芸稼ぎ人」の鑑札を与えようとしたが、三千家の家元は異を唱え抗議したという[35]。この事件は、このときの茶の湯が、世間から低くみられる傾向があったことを象徴している。そのような状況に対し、茶の湯の立場としては精神的支柱が強く求められたと考えられる。

この精神的支柱としては、もちろん豊臣秀吉イメージも重要であったが、忘れてはならないのが千利休イメージである。具体的な建築としては利休堂、そして文献として『南方録』である。まずは利休堂について検討したいが、最初に江戸時代に設けられた主な利休堂について概観しておこう。

裏千家においては元禄三年(一六九〇)の利休百年忌に際して仙叟《せんそう》[36]が利休堂を建立し、仏師隠達作の利休像を祀った。玄々斎《げんげんさい》[37]口述になる『喫茶敲門瓦子』[38]によると、

今日庵利休堂ハ仙叟好ミ、利休居士ノ首ヲ先代之大梅院よりもらわれ、蔵ニ納有也、居士百年ニ相当り候節心願ニ而被建也、仙叟加州へ下向之節、百姓家を御覧被成ニ風流之家作ト被思候其居宅ヲ写して利休堂ヲ作

られ、自身御手作之かやぶき二而有之候が本也、常叟へ被遣候文ニ我等片おろしのわらや二而もしつし候、居士の百年忌かつとめ度心願じやと、卜有由旨匠仰

とある。これが利休堂の最初のものと考えられる。三畳中板の座敷に上段の板間を設け、正面の円窓の奥に利休像を祀ったものである。天明の大火(39)の後は仮堂が建てられ、天保十年（一八三九）の利休二百五十年忌に際し、玄々斎が再建し、現在に至っている。

表千家では元文四年（一七三九）の利休百五十年忌に際し、如心斎《じょしんさい》(40)が建立した。これは茅葺の草堂で、仏師隠慶による像が祀られていた。この様子は「不審菴之図」(41)にみることができ、天明の大火の後は、啐啄斎《そったくさい》(42)により寛政二年（一七九〇）頃に再興されたと伝わる。利休二百年忌に備えたものである。形式は四畳半の道安囲《どうあんがこい》の席の板床の隣に利休像の安置所を設けたものである。竹中大工道具館に所蔵されている寺田家文書にはこのときの計画案だと考えられる図(43)が所蔵されており、これによると利休堂の設置にずいぶん逡巡を重ねていた様子が複数の図面から観察される。元は不審菴などとともにひとつの建物に取り込まれての計画であったものが、結果として独立した建築を建てるに至ったのである。このとき祖堂とともに一畳大目向板入り反古貼《はごばり》の席を設けた。その後、天保十年（一八三九）の利休二百五十年忌の吸江斎《きゅうこうさい》(44)の時には、利休像の納める空間の変更などが行われ、現在の利休堂の形式となっていた。

そして松平不昧《ふまい》は、江戸品川に大崎園を設けた。これは待庵や今日庵など古典を写した席とともに利休堂が備わった構成となっており、さらに自由な独創を働かせた作品も設けられ、文化三年（一八〇六）頃完成した。

次に明治期に設けられた主な利休堂について概観しよう。

武者小路千家では創設の時期は明らかではないが、現在のものは明治に入ってから一指斎《いっしさい》(45)によるものである。四畳半で一隅に斜めの踏込床《ふみこみどこ》が設けられ、床柱の右に円窓を開け、内に利休の画像を祀っている。

紅葉館は明治十四年二月、東京の芝公園に設けられた。当初茶室は備わっていなかったが、開館直後の明治十四年四月、東京府に対して茶席等の増築のための借金を東京府に申し出、許可される。さらに明治十六年三月、茶室の建築を願い出る。この二度目の茶室の増築が利休堂であると考えられる。大きさは三畳で、一隅に利休像を祀る(46)。

星岡茶寮は明治十七年六月に東京の麴町公園に設けられた。計画の変遷を観察すると、明治十六年七月に東京府に提出された「願」に添付された図により、利休堂がこの時に計画されたものと考えられる。平面は上座床を持つ四畳半で、床脇に板間が設けられ、その奥に障子を建てた小窓が設けられ利休像が祀られた(47)（図５）。

図５　星岡茶寮四畳半（昭和初期の絵はがき、床の間の左に利休像を安置）

利休堂の設置に関して、以上のような状況がみられたが、ここからはその意味について考察してみたい。持仏堂あるいは祖堂として捉えられる利休堂は、勿論祖先または祖師として利休を祀る場である。従って五十年および百年毎の利休忌は特に大きな意味を持ち、千家においては、この時期に合わせて整備が行われ、利休堂成立の契機にもなっている。

しかし利休は、通常考え得る祖先または祖師としての捉え方だけではなく、その非業の死という条件も手伝って、様々な遺響として後世に認識されている。後の時代における利休認識は伝承や絵画・彫刻など、あるいは現代においては映像としても取り上げられている。ここでは建築における利休の遺響としての利休堂、そこに封じ込められた意味をふたつ呈示したい。ひとつは利休へ遡ろうとする意味と、ひとつは利休のイメージとしての意味である。

前者は利休に代表される古典もしくは始原的なるものへの遡源により、茶の湯の本質を捉えようとする方向である。持仏堂または祖堂として利休堂を建設しようとする行為はまさにこれに当たるものである。そして松平不昧の大崎園においては、利休堂と共に今日庵や待庵、松花堂などの古典を基本とした茶室を設けたことなど、古典への遡源が感じられ、さらに同時に独創的な茶室を配する構成などは注目すべきである。また裏千家玄々斎の口述によるところの、仙叟《せんそう》が百姓家の茅葺を見て風流に思い利休堂を茅葺にした件など、仙叟はもとより、この場合、この口述した玄々斎においても、あえてこの故事を引用したという意味において、素朴なるものあるいは始原的なるものへの遡行を感じさせられるところである。

後者は立花実山の『南方録』に著された利休イメージのように、後世に伝わる利休の遺響としてのイメージにおいてである。この利休イメージの重要な部分は、求道的な侘茶を意味する。利休堂の存在が、それを含む数寄屋建築全体のもつ雰囲気を求道的な方向へと向かわせると考えられる。これは同時に茶の湯の遊芸性を否定する方向を持つもので、遊芸的性格を強く持つようになった茶の湯への批判とも読めるものである。

古典または始原的なるものへの遡源、そして近世の批判、それらは近世から近代への端境期あるいは近代の初期的な性格として捉えられるものであり、例えば西洋における新古典主義建築にも比肩され得るものと考えられる。特に不昧の大崎園に見る如く、古典的な作品と自由な独創を働かせた作品を配した計画などは、近代を感じさせるものとみることができる。

一方、近代においてはメディアも重要な意味をもつ。明治期の茶室を含む茶の湯関連の文献における、精神性を顕示した表現も重要である。そこに引用されている文献の代表は『南方録』である。すでに茶の湯研究の立場から指摘されているように(48)、千利休の秘伝書として知られる『南方録』は、利休没後百年の元禄時代、黒田家家老、立花実山《じつざん》によってそれまでの伝承を元に整理編集され、あらためて創作された茶書であり、現在われわれが知る利休像は、その多くがこの『南方録』からの知識である。ここでは、近代の茶室文献における『南方録』の影響など、精神性を強意した部分に着目したい。

出版物においては明治二十六年の本多錦吉郎の『茶室構造法』には星岡茶寮が掲載されているが、この次の図版として裏千家の利休堂と考えられる図が掲載されている(49)。現在の裏千家の利休堂と比較するならば、内観においてはほぼ正確に描かれているが、外観には存在しない庇が描かれ、また本来連続した建築の一部であるが、ここでは独立した建物として描かれたものとなっている。図面はアイソメ図や外観の二焦点パース、内観の一焦点パースの図など、当時の新しい図法によって描かれたものである。

その後、明治三十年に記された武田五一の茶室研究が位置付けられる。特徴として、秀吉・利休の時代に茶道の全盛時代をみている点、江戸時代においては形骸化したものだけが伝わり、その精神はみられず、秀吉の時代の利休を追想するのみであるとする点、以上の二点が特徴であることは第三章で述べた。この武田の研究には『南方録』の影響が強くみられ、それは先行論文である今泉雄作の「茶室考」の流れを引いている。いずれも『南方録』全七巻の最終巻「滅後」の文にみられる内容が主要な部分となっている。この「滅後」の巻は、利休没後百年において立花実山の強い思い入れのある部分であり、この現実の茶の湯に対する強烈な批判と利休への回帰を説いたものである。特に武田は、論文において、利休を茶の湯を大成した人物と捉え、茶室においてもそれまでの因習を打ち破り新機軸を打ち出した、とみている。逆に、利休以降を衰弊の時代と称し、『南方録』と呼応する内容を記している。江戸時代は全く自由がなく、利休が創造し、それが形骸化したものを受け継ぐのみであって、その利休の創造の精神は潰えてしまうことを強調する。

武田の論考のあとに続く新時代における精神性を強意した他の茶室の文献として、明治四十四年、杉本文太郎の『茶室と茶庭図解』[50]について触れておきたい。杉本は、同書のほか茶室や茶庭に関する書籍を多数出版している。やはり武田同様、茶の精神性を強弁するくだりがみられる。『茶室と茶庭図解』の「繁盛の実は却て衰微」という項目に、いくぶん逆説的ではあるが、以下のように記される[51]。

古書に、

（前略）義政公の賞翫ありしより、貴人の翫びとなり、其風流を近国に行はるゝ、といへども、いまだ普ねからざりしに、近世は都鄙に普ねく、四民こと〴〵くもてあそぶ事、茶道の繁昌と申され候へども、事は盛なれども実は衰微したる類多し。たとへば近世菊をもて遊んで、園に垣し、簾を覆ひ、幕を垂れ、甚きものは扉に錠し、鎰を懐にし秘蔵すとも、花を憐む心、古にはしかず。籬に重陽を待ちほころびたらんは、自にしてあかぬ詠めなるらん。異花彩英、古に百倍すとも、淵明が心に背く成るべし。されば茶湯も古に百倍すとも、盛なるにはあらず、衰へたるなるべし。

この「古書」とは、特にタイトルが記されていないが、内容から『源流茶話』であることがわかる。『源流茶話』は藪内竹心が、元禄期における茶道界の隆盛に対し、利休への回帰を説いた啓蒙書である。たとえ咄《ばなし》はもちろん違うが、ここには『南方録』同様の思想が組み込まれており、その内容を杉本が引いていることに着目したい。そして同書より利休教歌を引いている[52]。

釜一つもてば茶湯は成るものをよろづの道具好むはかなさ
釜なくば鍋湯なりともすくならばそれこそ茶湯日本一なれ
かくいひて有る道具をも押隠しなきまねをする人も拙き

史実かどうかは、ここでは問わない。利休が詠んだとされるこれらの歌は、その精神性に重きを置いたものであり、これに杉本は注目するのである。続けて茶の湯が「清浄」「正直」「礼譲」「質朴」を旨とすることを記している。

そして、「豊太閤と家康と茶道」「茶道と国家の礼式」として、以下のように記す。(53)

絶世の英雄豊太閤が、深く茶道を好まれし所以は、単に其式法のみを愛してゞはありますまい。其一方に式法の愛すべきものあると同時、他に積年の変乱は、一旦公の力に依りて平定せられしも、猶ほ未だ人心の殺気を脱すること能はざるより斯道は以て此の人気を鎮圧するに適すと看破されたからでありましょう。老獪なる徳川家康も亦是を捨てず、却て益々奨励して、後には諸藩に御数寄屋役といふを設くるに至らしめ、全然茶式を国家の礼式となさしめたのであります。

国家を安定させるための礼式として、豊臣秀吉が茶の湯を深く好んだことを述べている。そして徳川家康においても秀吉を倣って茶の湯を重視し、さらに諸藩に御数寄屋役をおいた、とその論考を進め、展開している。ここでは利休だけではなく、秀吉においても茶の精神性を強く推しだしている。まさにこの観点は、明治時代の国家観にうまく合致したものと受け止めることができる。

このように社交施設における利休堂の設置、そして必ずしも茶の湯の中心にいたわけではない武田五一や杉本文太郎らにおいても、求道的な側面の千利休イメージの影響が強くみられた。それは『南方録』や『源流茶話』における利休像であり、明治における国家観と秀吉像との関連と相まって、大きな意味を持つものとなった。すなわち遊芸的側面への蔑視を克服し、明治時代の思考への照応を進めるものとして、千利休イメージの広がりは、近代茶の湯の復興を精神的側面から牽引するものとして位置づけることができるのである。

（1）　茶の湯の近代における凋落と復興については、熊倉功夫『近代茶道史の研究』（日本放送出版協会、一九八〇年）、茶室に関しては、拙稿『近代の茶室と数寄屋』（淡交社、二〇〇四年）参照。

(2) 一九三七年、国宝保存法(一九二九年施行)による国宝指定。一九四五年、焼失により指定解除。

(3) 刑部陶痴(一八四二～一九〇八)、幼名玄。刑部家は代々尾張藩に仕え、玄は若年の頃藩主義宜の小姓として近侍、明治になって鎌倉宮の主典を務め熱田神宮に奉仕、のち瀬戸の陶器館長。

(4) 『耕南見聞録』写本(名古屋市鶴舞中央図書館蔵)。

(5) 角山栄「開国と茶」『茶道聚錦　六　近代の茶の湯』(小学館、一九八五年)八六～九五頁、および、拙稿『近代数寄屋建築の黎明』(東京大学学位請求論文、二〇〇〇年)、前掲註(1)『近代の茶室と数寄屋』。

(6) 小田切春江(一八一〇～一八八八)、尾張藩士で画家、幼名は忠通、通称は伝之丞、号として春江、別号として歌月庵喜笑ともいう。明治一五年(一八八二)に東京で開催された「内国絵画共進会」に出品した『尾張名所図会』などがよく知られている。

(7) 『茶道月報』(茶道月報社、一九二七年二月号)一九～二四頁。

(8) 「建築工藝畫鑑第十輯解説　猿面茶室」(『建築工藝叢誌』第十冊、一九一二年)八六～八七頁。

(9) 牧野市太郎『門前町誌』(一九〇一年)一三～一四頁。

(10) 『猿面茶席の記』(名古屋市博物館蔵)は、明治三八年(一九〇五)一月に著されたもので、猿面茶室と松月斎の図が記載されている。

(11) 尾張藩士奥村得義が文政年間から調査し、万延元年(一八四〇)に脱稿し献上した名古屋城の大記録書。名古屋市教育委員会『名古屋叢書続編』第一五巻金城温古録(三)(一九六七年)二三七頁。

(12) 名古屋市役所『名古屋市史　風俗編』(一九一五年八月)五三六頁。

(13) 本多錦吉郎『閑情席珍　茶室図録』(六合館、一九一八年)二七頁。

(14) 本多錦吉郎『茶室構造法』(団々社、一八九三年)。

(15) 北尾春道『数寄屋聚成一　数寄屋建築史図聚　東山・桃山時代編』(洪洋社、一九三五年)。

(16) 『裏門前町誌』一九四〇年。

(17) 神戸直三郎『門前町史雑記』(一九三五年)二九～三〇頁。

(18) 『茶道全集　第三巻』(創元社、一九三六年)五六二～五六六頁。

(19) 津田三郎『秀吉英雄伝説の謎　日吉丸から豊太閤へ』（中央公論社、一九九七年）三〇四〜三三四頁。
(20) 前掲註(1)『近代茶道史の研究』。
(21) 『風俗画報臨時増刊　第一六四号豊公三百年祭図会』（東陽堂、一八九八年）。
(22) 同右書、八頁。
(23) 前掲註(1)『豊太閤三百年祭大茶会記』（豊国会茶事部、一八九八年）。
(24) 前掲註(21)「豊公三百年祭図会」、二四頁。
(25) 桐蔭席の建設経緯については、松本康隆「近代における家元の建築活動（口頭発表）」（茶の湯文化学会二〇〇五年大会）を参考にした。
(26) 北尾春道『数寄屋聚成　四巻』（洪洋社、一九三六年）参照。
(27) 『茶道月報』（茶道月報社、一九二五年一月号）七八〜八〇頁。
(28) 豊国会『豊国祭記要』（京都日出新聞社、一九二六年）二二頁。
(29) 同右書、二二頁。
(30) 大工は三代目木村清兵衛、洗練された造形の様子は、中村昌生『数寄の工匠　京都』（淡交社、一九八六年）七六〜九〇頁、などに記される。
(31) 『茶道月報』（茶道月報社、一九二八年一一月号）七九〜八一頁。
(32) 『茶道月報』（茶道月報社、一九二九年六月号）三九頁。
(33) 『茶道月報』（茶道月報社、一九二七年二月号）一九〜二四頁。
(34) 『茶道月報』（茶道月報社、一九二九年六月号）三九頁。
(35) 熊倉功夫「近代の茶の湯」『茶道聚錦　六　近代の茶の湯』（小学館、一九八五年）七四頁。
(36) 元和八年（一六二二）〜元禄十年（一六九七）、裏千家四世。
(37) 文化七年（一八一〇）〜明治十年（一八七七）、裏千家十一世。
(38) 藤井維石の手記で天保十四年（一八四三）完成。玄々斎による千家茶道の入門書。
(39) 天明八年（一七八八）。

(40) 宝永二年（一七〇五）～宝暦元年（一七五一）、表千家七世。
(41) 竹中大工道具館蔵、寺田家旧蔵数寄屋関連史料。
(42) 延享元年（一七四四）～文化五年（一八〇八）、表千家八世。
(43) 寺田家旧蔵数寄屋関連史料。
(44) 文政元年（一八一八）～万延元年（一八六〇）、表千家十世。
(45) 嘉永元年（一八四八）～明治三一年（一八九八）、武者小路千家八世。
(46) 第二章第三節参照。
(47) 第二章第四節参照。
(48) 熊倉功夫『南方録を読む』（淡交社、一九八三年）など。ただし『南方録』は、他の茶書との一致する部分も多く、すべてを創作とみるべきではないと考えられる。
(49) 本多錦吉郎『茶室構造法』（団々社、一八九三年）二八～二九頁。
(50) 杉本文太郎『茶室と茶庭図解』（建築書院、一九一一年）。
(51) 同右書、三頁。
(52) 同右書、四頁。
(53) 同右書、五頁。

第七章　高谷宗範と松殿山荘

第一節　高谷宗範の建築活動

（1）神戸灘の嘉納邸

ジェントルマン・アーキテクトという言葉がある。詳しくは第一章第四節で述べたが、実業家などで建築の才能を持つ人をさす言葉で、プロフェッショナル・アーキテクトの対になる言葉である。たとえば、近代の数寄者高橋箒庵は建築を「仕事」といっており、[1]自身の邸宅や知人の茶室などを手がけていた。ほぼ同じ意味をさす言葉として茶匠という語がある。古くは千利休がそれに該当するが、商人としてあるいは茶人としての側面の他に、建築家としての側面ももっていた。材料の手配や大工の世話まで行っており、[2]まさにジェントルマン・アーキテクトと呼ぶべき存在であった。

さて宇治木幡の松殿山荘を造ったことで知られている高谷宗範は、自ら「今遠州」[3]とも名乗り、周囲からもそのように認識をされていたという。遠州にちなんでは、かつて伊集院兼常が、植治から「近世の遠州公」[4]と呼ばれていたというが、[5]伊集院は鹿鳴館の建築に関与し、数寄屋建築としては京都木屋町や南禅寺近郊の別邸などを手がけ、建築および作庭の能力に秀でた人物であった。[6]こちらは建設会社の社長も務めたことがあり、なかばプロフェッショナルともいえなくないが、職人や建築家ではなく経営者の立場であって、趣味として屋敷やその庭園の設計を行っていた人物である。近代のジェントルマン・アーキテクトの草分け的存在であった。そして「今遠州」と呼ばれるようになった高谷宗範は、遠州流の茶道を学んだということだけでなく、茶室や茶庭に対しても造詣が深い。今遠州という言葉は、建築や造園についても詳しい数寄者、というところからの命名だと考えられる。その意味からは、高谷宗範もまさにジェントルマン・アーキテクトと呼べる人物である。(7)

まずは高谷宗範の略歴について述べておこう。(8)宗範こと高谷恒太郎は嘉永四年(一八五一)、大分県に生まれ、大蔵省そして裁判所に官吏として務めた。明治十九年(一八八六)に大阪控訴院に勤務の時、平井貯月庵《ちょげつあん》より遠州流宗鳳《そうほう》派を学んだという。また同二十六年に依願免本官ののち、弁護士をはじめる。このとき松方正義の協力を得て、大阪今橋のかつての豪商天王寺屋五兵衛《ごへえ》の住宅を購入し、住まいした。明治二十八年、東京の遠州流家元分家の小堀宗舟《そうしゅう》を迎えるべく大阪に茶の湯の稽古場を新設し、自らも弟子となって、遠州流茶道保存会を発足させた。明治三十五年には関西の実業家たちと十八会を発足させ、明治三十六年には、宗範の主催による茶会を開いている。このとき「私は金を溜めたら、ひとつ大きな建築物を作り、書院や草庵などを設け、茶道の為め又国家の為に尽くしたいと思っている」といったそうである。(9)後の松殿山荘につながる構想をしたためていたことが窺われる。大正七年(一九一八)、木幡の土地購入、以後松殿山荘を整備し、昭和三年(一九二八)には財団法人松殿山荘茶道会を発足させた。同八年、永眠。

さて、このジェントルマン・アーキテクトとしての高谷宗範であるが、先に挙げた建築物をつくる夢に向かって、少なくとも明治末頃からアーキテクトとしての仕事を始めたようである。当時、東京で活躍中の数寄者野崎廣太は、中外商業新報の取締役社長を務めており、自ら関係した茶会記を出版物として上梓していた。(10)野崎は大正二年、宗範の知人である神戸灘の嘉納治郎右衛門に招かれた。嘉納邸の茶室の新築披露の茶会であった。(11)野崎の記録によると、この建築と庭園の築造は高谷宗範による。

当家邸第の建築、庭園の築造、さては茶席の構造等宗範之に与かりて成就し、而も今回の茶事また皆宗範の参謀画策に成れるを知る。(12)

野崎の記録では、土地は五百坪余、建築面積は三百坪余で、工事には竣工までに数年の歳月を要したという。(13)断定的な記述ではないが、野崎の文面からはそのすべてを高谷宗範が作ったと読める。ここには大広間の他、二畳半大目の方圓亭《ほうえんてい》と呼ばれる如庵写しの席、玉泉亭と呼ばれる茶室が記録されている。方圓亭の扁額には「□○」と書いてあったとのことである。玉泉亭は薄茶席とあるので広間であったと思われる。

もっとも、野崎の記述には誇張があったのかも知れない。しかし少なくとも屋敷内に位置した「□○」と記された方圓亭は、のちに示すように宗範の方円の思想、すなわち「心は円なるを要す、行いは正なるを要す」に由来するものとみて間違いないと考えられ、宗範の手がけたものと断定できる。また、他の部分については詳細は不明であるが、のちに約千坪の自邸・松殿山荘を設計する宗範からすれば、三百坪すべての設計を行ったとしても、不思議はない。そして野崎の記述から類推すると、この設計計画は少なくとも明治末年頃には行われていたと考えられる。

(2)　大阪今橋の旧天王寺屋五兵衛邸

嘉納治郎右衛門の灘の屋敷は大正二年（一九一三）の竣工、のちに示すが芝川家の甲東園の茶室山舟亭は同じく大正二年の竣工である。ここで疑問が生ずるのだが、嘉納家において、あるいは芝川家において、いくら親友であるとはいえ、素人である高谷宗範に茶室の設計、あるいは場合によっては屋敷の設計をいきなり任せるのだろうか。通常は考えにくいことである。しかしそれ以前に、宗範に具体的な作例があったとするならば、またその評判が良いものであるならば、設計を依頼することは十分に考えられることである。

そのような視点に立脚するならば、その頃、すなわち明治末年頃までに高谷宗範は、茶室の建築について実積をすでに積んでいたのではないかとの仮説を立てることができる。もっとも、具体的な作例として明治末頃までに記録されたものは、現在のところ見いだせない。ただ検討に値するひとつの写真がある。野崎幻庵の記した『茶会漫録』(14)のグラビアに「高谷氏茶室」として掲載された茶室の外観（図1）である。これについて考察を進めていきたい。

同書が大正三年の刊行であるから、この写真は大阪今橋の旧天王寺屋五兵衛の屋敷内と考えられる。宗範は旧天王寺屋の屋敷にあった茶室を松殿山荘に移築しているというので、現在の松殿山荘と見比べると、このグラビアの写真は楽只庵《らくしあん》と不忘庵《ふぼうあん》であるとほぼ断定できる（図2）。楽只庵は旧天王寺屋の屋敷の蔵に備えられていた轆轤《ろくろ》を床柱としたと伝えられる茶室である。『高谷宗範伝』(15)によると、昭和五年（一九三〇）までには木幡に移築されている。ただ大正八年に今橋の屋敷を売却(16)していることから、しばらく材料としてどこかに保存されていた可能性がある。

ここで少し、大阪の旧天王寺屋五兵衛とその屋敷について簡単に記しておきたい。天王寺屋は大阪最古の商人であると伝えられ、四天王寺建立の木材を用達したところから屋号として天王寺屋と呼ばれていたというが、これはあくまでも伝承である。元和元年（一六一五）の大坂の陣のあと、大眉《おおまゆ》五郎右衛門秀綱のとき北浜、今橋の地に住まうようになり、その嗣光重が大眉五兵衛を名乗り、両替商を始めた。その後北浜では両替商が軒を並べるが、その先駆的な立場にあって、江戸期を通じて殷賑を極めた。しかし明治になって勢力を失い、屋敷は日本立憲政党新聞や大阪日報の発行所となったという(17)。その後、高谷宗範の手になり、この屋敷の一部が現在の松殿山荘に移築あるいは古材として転用されることになる。残念ながら主要部分は失われている。したがって具体的な屋敷の姿は不明であるが、手がかりとなる記録がある。幕末に描かれた『日本唐土二千年袖鑑』(18)に天王寺屋五

図1　「高谷氏茶室」（『茶会漫録』第四集）

図2　現在の楽只庵（右）と不忘庵（左）

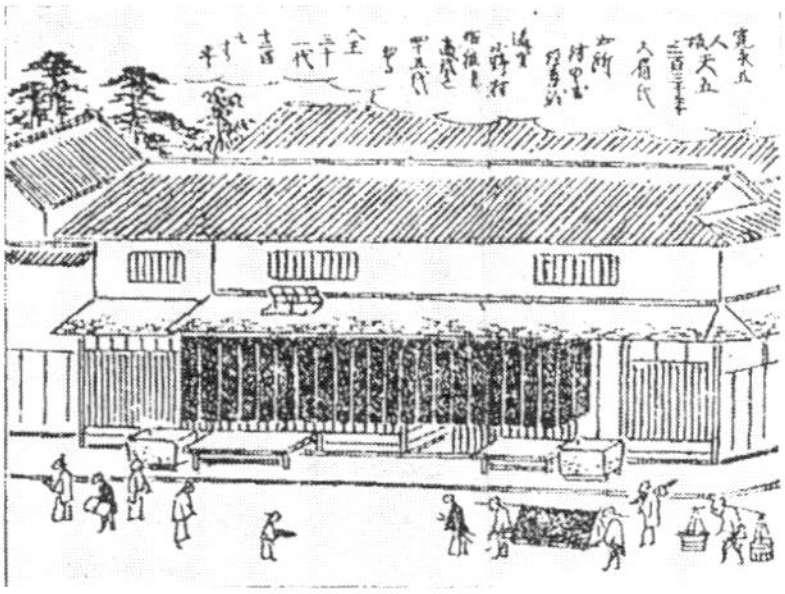

図3　天王寺屋五兵衛邸（『日本唐土二千年袖鑑』）

図4　適塾

兵衛屋敷の図（図3）として、通りに面した外観が掲載されている。江戸期の大坂今橋北浜周辺では、寛政四年（一七九二）に大火があったことから、この建物の建築年代の上限がこの火災の直後だとみられる。またこの外観は、寛政四年の大火直後に建てられたと考えられる適塾（図4）と近似しており、天王寺屋の屋敷もその後焼失した記録が見当たらないことから、適塾と同じ頃、十八世紀末から十九世紀初頭の町家建築だと考えられる。この町家が、明治になって新聞の発行所となり、明治二十七年から高谷宗範の所有となったのである。

　現在松殿山荘には天王寺屋の屋敷から移築したとされる茶室が複数存在する。これらが成立した時代はいつであろうか。新聞の発行所時代は、明治前期という茶の湯の不遇な時代でもあり、茶室が設けられたとは考えにくい。すなわち茶室が建築されたのは、江戸時代の豪商天王寺屋の大眉氏が住んでいた時代か、あるいは高谷宗範が屋敷を入手した明治半ば以降のどちらかである。豪商天王寺屋がこの屋敷を去ったあと、高谷宗範が入手するまでに三十年ほどの間隔があった。その間この屋敷は新聞社などに使用されていたことから、仮に茶室があったとしても放置されたままであって、荒れた状態で保存されていたものと考えられる。高谷宗範がこの屋敷を入手して住み始め、茶の湯を学び実践していくが、そのいずれかの時に、これらの茶室を修繕あるいは改築したものと考えられる。あるいは宗範による新築かも知れない。複数あるため、それぞれの茶室によって建築経緯は異なるかも知れない。

さて野崎の著作のグラビアに掲載された今橋時代の楽只庵に話を戻したい。現在の木幡でのこの茶室は、六畳大目、転用材の床柱が使用された袋床、平天井部分で七尺三寸程度(19)の高い天井をもち、掛込天井の境目に暖簾壁《のれんかべ》が使用されており、客の出入口として四枚の腰障子の貴人口が設けられている。高い天井や暖簾壁など、この茶室は近代の特徴(20)を有しており、江戸期のものであるとは考えにくい。天王寺屋五兵衛が造ったものとすると、木幡移築時に大幅に改築されたと考えるのが妥当だとみられてきた。しかしこのグラビアをよく見ると、今橋時代の屋根の高さが現在とほぼ同じであると判断される。つまり今橋時代から天井が高かったとみられる。すなわち江戸期より存在していた茶室が宗範によって大幅に改築されたか、あるいは宗範自身によって新築されたものかであって、江戸期のものを単に修繕しただけということはなさそうである。つまり、このグラビアの写真は、高谷宗範の好みが大きく反映された茶室であることを指摘する。それが現在の楽只庵の原型である。もちろん今橋から木幡に移築されたとき、さらに手が加えられた可能性もある。

先に挙げたように、宗範がジェントルマン・アーキテクトとして活躍する要件として、作例の問題があったが、既出の設計作品としてこの楽只庵があったと考えられる。ではこの茶室はいつ建築されたものであろうか。この茶室が宗範の新築あるいは大幅な改築で生まれたとするならば、その建築年代を検討したい。

野崎の著作には、大正元年十一月八日に大阪今橋の高谷宗範邸の楽只庵での茶会が掲載(21)されていることから、大正元年までに建築されたことは間違いない。またその上限については、宗範が今橋に転居した明治二十七年（一八九四）は確実である。ただ転居後に本格的に茶の湯を学び始めたとすると、直後であることは考えにくい。さらに考察を進めると、明治三十五年から関西の財界人たちと「十八会」と称する茶の湯の集まりを組織し、明治三十六年一月には宗範が亭主を務めている。このときの様子は、伝記にその著者が「其堂々たる結構に於て恐らくは最初のものであったと思う(22)」と述べるが、茶室そのものについては記述されていない。しかしこの茶会は伝記に記される初めての本格的な茶会であることから、この茶会のために茶室を準備することは十分に考えられる(23)。その後伝記においては大阪での茶会は記されていない。

また野崎の著作に大正元年十一月二十三日の日付で「楽只庵主　高谷宗範」と記述(24)された部分があり、大正元年以前にこの楽只庵が今橋の高谷家の中心的な茶室であったことが考えられ、このことから明治三十五年あるいは三十六年に、楽只庵が大幅な改築を受け現在の姿に近いものとして再生したか、あるいは新築されたものと考えることが、妥当な線であろう。ただこの楽只庵に関しては、『京都府の近代和風』で「本山荘内では茶室として最も洗練されている(25)」と記されるように、一般的な茶室の視点からは、特異な形態が多数みられる松殿山荘の中においては、比較的オーソドックスな茶室と位置づけることができる。すなわち、一部に松殿山荘特有の四角や丸といった幾何学的な意匠は表現されてはいるものの、他のものと比較するならば、控えめな表現ということができる(26)。

現在の松殿山荘には、天王寺屋の屋敷から移築したと伝えられる茶室が、楽只庵と不忘庵、天五楼、そして檆《さん》松庵《しょうあん》がある。天五楼は手を加えた可能性はあるが、江戸期の大坂の町家の一部と考えられるものである。一方、庭間の茶室樅松庵はかなり特殊な形態をしている。江戸期から存在していたのか、明治になって宗範が新築したかは、明快に応えてくれる資料はない。しかし先の楽只庵同様、高谷宗範が大きく改築または新築した茶室であることは間違いない。その特殊な形態ゆえ、早い時期の作例とは考えにくく、楽只庵のあと、おそらく明治末年代頃に大きく改築したかあるいは新築したものと考えられるものである。

すなわち、高谷宗範は明治三十年代後半から大阪今橋の自邸の茶室を改築あるいは新築しており、この時期に茶室建築の実績を積んでいたものと考えられる。松殿山荘の施工には大阪の大工中川徳一が棟梁として携わっているが[27]、通常ならば、当時京都には優秀な棟梁が多数存在していたので、京都の大工に依頼するのが定石だと思われる。しかしここでは大阪の大工であった。おそらく大阪において宗範から十分に信頼される仕事を行っていたからであろう。大工中川徳一の登用は、旧天王寺屋の屋敷においての工事の実績が買われた可能性が高いものと考えられる。

そのような考察を重ねていくと、明治末頃までに大阪今橋の旧天王寺屋五兵衛邸の茶室の改築あるいは新築が行われ、それも軽微なものではなくかなり大がかりなものであったと考えられる。その評判が良かったため、嘉納治郎右衛門、芝川又右衛門らが、自邸もしくは茶室の設計を高谷宗範に依頼した、と見るのが最も妥当なところだと考えられる。

第二節　芝川邸をめぐって

(1)　武田五一の芝川邸

現在明治村に移築されている芝川邸（図5）は、武田五一が大阪の商家芝川家の甲東園別邸として設計したもので、明治四十四年（一九一一）[28]の竣工になる。この芝川家の茶室を高谷宗範は手がけている[29]。最初に宗範と芝

図5　芝川邸（博物館明治村）

川家の関わりを簡単に記しておこう[30]。宗範はこの施主である芝川家の顧問弁護士を務めていた。茶人としてのつきあいもあった。明治二十八年の遠州流茶道保存会の発足では宗範から芝川又右衛門に案内状が送られている。また両者とも明治三十五年発足の関西の数寄者らで結成された十八会の会員になっており、茶友としての深い繫がりがあった。そして昭和三年（一九二八）、財団法人松殿山荘茶道会の発足に際して宗範は、副会長として嘉納治郎右衛門らとともに芝川又右衛門を呼び寄せている。

明治村に移築されている武田五一設計の洋館について考察を進めよう。この甲東園にあった芝川家の洋館は、洋館とはいうものの和洋折衷の意匠をもつもので、明治四十四年に竣工した住宅である。武田の作品集[31]には「茶室建築の精神を椅子式生活に応用された点がその重要な特徴であり、セセッション風に日本風が加味」とあり、日本の伝統を応用し、近代様式との接点を求めた作品となっている。設計の時期は、武田が明治四十一年五月三十日から明治四十二年三月一日まで帝国議会および諸官衙建築調査のため欧米へ出張していることから、帰朝後の明治四十二年頃だと考えられる。その後の昭和二年、武田は芝川邸の増築にかかわるが、これは作品集には木造平家建とあり、和館の増築であった。また洋館の一部も改築されたとのことである[32]。

武田五一の洋館以降、この屋敷地において茶室が建築されていくが、それには宗範が大きくかかわっていた。第三章では、武田の茶室研究について論じてきた。利休の茶室に賛美を贈る一方、利休以降の茶室についての消極的な見方をしていたことを示してきた。また武田の建築家としての活動においては、必ずしも積極的に茶室にかかわっていたとはいえないという側面もみられる。しかしこの芝川邸は「茶室建築の精神」が組み込まれたものとなっている。ここに若干の疑義が生じる。

もちろん茶室研究を行った武田ならでは、と考えることもできるが、単純化するのは危険だと思われる。一般に、設計活動は設計者の構想に施主の意向が加わって行われるものである。武田について、いわゆる洋館に関する設計能力については言を俟たないが、「茶室建築の精神」に関しては必ずしも十分であったとは考えにくい。茶室の研究を行っていても、それは歴史や断片的な意匠についてのことなので、それを具体的な建築へ応用する際には、茶室を理解している人物の協力が必要であったと考えるのが自然である。すなわち茶人である芝川又右衛門の好み、さらに深読みするならば、施主側の立場として宗範の意向が少なからず反映されたのではないかと考えられる。

高谷宗範がここで施主の立場として重要な役割を演じた可能性があると考えられるのは、次のような理由からである。まず明治四十四年の竣工式には村山龍平らとともに高谷宗範が招待されていること[33]が挙げられる。もちろん、親しい知人として招待された、という側面もあるが、それだけではなく、宗範は芝川家の普請に大きくかかわっていたのである。後述するように大正二年（一九一三）に甲東園の屋敷において茶室の山舟亭が竣工するが、この設計が宗範である。そしてその茶室開き茶会においては、芝川又右衛門は病気を理由に亭主を他人に依頼しており[34]、その後の茶会においても、体力的な理由によって又右衛門は十分に茶事をこなすことが困難となっていたと文献に記されている。そのため甲東園における茶会の開催は、宗範によるところが大きいと考えられていた[35]。そして前節で示したように宗範には茶室設計の実績があったことが認められる。このような状況から推し測ると、宗範が施主の立場を代弁していた可能性は十分考えられるのである。

それを裏付ける具体的な事象がある。二階の座敷（図6）である。これは武田の図面（図7）と現在の姿（図8）を比較すると、床の間の形に違いが認められる。床の間の幅が武田の図面よりも広くなっており、床柱が角から丸柱に変更されている。当初の武田の計画案の方が平明で建築家の設計としては素直なものである。複雑に拡張が行われたのは施主側の意向が働いたからだとみられる。ではなぜ、床の間に変更がかけられたのだろうか。床の間の幅は、掛け軸の大きさによるものと考えるのが一般的である。このとき武田五一は三十九歳、新進の建築家が掛け軸のことまで考えが及ぶことはなかったものと思われる。さらにこの床柱は檳榔樹《びんろうじゅ》という丸柱で、床柱としては珍しい木材が使用されている。沖縄や小笠原に分布するが、海外からの輸入品であったかもしれない。武田がこのような個性の強い特殊な材木を意図して使用することは考えにくい。近代の建築家としてはまずあり得ない。一方、数寄者ならばあっても不思議ではない。じっさい、同様の床柱が、後の高谷宗範の松殿山荘の仙《せん》霊学舎《れいがくしゃ》にも使用されている。このように考えると、この床の間は施主側、とりわけ高谷宗範の意向が汲み取られて設計されたものと考えられる。

図６　芝川邸洋館２階座敷（博物館明治村）

ではいつの段階で、この床の間の変更が行われたのであろうか。まず可能性が大きい時期として挙げられるのは、新築時の明治四十四年、そして和館が加えられ、洋館の外装が杉皮張から凹凸のあるドイツ壁仕上げへと変更する(36)などの改築が行われた昭和二年(37)、このふたつの時期である。

検討の前提として、掛け軸の寸法が床の間の幅を規定したというところからはじめたい。まず最初に建築されたのは洋館一棟である。当初から掛け軸を所持し、それを床飾りとしたいならば、この洋館のいずれかの部屋の床の間に掛けるようにしたいと考えることは順当なことである。一方、昭和二年の時期について検討するならば、このときは和館の増築が主であることから、掛け軸を掛けるならば、和館のいずれかの部屋をその対象とすることは順当な考えであり、ことさら洋館

を改築して軸を掛けるための設計を行ったとは考えにくい。つまり、この洋館二階の座敷の床の間は、竣工時には現在見るような姿であったと考えるのが妥当な線である。また、大正二年に行われた山舟亭の新築披露では、この二階の座敷が待合として使用されている[38]。すなわち、順次拡張が進められていた甲東園芝川邸において、茶室ができるまでは、この二階座敷が主要な座敷であったと考えられ、茶室の完成後、二階座敷は茶の湯の場として相対的な格が下がり、待合として使用されたと考えられる。その部屋の床の間を、のちに掛け軸のため改築したとは考えにくい。

　これらを敷衍すると、計画段階において芝川又右衛門の意向を汲んだ高谷宗範が、施主の立場として武田五一の設計に意向を伝えていたと考えられる。さらに、茶室の設計を理解するものとして武田の設計に与した可能性も高いと考えられる。

　さらに窓には和洋共通の意匠、和風としては猪目、洋風としてはハートの模様が窓にあしらわれている（図9）が、少し扱いは違うが松殿山荘にも同様の意匠（図10）が組み込まれている。

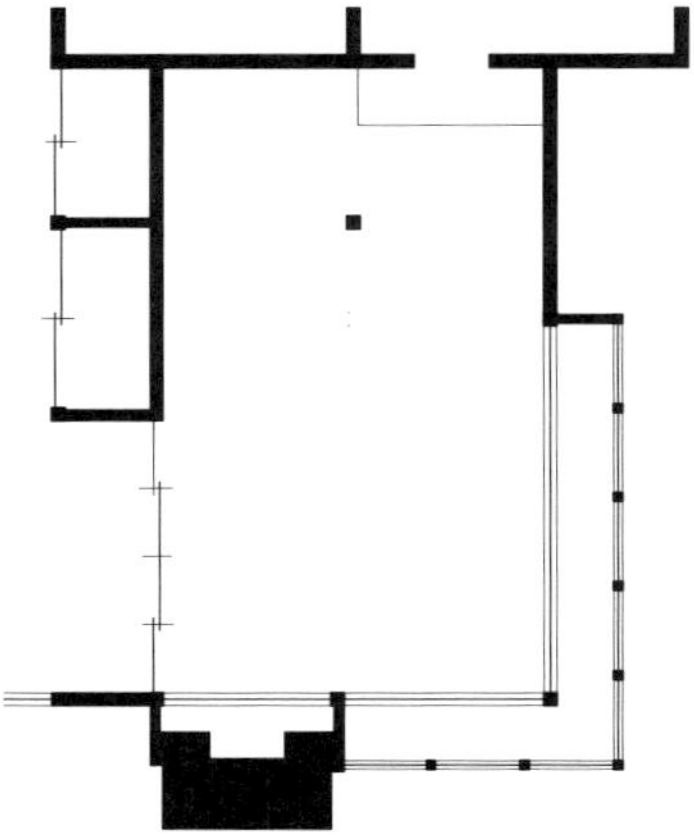

図 7　芝川邸洋館 2 階座敷　計画案

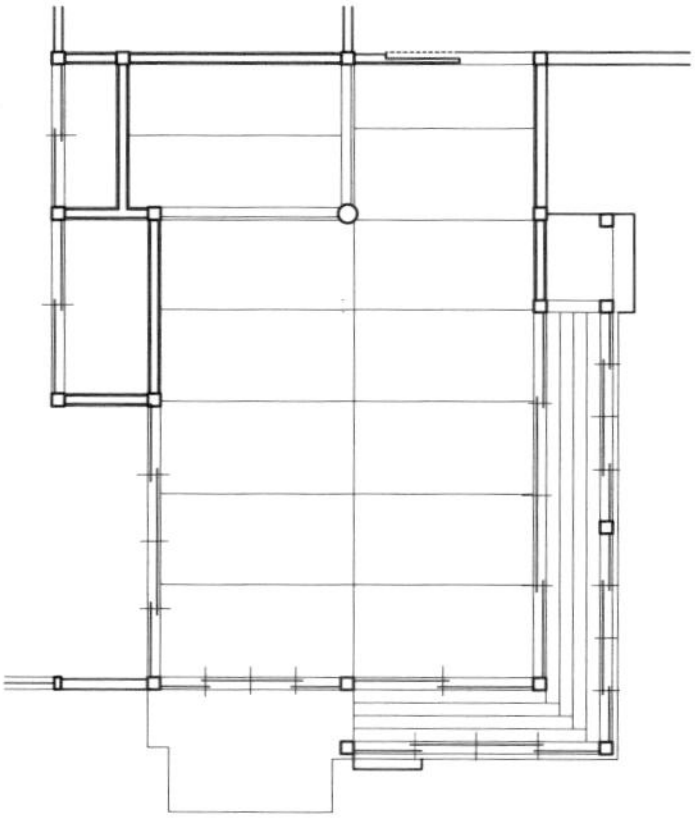

図 8　芝川邸洋館 2 階座敷　現状平面図

図９　芝川邸　二階（博物館明治村）

図10　松殿山荘　主人室

このように観察していくと、武田五一と高谷宗範、両者に芝川邸洋館の設計における繋がりが浮かび上がってきた。

では宗範が武田に和風の意匠を一方的に指導したのであろうか。それは恐らく、単純なものではなく、双方向のさまざまな関わりがあったものと考えられる。武田は当時のアカデミックな立場における建築家の中では唯一、茶室に対してては理解していた人物である。しかし茶室研究を行ったからといって、実践としての茶室のデザインを十分理解していたとはいい難いということは、先に述べた。武田ひとりで芝川邸の意匠を考えたというより、和風の意匠、とりわけ数寄屋に精通した協力者がいたと考えることが、より自然な流れだと思われる。つまりそこに茶室の設計を行っていた高谷宗範がかかわっていたと考えられるのである。

高谷宗範は、前節で記したように大阪今橋の自邸において茶室の設計を行っていたとほぼ断定できる。ただ宗範がのちに営む松殿山荘の意匠は、通常の茶人や大工の考える数寄屋意匠とは大きく違いをみせている。通常ならば松殿山荘のような和洋を折衷させた独特の意匠は生まれにくいと考えられる。先に示した楽只庵の建築にはまだ、独特のスタイルは展開されていない(39)。

ここで着目したいのが、芝川邸への関わりである。芝川邸において洋館二階の床の間に宗範の考えが採用されたとしても、さらには施主側の立場から、さまざまな考えや意匠を武田に提案したとしても、建物全体の設計計画から見れ

図11　武田五一　京都商工会議所案（『武田博士作品集』）

ば、宗範の提案は微細な部分にとどまっていたと考えられる。洋館を基本とした建築に和風意匠を取り込む設計は、武田五一でなければ成し得なかったことであろう。高谷宗範は設計能力に長けていたとはいえ、それはあくまでアマチュア、すなわちジェントルマン・アーキテクトの立場であった。したがって、武田の洋館に和風の意匠を取り入れる手法に非常なる興味を持ったに違いない。ここで武田よりさまざまな刺激を受けたとするならば、のちの宗範の意匠も理解しやすい。洋館を基本としながら和風意匠を取り入れた武田五一の芝川邸、この建築に深くかかわることにより、そして武田の技法を深く観察することにより、宗範は新しい建築の可能性を感じ取ったものと考えられる。大正四年、武田五一は京都商工会議所[40]を設計する（図11）。この意匠はルネサンスを基本としつつ、内外において形態を単純化した近代的な要素も取り入れたものであるが、注目したいのはその内部空間で、折上天井の中央部分を四角形と円形で区画していることである。天井を四角形で区分し、網代をはめ込んだ意匠は芝川邸で試みている。ここでは網代こそないが、四角形のみならず大胆な円形を加えている。その直後、高谷宗範は松殿山荘の造営に取りかかるが、和洋を折衷させる意匠を採用する。四角の中に円形を取り入れた形をデザインしているが、武田の京都商工会議所に影響受けたものと見ることができる。

このようにみていくと、武田五一は高谷宗範より茶室意匠や茶の湯のことについて学んだとみられ、一方、宗範は武田より、和洋の境を曖昧にすることや、近代の新しい考え方など、建築界の動向を学んだと考えられる。

それはのちの松殿山荘の建築に繋がるものとなる。つまり宗範が、松殿山荘に見られるような和洋を組みあわせる意匠を考えるようになったのは、この芝川邸の設計施工が行われていた明治四十二年頃から同四十四年頃のことであろう。ジェントルマン・アーキテクト高谷宗範の作風はこの時期に変化したと考えられる。すなわち前節で取り上げた大阪今橋の屋敷の楽只庵の時には、天井高を上げるなどの近代性を組み込んだ設計であったが、この、明治末頃に宗範の意識が大きく変化し、洋風すなわち世界的な視点において建築を考えるようになったとみられるのである。

（2）芝川邸の茶室

次に芝川家の茶室について考察したい。西宮市甲東園に別邸として開かれた屋敷内には、複数の茶室が存在していた。現在、千島土地株式会社所蔵(41)の資料の中にそれらの図面や関係書類が収められている。またその茶室の設計は、芝川又右衛門（二代目）の伝記(42)によって、高谷宗範であったことが知られている。

ここでは千島土地所蔵の図面や他の資料、そして高谷宗範の描いた松殿山荘の図面を併せ、それらの茶室についての考察を進めることとしたい。

千島土地には多くの図面が所蔵されているが、甲東園の屋敷に関するものも例外ではない。しかし現在明治村に移築されている武田五一設計の洋館は別にして、和館部分や茶室に関しては明らかではない部分も多数ある。その中にあって甲東園の茶室関連の図面は大変精緻なものであるが、一方で壁や建具の表記など、建築家や大工では考えられない素人的な表現もみられる。

千島土地に所蔵されている書類の中には、大工などの職人の出面帳や請求書や領収書の類も保存されている。その中のひとつに畳商の請求書がある。「大阪市東区（下略）」の「畳商　三枝伊助」が「芝川御本家様」宛に書

図12　甲東園八勝図（千島土地株式会社所蔵）

いたものである。日付は「四月」とあるが、年代は不明である。注目すべきことに請求書の文字の上に印影がみられ。若干不鮮明であるが、他のものを参照すると「高谷」と読める。じつはこの「高谷」の印影は千島土地所蔵の書類には複数のものがみられるが、職人の出面帳や請求書などに押されている。当時の社員には高谷姓の者がいなかった(43)ことから、高谷宗範であるとみて間違いない。さてこの請求書であるが、吟味すると、「山舟亭《さんしゅうてい》」「不老庵《ふろうあん》」そして「松花堂」などと茶室名が記載されている。

山舟亭は、甲東園の芝川邸に大正二年、高谷宗範の設計監理の下に落成した(44)。四月には、東京と関西の茶人たちを招待した茶会が催されている。昭和十年に描かれた『甲東園八勝図』(45)（図12）によると、山舟亭と不老庵が繋がって描かれているので、昭和十年においては、一体の建物であったことが分かる。しかし、大正二年の野崎幻庵の茶会記(46)によると、待合は洋館の二階であった。そして薄茶まで一通り終了したあと、水屋を案内されたとの記述はあるが、他の部屋の記録はない。そのあとには、洋館の一階に通され番茶の用意があった、と記録する。つまり、このときには山舟亭とその水屋が存在していただけであり、他の施設は存在していなかったのである。したがってやむを得ず、茶会を行うための補助として、洋館を使用したと考えることができる。

さて、先に挙げた畳商の請求書であるが、これによると、茶室や水屋そしてその周辺の部屋の畳の枚数を知ることができる。山舟亭は四畳、不老庵は四畳半、松花堂は三畳、そして広間は八畳で床の間が一畳半であった。

一方、千島土地株式会社所蔵の図面には、それに相当するものが存在する。「大正七年四月　設計図　大市山甲東園」と書かれた表紙に綴じられた図面である。その内の一枚（図13）には、平面図が描かれ、四畳中板上げ大目切の茶室には四畳の水屋が取り付いて、この部分が朱書きされている。この建物は、四畳半下座床の茶室、「台所庭」と記された土間と六畳の畳敷き部分などから成る。またこれらに相当する立面図も数枚綴じ込まれている。「四畳中板茶室」の平面図（図14）と立面図（図15）が記載された一枚は、先の図で朱書きされていた部分と一致するものである。

残念ながらこれらの図面には茶室名が一切書かれていない。しかし先の請求書や写真などから、席名を比定することが可能である。まず「四畳中板茶室」の立面図は、一部に違いがみられるが、『芝蘭遺芳』などに掲載されていた「山舟亭茶席」の写真（図16）とほぼ一致する。また畳商の請求書とも合致し、四畳中板席は山舟亭だと断定できる。一方、四畳半は、『甲東園八勝図』や請求書と併せて考えると、不老庵だと考えられる。先の図面に黒墨と朱墨の線がみられるのは、既存の山舟亭が朱墨で描かれ、新築予定の不老庵やその他の部分は黒墨の線で描かれたものだと考えられる。

つまり、大正二年に山舟亭が水屋と共に建築され、その後、おそらく松花堂の移築の大正七年、不老庵や台所などが増築されたものと考えられるのである。

松花堂と名付けられた茶室は、大阪伏見町の芝川邸内にあったものを甲東園に移築したと伝える(47)。やはり高谷宗範が設計したものだという。単なる移築ではなく創作的要素を伴った移築だと見られる。大正七年に工事に着手するが、材料や職人の不足のため大正九年四月の竣工であった。先の請求書と図面をあわせて検討すると、点前座の一畳と大目畳が二畳敷かれた席が松花堂で、土間と水屋をもつ。いわゆる松花堂写しの茶室であるが、本歌と比較すると、土間や床の間や棚などの構成は似通っているが、平面の畳の敷方と大きさに本歌との違いがみられる。また四畳の次の間をもつ八畳敷きの広間も存在するが、これは『芝蘭遺芳』に記されている晴湖軒だと比定される。

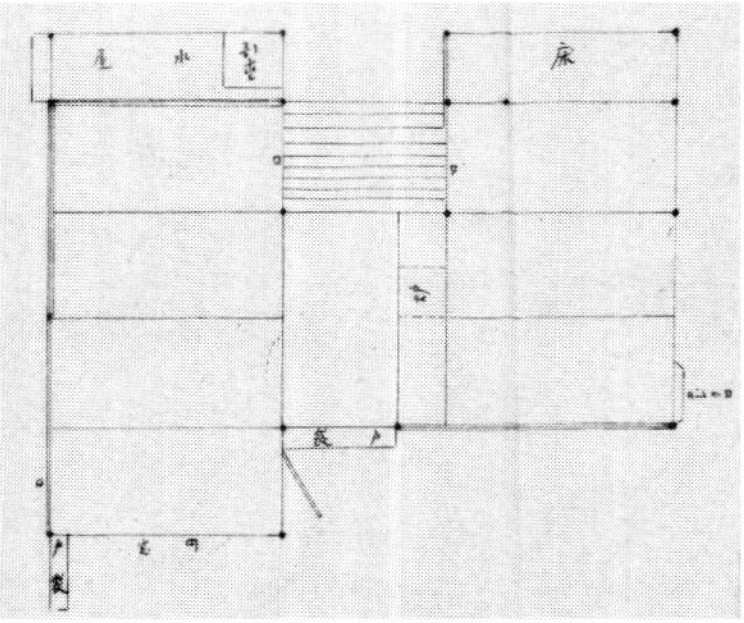

図14　四畳中板茶室　平面図
（千島土地株式会社所蔵）

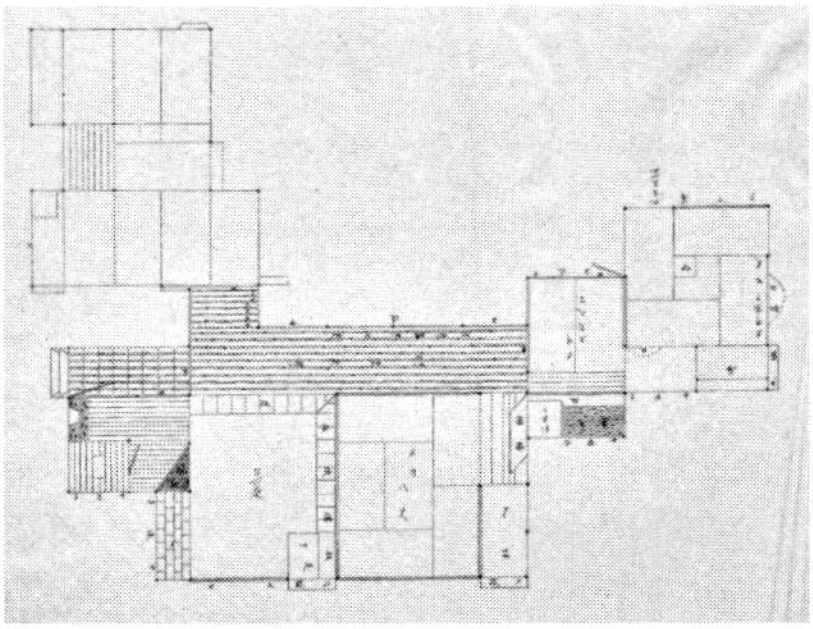

図13　芝川邸甲東園茶室平面図（千島土地株式会社所蔵）
左上部分が四畳中板の山舟亭だとみられる

図16　山舟亭茶席（『芝蘭遺芳』掲載）

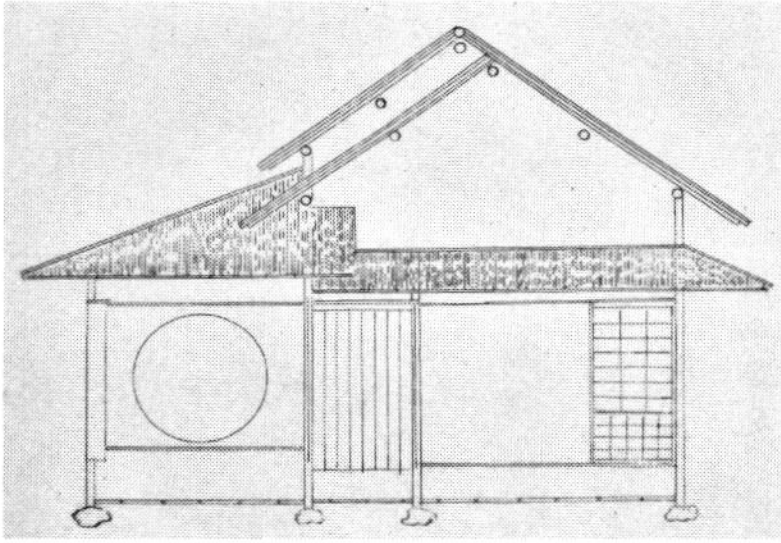

図15　四条中板茶室　立面図
（千島土地株式会社所蔵）

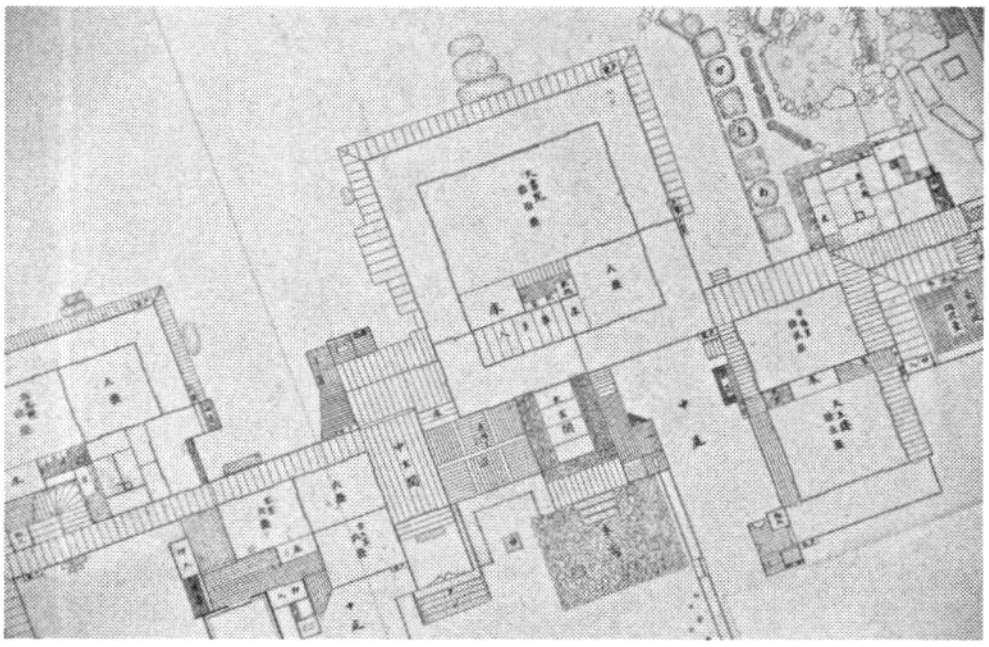

図17　松殿山荘図面（松殿山荘所蔵）

この水屋を含む松花堂の本体部分は、昭和五十年頃に石川県に移築されている。扁額には「桂堂」とあり、これは高谷宗範の書の号であり、松殿山荘の扁額と同様である。現在、正面の扉の手前には丸い石が設置されているが、土間の四半敷と併せて、高谷宗範の方円の考えを形で表現したものであろう。そして松花堂の茶室本体部分はそのまま遺し、水屋や広間など、その周囲を設計したものだと考えられる。

さて弁護士であり数寄者であった高谷宗範が設計した松殿山荘には、宗範が描いたという美しい平面図が現存する（図17）。縮尺は百分の一で、黒墨の線を基本に一部朱墨が用いられ、フリーハンドで板敷の杢目を描いた部分もある。また図面のタイトルなど一部にはパステルカラーの彩色が施されたものである。これまで述べたように、芝川邸の茶室の設計には高谷宗範が関わっている。先に挙げた千島土地所蔵の図面を松殿山荘の図面と比較すると、いくつかの共通点がみられる。畳割りを朱書きすること、台所の土間を「台所庭」と表記すること、また杢目の表現などである。一方で、部屋境の建具あるいは壁の表記が曖昧な部分が存在する。建築家や大工の描いた図面では考えられないところである。そのようなことを考え合わせると、これらの図面は高谷宗範が描いた可能性が非常に高いものと考えられる。

芝川家の顧問弁護士であった高谷宗範は、一方で数寄屋建築にも造詣が深く、顧問建築家とでもいうべき立場でもあった。その設計になる茶室の概要が明らかになった。特徴は松殿山荘にも連なる円形や四角形などの幾何学的な意匠である。そして彼はその設計行為として直接図面を描いていた可能性が高く、のみならず職人や材料の管理にもかかわっていたことが明らかになった。ジェントルマン・アーキテクト高谷宗範のプロフェッショナル・アーキテクトに迫る設計活動の一端をここにみることができた。

第三節　松殿山荘

（1）松殿山荘の概要と特徴

高谷宗範は大正七年（一九一八）、現在の宇治市木幡の地を購入し、逐次建築を進めた。この場所はかつて藤原基房《もとふさ》の別業「松殿」の跡地であった。これらの建築群には「心は円なるを要す、行いは正なるを要す」という方円の考え方を建築の表現として取り入れている。なお松殿山荘についてはこれまで、北尾春道による著作(48)をはじめ、中村昌生(49)、鈴木博之(50)、大川三雄(51)による論考が知られている。また近年では、京都府の近代和風建築調査がなされ、報告書(52)に記載されている。

ここではまず、松殿山荘の主要室の概要を記しておきたい（図18、図19）。

松殿山荘は書院群と庭間の諸建築とからなる。書院群は高谷宗範がこの地を入手したのち、北側から順次建てられたものである。最初に九垓盧《きゅうがいろ》（図20）が建築された。竣工は大正九年。八畳の座敷で三方に縁を廻らし、網干の高欄が取り付く。屋根は半円ヴォールトで、直角方向にやはりヴォールト状の破風が取り付き、交差ヴォールトに似た形状となっている。天井は折上天井で四角の形態の中に丸い板を設けた意匠となる。

九垓盧の南に文房室《ぶんぼうしつ》と好古庵《こうこあん》（図21）が取り付く。竣工は大正十五年以前である。文房室は六畳敷きで、硯、筆、紙等を展示できるように二間幅で左右対称の棚を設ける。その南に隣り合った好古庵は四畳半で六角の網代天井をもち、天井の一部、化粧屋根裏天井は二部屋を貫く意匠となり、部屋境には亀甲竹を用いた欄間が備わる。この部分の二階に主人室が設けられている。八畳でかつて宗範が日中使用していた座敷である。天井が折上天井の形式で、中央に円を描いた意匠となっている。

好古庵の南側には中々居《しんしんきょ》と次の間が続く。大正十五年以前の建築で、いずれも八畳敷。大正十五年のスウェー

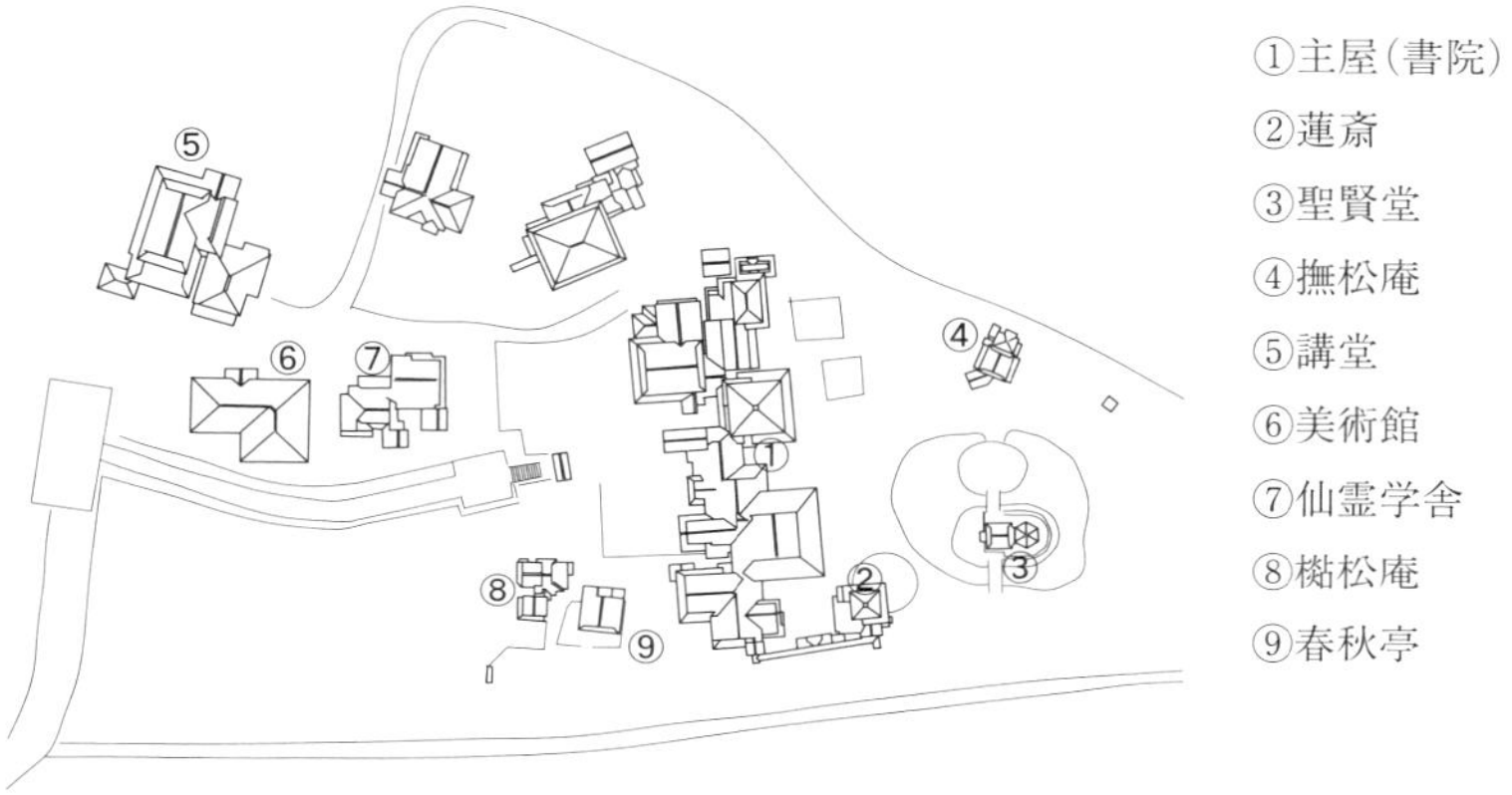

図18　松殿山荘配置図

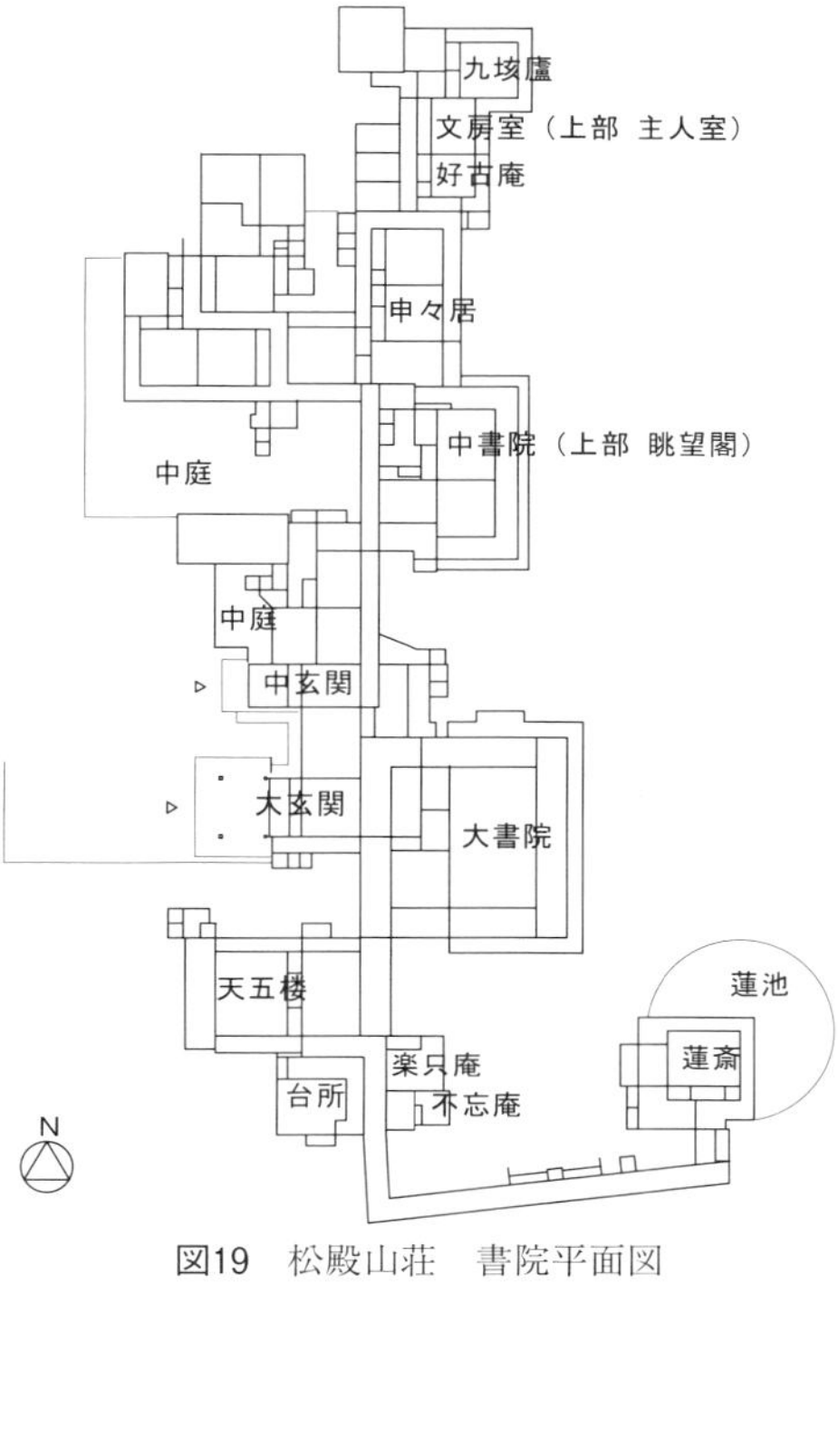

図19　松殿山荘　書院平面図

図20　九垓廬外観

図21　文房室と好古庵

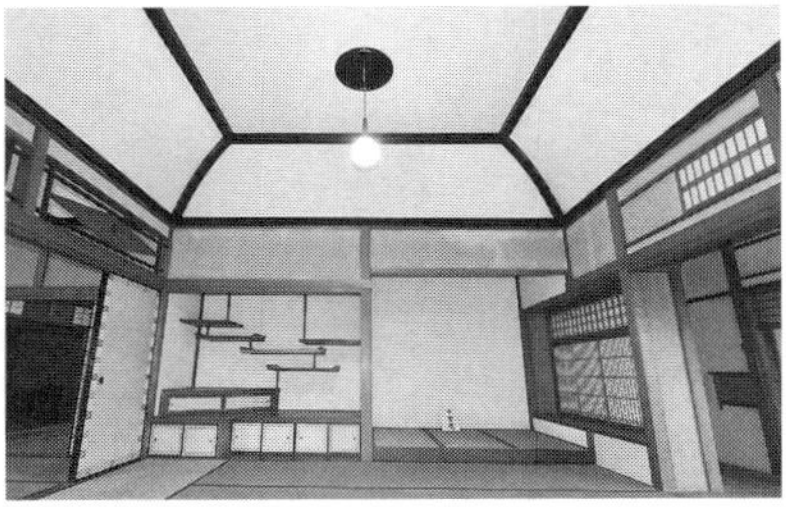

図22　中書院

図23　中玄関

デン皇太子妃来荘のとき、宗範自ら献花、献茶をした茶室と伝えられる。

中々居の南に中書院《ちゅうしょいん》（図22）と次の間、中書院控の間が続く。いずれも大正十五年以前の建築である。中書院は十畳敷。床脇に修学院離宮の中離宮客殿一の間の霞棚の写しを設け、瑞凰軒《ずいおうけん》とも称されている。スウェーデンの皇太子妃が来荘の時、休憩所として使用した部屋だという。次の間は八畳。いずれも天井は折上天井で、四角と丸の意匠となる。中書院控の間は六畳の座敷で、二重床となっており、西の廊下に面して四角と丸の墨蹟窓が開けられている。中書院の二階部分が眺望《ちょうぼう》閣《かく》となる。立礼の座敷として造られた十八畳の座敷で、扇垂木《おうぎだるき》の方形屋根を載せる。

中書院の南西側に中玄関《ちゅうげんかん》（図23）がある。半円ヴォールトの屋根に庇を吹き下ろした珍しい屋根形式で、土間の天井部分は折上天井で四角と丸の組み合わせた形式である。板間

図24　大玄関

図25　大書院

図26　天五楼

図27　楽只庵

部分は舟底天井で、小丸太状の削り木と四角の垂木が交互に使用され、ここでも丸と四角の意匠を表現している。

中書院の南側に応接室と大玄関《おおげんかん》（図24）が並ぶ。大玄関は切妻屋根の下部に円弧状の庇を加えた外観をもち、内部は唐破風状に反曲点をもった形状で茨垂木《いばらだるき》が備わる。沓脱ぎ石や式台が大阪の旧天王寺屋五兵衛の屋敷から移築されたものと伝えられている。柱には角柱と円柱が用いられ、角柱の下部の礎盤は丸く、丸柱の下部の礎盤は四角の形状をしている。柱の上部には瓢箪を斗《ます》に見立てた平三《ひらみつ》斗《ど》が設けられ、松殿山荘と書かれた扁額は桂堂の署名が見られるが、これは宗範の書の雅号である。

大玄関の東に大書院《おおじょいん》（図25）が位置する。昭和三年（一九二八）の竣工である。三十畳敷の座敷で、三方に畳敷の入側を廻らせ、ガラス障子を建てる。西側の北に寄せた床の間

図28　蓮斎

図29　聖堂

図30　春秋亭

図31　樅松庵

は三畳敷で、床柱として旧天王寺屋の屋敷から移設したという丸柱を床柱とし、真塗の床框《とこがまち》を備える。床脇は西側中央に位置し立体的な地袋《じぶくろ》と火灯窓《かとうまど》を設けている。座敷の天井は折上天井で荒組の格天井となっている。

大書院の南西側に天五楼《てんごろう》（図26）が位置する。旧天王寺屋五兵衛の屋敷から移築されたという十五畳敷の座敷で、昭和五年の竣工である。幕末の大坂の町家の一部と考えられることから、一部屋単独で設けられていたとは考えにくく、続き間であったものが、移築時に切り離されたものと考えられる。楼と名付けられているように、床が隣室から一段上がる形式となっている。

天五楼の東に楽只庵《らくしあん》（図27）と不忘庵《ふぼうあん》と水屋が位置する。天五楼と同じく昭和五年に移築された部分で、楽只庵は六畳大目、不忘庵は大目畳三畳の小座敷である。いずれも躙口はなく貴人口《きにんぐち》形式の茶室である。楽只庵の床の間は袋床で、床柱にかつて天王寺屋の蔵に使用されていたという轆轤《ろくろ》を転用したと伝えられる床柱が備わる。明治三十五年以降の今橋において、あるいは現在の木幡移築時に改築されたものと考えられる。不忘庵は踏込床《ふみこみどこ》形式の下座床を構え、躙口はなく、内法高四尺弱の貴人口をもつ。[53]

主屋の書院群から伝い廊下で蓮斎《れんさい》（図28）が続く。昭和五年の建築である。円形の池の上に建つ十畳敷の座敷で三方に板縁を廻らせる。天井は折上天井で、パステルカラーの格天井と折上部分が網代となっている。円形の池にはかつて色違いの睡蓮が区画して植えられ、室内の天井の色と呼応していたという。

東側の庭内には、かつて宗範の別荘があった御影から移築したという撫松庵《ぶしょうあん》がある。二畳の上段をもつ四畳の茶室で、上大目切《あげだいめぎり》に炉が切られ、南天《なんてん》の床柱をもつ床の間を上座に構える。金閣寺夕佳亭《せっかてい》の写しで、竣工は大正十五年以前である。

東側の庭内には円形の濠が設けられ、内側に聖賢堂《せいけんどう》（図29）が立つ。円形の聖堂《せいどう》と方形の賢堂《けんどう》の二棟が並び立つもので、大正十五年以前の建築である。

主屋の書院群の西側にも複数の建築が設けられている。春秋亭《しゅんじゅうてい》（図30）は八畳の座敷を中心とした独立した建築で、壁面に膨らみをもつ低い太鼓塀に囲われている。座敷の三方に土間庇を設け曲木を捨柱《すてばしら》として建てる。座敷の天井は折上天井で、色付きの四角と丸がデザインされたものである。

樅松庵《さんしょうあん》（図31）は天王寺屋五兵衛の屋敷から移築されたものだといい、昭和五年の建築である。三畳大目中板で床の間を下座に構えている。屋根は勾配の急な切妻に庇を掛けている。丸太を輪切りにした額が躙口上部にかけられている。

図32　仙霊学舎

仙霊学舎（図32）は複数の茶室からなり、昭和五年の建築である。八畳の

表1　松殿山荘主要室概要

竣工	名称	特徴
大正9年（1920）	九垓廬	交差ヴォールト屋根
大正15年以前	聖賢堂	円形と四角形の平面
	好古庵・文房室	左右対称の棚
	中書院	丸四角の折上天井
	中玄関	ヴォールト屋根、カラフルな天井
昭和3年（1928）	大書院	三十畳敷、折上天井、丸柱の床柱
	大玄関	円弧状の庇
昭和5年（1930）	天五楼	移築、連続ガラス窓の入側、床を上げる
	楽只庵・不忘庵	移築、転用材の丸柱、高い天井
	蓮斎	カラフルな天井、円形の池上
	春秋亭	カラフルな天井、自然木の捨柱
	仙霊学舎	ヴォールト天井、檳榔樹の使用

次の間を備える八畳の広間。三畳大目でヴォールト天井を備える小座敷、そして四畳半の席などからなる。

主要室の特徴について表にしたものが表1である。

少し補足しておきたい。まずヴォールトであるが、西洋建築にみられるヴォールトは一般的には天井の形態であって屋根の形状には及ばないものであるが、ここでは屋根として表現されている。中書院にみられる折上の四角と丸の天井はルネサンスあるいは新古典主義の形態を思わせる(54)が、一方で装飾的要素が少なく、セセッションなど近代的な側面を持つとみることもできる。おそらく先に示した武田五一の影響であると考えられるが、この件については後述したい。

(2)　茶室と庭園

昭和二年（一九二七）八月四日、宗範は、恩賜京都博物館にて講演を行っており、その内容は『茶道の主義綱領　茶室と庭園』というタイトルで、同年十一月十日に上梓されている。松殿山荘の建築に取りかかっているまさにその時期であった。ここでは明治末から大正期にかけての建築界における動向を参考に、建築家との連関を含め、宗範の建築観の一端について考察したい。

それでは、宗範の『茶室と庭園』を見ていきたい。注目したいのは第三章である。内容は茶室について多面的に述べたものであるが、住居史や建築環境工学、あるいは様式問題についての言及もみられるところである。

① 住居史的視点

ここで宗範は、茶室のみならず日本の住居全般の歴史について言及している。つまり寝殿作（寝殿造）より始まる住居史についての講述である。応仁の乱を境に玄関書院作（書院造）に移行すると述べ[55]、天保十四年（一八四三）における江戸幕府の住宅規制についても触れている[56]。ここで当時の住宅史研究について一瞥しておきたい。藤原義一の『書院造の研究』[57]によると、明治大正期の研究は、江戸期に記された伊勢貞丈の『貞丈雑記』、沢田名垂の『家屋雑考』から大きく進展したものではなかった。ただ江戸期の住宅規制に関しては、大正五年の『住宅建築』に、大熊喜邦が「江戸時代に於ける住宅建築概論」[58]を寄せており、ここに記されている。宗範が具体的に何を参照にしたのかは不明ではあるが、住宅の歴史についての専門的な知識をある程度得ていたことが理解される。

また一方、茶室が住宅建築に影響を与えているとの認識も持っていた。「東山の文化工芸発達と共に恰も茶道の勃興するあり蓋茶道は文雅風流を趣味とする者なれば茶人の好む所の家屋建築は自ら高尚の気韻あり又一方には禅学恬淡の趣味流行するあり相俟て我家屋結構大に其面目を改むるに至れり[59]」と述べている。もっとも茶の湯あるいは茶室が住宅建築に深くかかわっていたことは、当時の知識人たちにおいては、ある程度の認識があったものとみられる[60]。

② 環境工学的視点

宗範は、草庵茶室の設計についての設備を改良すべきといい、七つの要点をあげている。そのうち着目したいのは次の三つである。

採光法を注意する事、換気法を用意する事、夜会は電灯を用る事[61]

面白いのは「換気法」に関しての部分である。木造建築であり、窓や出入口に隙間の多い茶室において、本来考える必要のない内容である。しかしあえて話題として採りあげているのは、はじめに挙げた設備の改良という側面に大きく意識が働いているとみることができる。つまり環境工学的視点を強く意識していることが、ここから読み取れるのである。環境工学に関しては、大正十二年には雑誌『国民衛生』が創刊され、この頃から活発に研究が行われている[62]。同誌には大正十四年、藤井厚二が博士論文となる「我国住宅建築の改善に関する研究」を投稿する。それは昭和三年、『日本の住宅』へと続き、住宅建築に環境工学の視点を大きく採り入れた著作となる。

③　様式の問題

大正時代の建築について宗範は、「和洋混淆し其結構甚だ高尚ならず」「大正の初に於ける建築界の状況は殆んど秩序混乱の時期と謂ふべし」と述べる。さらにこの時代を「目下試験中の過渡期」と考え、「一定の議論を以て判断する事を得ざるべし」と述べる。そして日本建築は気候風土生活習慣によるものだと考え、風俗習慣が変更される前に住宅のみを洋風にすることに疑問を呈する。またその風俗習慣の変更は容易なことではないとも主張する。つまり、簡単に従来のものを変えるべきではないとの意識がここにみえる。一方で「日本式建築」も改良進歩を謀り、歴史と共に「美術を発揮」せねばならないといい、茶人においては茶室の改良に尽力すべきことを述べる。

このあたりのくだりは建築の様式の問題を含んでいる。建築の様式の問題としては、よく知られているように、明治四十二年伊東忠太の「建築進化の原則より見たる我邦建築の前途」[63]や、翌年の「我国将来の建築様式を如何にすべきや」[64]の討論会がある。そして大正から昭和にかけて新しい建築運動のうねりが日本にもやってくるが、一方で当時の建築界の常識としては、従来からの様式建築にこだわっていたのである。また住宅に関しては、明治期から在来住宅への批判として和洋折衷住宅の提案、そして住宅改良論へ発展し、大正期にはより実践的な住宅改良の流れが生じていた。一方で藤井厚二は『日本の住宅』(65)において「人情風俗習慣等及び気候風土が建築様式に相違をきたす根本条件」と記している。急進的な在来批判の一部の住宅改善の動きからは一歩引いた立場を主張した。

藤井の立場は宗範の講演の内容と通底するものがある。間接的ではあるが、影響があったのではないかとも考えられる。というのも藤井厚二は竹中工務店勤務時代の大正七年、村山龍平邸を設計する。一方、村山は香雪の雅号で関西の数寄者として早くから活躍していた。明治三十五年には関西の数寄者十八人による「十八会」が組織されるが、そこには村山と共に、芝川得斎（又右衛門）や高谷宗範らの名がみえ、また宗範の伝記には村山と昵懇であったことが記されている。その後の武田と芝川と宗範の関係をみると、村山を通じての藤井と宗範の繋りも可能性があるものと考えられ、あるいは村山の屋敷を訪問していたジェントルマン・アーキテクト高谷宗範は、建築を観察し、少なくとも藤井の技法を強く意識していたことは間違いない。また、次の事象からもそれは推し測ることができる。

宗範が木幡の地（松殿山荘の敷地）を購入したのは大正七年。敷地は約十万坪であった。一方、藤井が大山崎の地に実験住宅を建て始めたのは、大正九年に京都帝国大学に奉職したときで、敷地はおよそ一万坪。第五回の実験住宅聴竹居《ちょうちくきょ》の完成は昭和三年であった。それぞれは京都盆地のほぼ中央にかつて存在した巨椋池《おぐら》を挟んで、東と西に対峙する位置関係であった。藤井厚二の聴竹居完成後の昭和五年、松殿山荘においては、大阪の旧天王寺屋五兵衛邸からの天五楼と称する座敷の移築が完了した（おそらく材料を取り置きしていたものと思われる）。松殿山荘の主屋にあって独立した部屋となっており、十五畳の座敷の東側に床の間と床脇を備え、あとの三方に廊下

図33　天五楼　座敷から入側

と入側を廻らせた構成である。北に半間幅の榑《くれ》板敷の廊下、南に切目板張りの縁、そして西側は畳が敷かれた入側となっている。大阪の町家の一部であったことから、本来この入側部分には続き間としての座敷が設けられていたことと推察される。それをここでは入側とした。さらに興味深いことに低い腰壁を設け、ガラス窓を連続する（図33）。特に西から南にかけての角部分に矩折れにガラス窓を連続させていることは、大きな特色である。昭和初期における座敷の入側にこのような形式の窓を設けることは、珍しい形式である。また東に隣接する部屋からは一尺五寸程度床を上げている(66)。通常ならば床高は同じにするか、あるいは土地が西に向かって低くなっていることから、むしろ下げてつくるのが定石だと考えられる。しかしここでは西側を高くした構成である。一般に、床を高くし、ガラス窓を連続して設けたということは、展望と採光の意味を考えてのことである。西向なのでそのような表現は若干無理があるが、当時の住宅に設けられるようになったいわゆるサンルームにも準えられる。ちなみに藤井厚二の聴竹居の南東側の縁側にも、隅角部分にガラス窓を連続させる手法が用いられている。そして、現在は樹木に隠れてみえないが、西向のこの入側の先には、巨椋池を隔てて大山崎が位置するというロケーションとなっている。

残念ながら、藤井厚二と高谷宗範を結びつける、より直接的な資料は見いだせない。しかし状況を積み重ねていくと、宗範が藤井の実験住宅を意識していたことはほぼ間違いないだろう。

（3）近代建築としての松殿山荘

武田五一や藤井厚二に対して、そして当時の建築界を意識していたとみられる高谷宗範は、他のジェントルマン・アーキテクトたちとは、その方向性を異にしていた。

実業家の高橋箒庵は、数多くの茶室を設計し、建築を生涯の仕事とまでいい切った。ジェントルマン・アーキテクトの代表格の人物であるが、宗範は全く相反する思考をもっていた。この箒庵と宗範の茶の湯に対する考え方の違いは『茶道月報』上で論戦となり、やがて『高谷宗範高橋箒庵両先生茶道論戦公開状』(67)にまとめられるが、単純化すれば、箒庵が趣味としての茶道を提唱するのに対し、宗範が茶道経国《けいこく》の立場から茶道を提唱するという対立であった。どちらの視点も近代の茶の湯において顕在化していた茶の湯の立場であるが、明治維新以後の衰退していた茶の湯の復興という観点、さらに近代における国民国家の観点、という限定された見地からは、宗範の視点の方がより近代的だとみることができる。建築に当てはめるならば、前項で触れていた明治以後の日本建築がいかにあるべきかの論争に、素人ながら正面切って取り組んだのが高谷宗範であった。建築史家の鈴木博之は松殿山荘をラディカルな建物(68)と位置付け、「われわれの二十世紀は、建築の表現の論理においては、松殿山荘を越えるラディカリズムを戦後に至るまでもっていない(69)」と評する。

そのような視点で松殿山荘をあらためてみたとき、この建築の特異な造形の意味が明らかになっていく。数寄屋を基本としながらそこに洋風の意匠を組み込んでいく手法は、武田五一が芝川邸の洋館において、洋風をベースにしつつ数寄屋意匠を組み込んでいく手法とは対照的な関係にあるが、両者に通底するものでもある。武田が洋に和の意匠を加えることで、日本に普及しはじめた洋館を日本的なものへと引き寄せようと試みたことに対し、宗範は日本の伝統建築である数寄屋を世界的な視点から引き揚げようと試みた。いずれも近代という新しい時代において、借り物とみられる洋風、あるいは停滞していたと考えられる和風を、一歩前進させせようとする試みでもあった。

武田のルネサンス的あるいはセセッション的意匠を、宗範は素人ながら解釈し取り入れた。それが四角と丸の意匠の組みあわせであった。四角と丸を併置した部分と、一方で求心的に二重の重なりとして表現したものが松殿山荘には見られる。武田の芝川邸あるいは京都商工会議所の設計を、宗範は強く意識したに違いない。それは従来の数寄屋建築に近代性を持たせようとした、宗範の意欲的な試みだと考えられる。そして宗範は、それを「方円」という考え方に転開したのである。

一般に数寄屋建築で時折見られる自然木の使用は、ここでは極めて少ない。例えば大書院の床柱は、丸太ではなく寺社の柱のように加工して丸くした丸柱を採用している。また中玄関における舟底天井の垂木は丸太ではなく、これもわざわざ加工した円形断面の材料を使用している。書院部分における丸太あるいは自然材料の数少ない使用例は、好古庵と文房室との境の欄間に亀甲竹が使用され、旧天王寺屋五兵衛宅から移築した楽只庵の欄間に自然木が使用されるくらいで極めて限定的で、通観すると幾何学的に処理された人工的な形態を前面に押しだしたものとなっている。その扱いは木材の表情を重視する数寄者のそれではなく、むしろ武田をはじめプロフェッショナル・アーキテクト手法に近いものである。

一方興味深いのが庭間にある春秋亭である。昭和五年の建築であるが、深い土庇を支える捨柱として極端に曲がりのある自然木を使用し、一方で室内の天井には件の丸と四角の意匠を備えている。近代において、自然の形態と幾何学的な形態が組み合わされた建築が注目されるものに桂離宮の松琴亭がある。もちろん桂は昭和五年段階では注目はされていたが、ブルーノ・タウトが注目したことによる大ブーム以前である。近代建築は、装飾が削ぎ落とされ幾何学的で単純な形態への指向がみられ、一方で自然との調和が図られる側面をもつ。宗範はここに彼自身の手法で、決してプロフェッショナル・アーキテクトのように洗練されてはいないが、近代の側面を結実させていたのである。

以上のように、松殿山荘に表現されている特異な意匠は、高谷宗範の近代というものに真摯に向き合った結果であると考えられる。もちろんより具体的にジェントルマン・アーキテクト高谷宗範がどの程度意識したかは未知の部分もある。しかしながら明治三十五年の「書院や草庵などを設け、茶道の為め又国家の為に尽くしたい」との言葉は、建築そのものにも向けられ、数寄屋建築の行く末を彼なりに憂い、その成果として生みだされたのが松殿山荘である。このさまざまな側面を検討すると、プロフェッショナル・アーキテクトをしのぐ試みが行われていたことが理解される。単なる折衷主義を超え、その理念から組み立てようとした建築である。これは二十世紀における日本の文化的アイデンティティの具体的な表現を求める壮大な実験としての建築だと、位置付けることができるのである。

(1) 第四章第二項。
(2) 拙稿「手紙にみる千利休の建築的職能について」(『日本建築学会大会学術講演梗概集』二〇一二年)八四三~八四四頁。
(3) 「今遠州」の言葉は、明治四五年、馬越恭平(化生)の茶会に高谷宗範が訪れたときの記録に野崎廣太が記している。(『茶会漫録』第四集、一九一四年、三五頁)。
(4) 七代小川治兵衛、近代日本庭園の先駆者とされる作庭家。参考文献:尼崎博正『植治の庭』(淡交社、一九九〇年)など。
(5) 黒田天外『続々江湖快心録』(一九〇一年)二〇一頁。「近世」とあるが、現代の言葉としては「近代」。
(6) 矢ヶ崎善太郎「伊集院兼常の人物像」(『日本建築学会大会学術講演梗概集』一九九八年、三九七~三九八頁)。
(7) 渡邊虹衣『高谷宗範伝』(松殿山荘茶道会、一九三五年)二一八頁。

（8）同右書参照。
（9）同右書、四五頁。
（10）『茶会漫録』一集～十二集（中外商業新報社、一九一二～一九二七年）。
（11）野崎廣太『茶会漫録』第五集（中外商業新報社、一九一四年）一〇四～一一四頁。
（12）前掲註(10)一一三頁。
（13）同右書、一一四頁。
（14）野崎廣太『茶会漫録』第四集（中外商業新報社、一九一四年）グラビア頁。
（15）前掲註(7)『高谷宗範伝』一六三～一六五頁によると、昭和五年十一月一日より三日間行われた落成大茶会では第六席として「楽只軒」、そして続いて「次席」と記されているが、これが楽只庵と不忘庵だと考えられる。
（16）同右書、一三二頁。
（17）宮本又次「天王寺屋五兵衛家とその系図」（『上方の研究』第三巻、一九七五年）六～三一頁。『大阪春秋』第三号（一九七四年）三八～三九頁。
（18）松川半山『日本唐土二千年袖鑑』（奈良屋松兵衛、一八四四年）。
（19）平成二六年度、京都府建築士会の調査による。
（20）掛込天井について中村昌生は、垂木掛から小壁が下がり、壁留が取り付く。この壁留が平天井の廻縁となるのがあるべき構造（中村昌生『古典に学ぶ茶室の設計』エクスナレッジ、一九九九年）と記す。古典、すなわち近世の茶室において暖簾壁は、管見でも未知である。一方、近代においては多数存在する。
（21）前掲註(14)『茶会漫録』第四集一〇七頁。
（22）前掲註(7)『高谷宗範伝』三八頁。
（23）この時は十八会ということで十八人が集まった茶会であったので十五畳の後に天五楼と称する広間などを使用したと考えられる。しかし一方、多数の茶人が屋敷を見ることになるので、これを機に楽只庵を整備した可能性も十分に考えられる。
（24）前掲註(14)『茶会漫録』第四集一三一頁。

(25) 京都府教育委員会『京都府の近代和風建築──京都府近代和風建築総合調査報告書』（二〇〇九年）三七五頁。
(26) のちに示すが、丸や四角の幾何学的な意匠を多用するのは、もうしばらくしてからのものだと考えられ、現在床の間にみられる丸と四角の窓は、木幡へ移築時に改築されたものと考えられる。
(27) 前掲註(25)『京都府の近代和風建築』三七〇頁。
(28) 『武田博士作品集』（一九三三年、一六頁）には明治四五年十月、津枝謹爾『芝蘭遺芳』（一九四四年、三五八頁）には明治四四年とあり、『明治村建造物移築工事報告書第12集　芝川又右衛門邸』では明治四四年説を採用している（二頁）。また同書には、四月二日から五月十日に新築落成披露会が行われた（三七頁）と記されている。
(29) 前掲註(28)『芝蘭遺芳』三五九、三八二頁。
(30) 前掲註(7)『高谷宗範伝』、前掲註(26)『芝蘭遺芳』参照。
(31) 前掲註(28)『武田博士作品集』一六頁。
(32) 前掲註(28)『武田博士作品集』には昭和三年（七頁）と記されているが、前掲註(26)『明治村建造物移築工事報告書第12集』には昭和二年と記されている（三七、三九頁）。
(33) 前掲註(28)『明治村建造物移築工事報告書第12集芝川又右衛門邸』三七頁。
(34) 前掲註(28)『芝蘭遺芳』三六四頁。
(35) 前掲註(28)『明治村建造物移築工事報告書第12集』三七頁、前掲註(26)『芝蘭遺芳』三六四頁。
(36) 前掲註(28)『明治村建造物移築工事報告書第12集』三七頁。
(37) 前掲註(28)『明治村建造物移築工事報告書第12集』による、前掲註(26)『武田博士作品集』には昭和三年とある。
(38) 前掲註(28)『芝蘭遺芳』三六一頁。
(39) 先にも示したが、楽只庵が木幡へ移築するとき、床の間に丸や四角の窓があけられるなど、手が加えられたと考えられる。
(40) 前掲註(28)『武田博士作品集』作品図版二二頁。
(41) 千島土地株式会社は、明治四五年、芝川家によって設立された。また高谷宗範は、それ以前より芝川家の弁護士を務めており、株式会社の設立にも関わりがあった（『千島土地株式会社設立100周年記念誌』、二〇一二年）。

(42) 前掲註(28)『芝蘭遺芳』三五九頁。
(43) 千島土地株式会社による。
(44) 前掲註(28)『芝蘭遺芳』三五九頁。
(45) 千島土地株式会社所蔵。
(46) 前掲註(28)『芝蘭遺芳』三六一頁。
(47) 同右書、三八二頁。
(48) 北尾春道『近代数寄屋名席聚　書院式茶室』(洪洋社、一九三七年)。
(49) 中村昌生「宗範と松殿山荘」(『日本美術工芸』三七七号、一九七〇年二月)。
(50) 鈴木博之「私の発見した建築家　高谷宗範」(『新建築　臨時増刊』、一九八一年)。
(51) 大川三雄「「松殿山荘」について」(『日本建築学会大会学術講演梗概集』一九九五年)三九～四〇頁。
(52) 前掲註(25)『京都府の近代和風建築』三七〇～三七七頁。
(53) 平成二六年度、京都府建築士会の調査による。
(54) 前掲註(25)『京都府の近代和風建築』三七三頁。
(55) 高谷宗範『茶道の主義綱領　茶室と庭園』(恩賜京都博物館、一九二七年)二一頁。
(56) 同右書、二一頁。
(57) 藤原義一『書院造の研究』(高桐書院、一九四六年)一～一九頁。
(58) 光岡義一『住宅建築』(世界建築社、一九一六年)五四～一一〇頁。
(59) 前掲註(55)『茶道の主義綱領　茶室と庭園』二一～二二頁。
(60) 古宇田実「茶ノ会の趣味と住宅建築」(『建築工芸叢誌』第十九冊、一九一二年八月)九～一〇頁。
(61) 前掲註(55)『茶道の主義綱領　茶室と庭園』二七～二八頁。
(62) 日本建築学会『近代日本建築学発達史』(丸善、一九七二年)一三六七頁。
(63) 伊東忠太「建築進化の原則より見たる我邦建築の前途」(『建築雑誌』二六五号、一九〇九年)四～三六頁。
(64) 『建築雑誌』一九一〇年六月、八月に掲載された討論会。

(65) 藤井厚二『日本の住宅』（岩波書店、一九二八年）一一頁。
(66) 平成二六年度、京都府建築士会の調査による。
(67) 大阪幽玄社茶道研究会『高谷宗範高橋箒庵両先生茶道論戦公開状』（一九三一年）。
(68) 鈴木博之『夢のすむ家』（平凡社、一九八九年）一四八頁。
(69) 同右書、一五〇頁。

〔初出一覧〕

第一章第三節「近代の茶室」(『普請』五十号、京都伝統建築技術協会、二〇一一年)

第四節「近代における数寄屋の展開と大工」(『竹中大工道具館巡回展　数寄屋大工──美を創造する匠──』竹中大工道具館展覧会図録、二〇一二年)、「近代数寄屋の立役者たち」(『なごみ』三七八号、淡交社、二〇一一年)

第二章第二節「東京府の公園経営と星岡茶寮の建設経緯──星岡茶寮の建築の研究　その1──」(『計画系論文集』四九一号、日本建築学会、一九九七年)

第三節「東京芝公園の紅葉館について──明治期における和風社交施設の研究──」(『計画系論文集』五〇七号、日本建築学会、一九九八年)

第四節「創設期における星岡茶寮について──星岡茶寮の建築の研究　その2──」(『計画系論文集』五一二号、日本建築学会、一九九八年)、「紅葉館と星岡茶寮について──一八八〇年代の数寄屋──」(『茶の湯文化学』五号、茶の湯文化学会、一九九八年)

第三章第三節「刊行物にみる茶室近代化の黎明──本多錦吉郎・武田五一を通して──」(中村昌生先生喜寿記念刊行会編『建築史論聚』、思文閣出版、二〇〇四年)

第四節「武田五一『茶室建築』をめぐって──その意味と作風への影響──」(『計画系論文集』五三七号、日本建築学会、二〇〇〇年)

第五節「明治期における茶室・数寄屋の文献について──好古類纂をめぐって──」(『大会学術講演梗概集』二〇〇四年版、日本建築学会、二〇〇四年)

第四章第一節　「大正期の雑誌にみる茶室論の傾向について――モダニズムへつづく茶室論の研究――」（『計画系論文集』六五九号、日本建築学会、二〇一一年）

第二節　「田園都市と近代の茶室について」（『大会学術講演梗概集』二〇一〇年度、日本建築学会、二〇一〇年）

第五章第五節　「再読関西近代建築　茶室建築特集号」（『建築と社会』一一二八号、日本建築協会、二〇一六年）

第六章第一節　「名古屋博物館と猿面茶室」（『近代数寄屋建築の黎明――公に設置された明治期の数寄屋建築――』東京大学提出博士請求論文、二〇〇〇年）

第二節　「近代の茶の湯復興における茶室の安土桃山イメージ」（丸山宏・伊従勉・高木博志篇『近代京都研究』、思文閣出版、二〇〇八年）

第三節　「利休堂にみる近代的性格について」（『大会学術講演梗概集』一九九七年度、日本建築学会、一九九七年）

第七章第一節　「今遠州高谷宗範の建築活動について」（『大会学術講演梗概集』二〇一三年度、日本建築学会、二〇一三年）

第二節　「甲東園芝川邸の茶室と高谷宗範について」（『大会学術講演梗概集』二〇一四年度、日本建築学会、二〇一四年）

第三節　「高谷宗範『茶室と庭園』をめぐって」（『大会学術講演梗概集』二〇一五年度、日本建築学会、二〇一五年）、「数寄者高谷宗範の建築意匠について」（『デザイン理論』六十九号、意匠学会、二〇一六年）

※本書を纏めるに際し、上記論文以外に新たに書き下ろした部分も多数組み込んでいる。また上記論文にもそれぞれ大幅な加筆修正を行い、あるいは関連する複数の論文を組み合わせて編集した部分もあることを付記する。

あとがき

近代の茶の湯空間について、いくつかの側面からまとめることができた。それぞれ既発表の研究を元にしたものであるが、本書にまとめるにあたり、大幅に見直した。あるいはむしろ新しく書き下ろした、といった方が良い部分もずいぶんと多い。私にとって研究は「常に発展途上にある」、といっても良いかも知れない。十年以上前に書いたものを見直していると、いろいろ書き改めたくなるし、またそこから新たなテーマもみえてきた。新たに書き加えたが、やむなく省いた部分もある。でないと永遠に書き終えることができないのではないかと思ってしまったからである。そのところは今後何かの機会に発表したいと思う。

それから、本書はもちろん近代の建築についての内容を扱ったものであるが、一部近世の内容も含んでいる。例えば豊臣秀吉や千利休、とくに利休に関しては随所で現れる。私自身は最初に近代建築史の研究から入っていったのであるが、今では近世のことも研究テーマとしており、それは守備範囲である。あらためて感じることは、あたりまえのことであるが、歴史は積み重ねであるということ、直接扱う内容が近代であっても、少なくともこの分野においては近世のことを理解していないと、大切なものを逃がしてしまう恐れがある。また横への拡がり、例えば西洋への理解も大切だということを感じた。

明治から昭和前期にかけ、茶の湯空間を代表とする日本建築は、西洋から大きく注目されていた。しかし日本建築も近代的な転換が求められていた側面もある。最後に取り上げた松殿山荘をみると、まさにそれをあらためて感じる。素人であった高谷宗範が幅広く知識を吸収し、世の中がどんどん変化していた二十世紀初頭において、プロを超えるラディカルな姿勢で建築に取り組んでいた。とてつもないものにかかわってしまったと、時にひるんでしまうこともあったが、一方で観察すればするほど、研究意欲がかき立てられる建築でもあった。資料が十分ないため、数少ない情報から考察を重ねていくことは、不安でもあり楽しみでもあった。おそらく他の角度からの視点もあるだろうし、今後新たな資料が発見され、見方がひっくり返るかも知れない。最初にもいったが、本書はたたき台として書いたつもりである。新たな研究者の方が書き改めていただければ幸いであるし、私自身もそうしてみたいと考えている。この分野の更なる発展を願うしだいである。

私がこのような著書を上梓できるのも中村昌生先生に指導いただいたおかげである。研究室の中ではさほど優秀でもなかった私は、卒業してからずいぶん年月を経たある日、たまたまであろうが先生に個人蔵の堀口捨己の図書をみせていただく機会があった。私も持っていて何度か読んだ本である。今さらと思いながらもその本をみて驚いた。私のものとは違い、そこには付箋とびっしりと書き込みがあった。このときの衝撃は、私の研究意識への大きな刺激となった。じつは今回の出版の企画はその数年のち、思文閣出版の田中峰人氏からお声を掛けていただいたのがきっかけであったが、先の示唆は今回の内容をまとめるに際し、私の中で大きな存在となっていった。一方で少々時間がかかりすぎた側面もあり、担当いただいた原宏一氏や井上理恵子氏にはご心配をおかけしたことと思う。本書の内容については、建築史の諸先学をはじめ各分野の皆様から貴重なご意見、あるいは資料の呈示をいただいた。そして学位論文でお世話になった鈴木博之先生には、本研究にかかわることではジェントルマン・アーキテクトについて、短期間の師事ではあったが、広範囲にわたるご指導をいただいた。また博物館明治村、千島土地株式会社には快よく研究に協力いただいた。末筆ながら感謝申し上げます。

尚、本研究は日本学術振興会科研費17HP5249の助成を受けたものです。

二〇一七年十一月

桐浴　邦夫

◎著者略歴◎

桐浴　邦夫（きりさこ　くにお）

1960年和歌山県生。京都工芸繊維大学大学院修士課程修了。工学博士。現在、京都建築専門学校副校長。
主な著書に、『近代の茶室と数寄屋　茶の湯空間の伝承と展開』(淡交社)、『モダンエイジの建築』(共著、日本建築協会)、『世界で一番やさしい茶室設計』(エクスナレッジ、中国語〈繁体字〉林書嫻訳『日式茶室設計』、易博士出版社)、『寺田家旧蔵数寄屋関係史料調査報告書』(共著、竹中大工道具館)、「山上宗二記にみる茶室」(『茶道文化研究』第六輯)。

茶《ちゃ》の湯《ゆ》空間《くうかん》の近代《きんだい》――世界《せかい》を見据《みす》えた和風建築《わふうけんちく》

2018(平成30)年1月25日発行

著　者　桐浴邦夫

発行者　田中　大

発行所　株式会社　思文閣出版

〒605-0089 京都市東山区元町355

電話 075-533-6860(代表)

装　幀　白沢　正

印　刷
製　本　亜細亜印刷株式会社

ISBN978-4-7842-1930-8　C3052

索　　引

【事項】

あ行

か行

さ行

た行

な行

は行

【人名】

あ行

か行

ま行

や行

ら行

わ行

【文献】

あ行

か行

さ行

た行

な行

は行